# Composição Musical Para leigos

A composição musical é uma atividade detalhada que requer o conhecimento de uma larga gama de fundamentos musicais, como usar o Círculo de Quintas, saber quais são as progressões de acordes maiores ou menores mais agradáveis ao ouvido, e determinar a escala Grega mais adequada para sua composição. Além disso, a necessidade de ter ouvido para formatos musicais e ter a capacidade técnica de transpor música para instrumentos diferentes.

## FORMATOS MUSICAIS PARA COMPOSIÇÃO DE MÚSICA

Ao compor música, você segue certos formatos rítmicos. Estes formatos musicais destacam a colocação de batidas acentuadas ou não acentuadas que formam um padrão para parte de uma canção ou ela toda. A lista a seguir é um guia útil para as partes de tipos diferentes de composições:

- **Forma de uma parte só:** A, AA, AAA, e aí por diante
- **Forma binária:** AB, AABB
- **Forma ternária ou terciária:** ABA, AABA
- **Forma de arco:** ABCBA
- **Sonata:** ABA
- **Rondó:** ABACADAEAF
- **Blues de 8 compassos:** I, IV, I, VI, ii, V, I, V/I (turnaround)
- **Blues de 12 compassos:** I, I, I, I, IV, IV, I, I, V, IV, I, V/I (turnaround)
- **Blues de 16 compassos:** I, I, I, I, IV, IV, I, I, V, IV, V, IV, V, IV, I, V/I (turnaround)
- **Blues de 24 compassos:** 8xI, 4xIV, Ix4, V, V, IV, IV, I, I, I, V/I (turnaround)
- **Formato de estrofe refrão (música pop):** Intro ABACBCB

## SETE MODOS GREGOS PARA A COMPOSIÇÃO MUSICAL

Se você estiver compondo música, geralmente usa um dos sete principais tipos de escalas musicais, ou modos, normalmente chamados de modos Gregos. Cada um consiste de oito notas, combinando tons e semitons em combinações levemente diferentes, que produzem diferentes sensações no ouvinte. A lista a seguir mostra estas escalas gregas:

- **Iônio (a escala maior):** T(om), T, S(emitom), T, T, T, S
- **Dório:** T, S, T, T, T, S, T
- **Frígio:** S, T, T, T, S, T, T
- **Lídio:** T, T, T, S, T, T, S
- **Mixolídio:** T, T, S, T, T, S, T
- **Eólio (a escala menor):** T, S, T, T, S, T, T
- **Lócrio:** S, T, T, S, T, T, T

## PROGRESSÕES DE ACORDES MAIORES E MENORES PARA COMPOSIÇÃO MUSICAL

Quando você compõe música, rapidamente percebe que alguns acordes soam muito bem juntos e outros não. A lista seguinte mostra sequências de acordes maiores bastante utilizadas que sempre soam bem quando são tocadas juntas:

- Acordes I podem aparecer em qualquer lugar numa progressão
- Acordes ii levam a acordes I, V ou vii°
- Acordes iii levam a acordes I, ii, IV ou vi
- Acordes IV levam a acordes I, ii, iii, V ou vii°
- Acordes V levam a acordes I ou vi
- Acordes vi levam a acordes I, ii, iii, IV ou V
- Acordes vii° levam a acordes I ou iii

# Composição Musical

**Para leigos**

# Composição Musical

## Para leigos

**Scott Jarrett**
Músico e produtor

**Holly Day**
Jornalista musical

ALTA BOOKS
EDITORA
Rio de Janeiro, 2016

**Composição Musical Para Leigos®**
Copyright © 2016 da Starlin Alta Editora e Consultoria Eireli. ISBN: 978-85-7608-962-9

*Translated from original Music Composition For Dummies® by Scott Jarrett and Holly Day. Copyright © 2008 by Wiley Publishing, Inc. ISBN 978-0-470-22421-2. This translation is published and sold by permission of Wiley Publishing, Inc., the owner of all rights to publish and sell the same. PORTUGUESE language edition published by Starlin Alta Editora e Consultoria Eireli, Copyright © 2016 by Starlin Alta Editora e Consultoria Eireli.*

Todos os direitos estão reservados e protegidos por Lei. Nenhuma parte deste livro, sem autorização prévia por escrito da editora, poderá ser reproduzida ou transmitida. A violação dos Direitos Autorais é crime estabelecido na Lei nº 9.610/98 e com punição de acordo com o artigo 184 do Código Penal.

A editora não se responsabiliza pelo conteúdo da obra, formulada exclusivamente pelo(s) autor(es).

**Marcas Registradas:** Todos os termos mencionados e reconhecidos como Marca Registrada e/ou Comercial são de responsabilidade de seus proprietários. A editora informa não estar associada a nenhum produto e/ou fornecedor apresentado no livro.

Impresso no Brasil — 1ª Edição, 2016 - Edição revisada conforme o Acordo Ortográfico da Língua Portuguesa de 2009.

**Obra disponível para venda corporativa e/ou personalizada. Para mais informações, fale com projetos@altabooks.com.br**

| **Produção Editorial**<br>Editora Alta Books<br>**Produtor Editorial**<br>Thiê Alves | **Produtor Editorial (Design)**<br>Aurélio Corrêa | **Gerência Editorial**<br>Anderson Vieira<br>**Supervisão de Qualidade Editorial**<br>Sergio de Souza | **Marketing Editorial**<br>Silas Amaro<br>marketing@altabooks.com.br | **Vendas Atacado e Varejo**<br>Daniele Fonseca<br>Viviane Paiva<br>comercial@altabooks.com.br<br>**Ouvidoria**<br>ouvidoria@altabooks.com.br |
|---|---|---|---|---|
| **Equipe Editorial** | Bianca Teodoro<br>Christian Danniel | Claudia Braga<br>Juliana Oliveira | Renan Castro | |
| **Tradução**<br>Gustavo Monsanto | **Copidesque**<br>Ronize Aline | **Revisão Gramatical**<br>Priscila Gurgel | **Revisão Técnica**<br>Rodrigo d'Avila<br>Maestro, compositor e professor de música | **Diagramação**<br>Joyce Matos |

**Erratas e arquivos de apoio:** No site da editora relatamos, com a devida correção, qualquer erro encontrado em nossos livros, bem como disponibilizamos arquivos de apoio se aplicáveis à obra em questão.

Acesse o site www.altabooks.com.br e procure pelo título do livro desejado para ter acesso às erratas, aos arquivos de apoio e/ou a outros conteúdos aplicáveis à obra.

**Suporte Técnico:** A obra é comercializada na forma em que está, sem direito a suporte técnico ou orientação pessoal/exclusiva ao leitor.

Dados Internacionais de Catalogação na Publicação (CIP)
Vagner Rodolfo CRB-8/9410

J37c   Jarrett, Scott
        Composição musical para leigos / Scott Jarrett e Holly Day ; tradução de Gustavo Monsanto da Rocha. - Rio de Janeiro : Alta Books, 2016.
        352 p. ; 17cm x 24cm.

        Tradução de: Music Composition For Dummies
        Inclui índice e apêndices.
        ISBN: 978-85-7608-962-9

        1. Música. 2. Composição musical. I. Day, Holly. II. Rocha, Gustavo Monsanto da. III. Título.

        CDD 781.3
        CDU 78.02

Rua Viúva Cláudio, 291 - Bairro Industrial do Jacaré
CEP: 20.970-031 - Rio de Janeiro (RJ)
Tels.: (21) 3278-8069 / 3278-8419
www.altabooks.com.br — altabooks@altabooks.com.br
www.facebook.com/altabooks — www.instagram.com/altabooks

# Sobre os Autores

Scott Jarrett é um músico e produtor que já trabalhou com numerosos artistas, incluindo Willie Nelson, Fiona Flanagan, Mary Klueh e Keith Jarrett. Já foi diretor musical de várias produções teatrais, como a produção da Broadway de *A Melhor Casa Suspeita do Texas*. No momento, ele comanda o estúdio de gravação Monkey House, em Hudson, Wisconsin (EUA). Lançou dois discos originais, *Without Rhyme or Reason* e *The Gift of Thirst*. Ensinou teoria musical, composição, produção e/ou gravação no Full Sail Center for the Recording Arts, em Orlando, Flórida (EUA), no The Acting Conservatory, em Nashville, Tenessee (EUA) e na McNally-Smith School of Music em St. Paul, Minnesota (EUA).

**Holly Day** é uma jornalista musical cujos artigos apareceram em publicações do mundo todo, como o *Computer Music Journal*, as revistas *ROCKRGRL*, *Music Alive!*, *Guitar One* e *Mixdown*. Seus textos ganharam vários prêmios, como o Isaac Asimov Award, o National Magazine Award e dois Midwest Writer's Grants. Ela é coautora de *Teoria Musical Para Leigos* (Alta Books).

# Dedicatória

Para Irma Jarrett, que além de ser uma professora cultivadora, teria também sido uma excelente cavaleira de Jedi, exceto pelo fato de para ela não existir o Lado Escuro. — Scott

Para Sherman, Wolfgang e Astrid. Não sou nada sem o seu amor e apoio. — Holly

# Agradecimentos do Autor

Gostaria de expressar meus profundos agradecimentos a meu professor de inglês da 10ª série, Mr. Sims, onde quer que ele esteja, por seu encorajamento. Gostaria também de agradecer a Ruth Sweet por me apresentar aos formatos de esforço e às suas muitas utilizações. Stu Kuby e Louise Messina merecem crédito por me darem algumas de minhas primeiras oportunidades profissionais de composição musical. Minha gratidão vai de coração a Tom Day, Mike Bogle e Steve Horlick por seu auxílio, apoio e recursos generosos. E antes que esqueça de indicar onde é o poço de paciência de onde eu bebi e de onde vem minha motivação, agradeço a minha esposa Meg e a meus dois filhos, Garner e Colin. — Scott

Eu gostaria de agradecer aos músicos incríveis cujos conselhos valiosíssimos foram essenciais para escrever este livro: Jonathan Segel, Genesis P-Orridge, Steve Reich, Philip Glass e Mark Mothersbaugh. Gostaria também de agradecer a Corbin Collins, Matt Wagner e especialmente a meu pai, Tom Day, por tornar fazer música uma parte tão importante de minha vida. Meu agradecimento especial a Katherine Tondra, cuja ajuda durante as dificuldades dos deadlines é imensamente apreciada. — Holly

# Sumário Resumido

Introdução . . . . . . . . . . . . . . . . . . . . . . . . . . . . . . . . . . . . . . . . . . . . . .1

## Parte 1: Fundamentos e Ritmo . . . . . . . . . . . . . . . . . . . . . . . .7

CAPÍTULO 1: Pensando como um Compositor . . . . . . . . . . . . . . . . . . . . . . . . 9

CAPÍTULO 2: Ferramentas do Ofício . . . . . . . . . . . . . . . . . . . . . . . . . . . 15

CAPÍTULO 3: Scrapbooks Musicais: Escrevendo no Papel e na Tela. . . . . . . . . . . 23

CAPÍTULO 4: Ritmo e Clima . . . . . . . . . . . . . . . . . . . . . . . . . . . . . . . . 29

## Parte 2: Melodia e Desenvolvimento . . . . . . . . . . . . . . . . . . .41

CAPÍTULO 5: Encontrando Melodias Onde Você Menos Espera. . . . . . . . . . . . . 43

CAPÍTULO 6: Escalas e Modos, Climas e Melodias . . . . . . . . . . . . . . . . . . . . 55

CAPÍTULO 7: Construindo Melodias Usando Motivos e Frases . . . . . . . . . . . . . 67

CAPÍTULO 8: Desenvolvendo Suas Melodias . . . . . . . . . . . . . . . . . . . . . . . 77

## Parte 3: Harmonia e Estrutura . . . . . . . . . . . . . . . . . . . . . . . .87

CAPÍTULO 9: Harmonizando com as Melodias . . . . . . . . . . . . . . . . . . . . . . 89

CAPÍTULO 10: Compondo com Acordes . . . . . . . . . . . . . . . . . . . . . . . . . . 99

CAPÍTULO 11: Compondo a Partir do Vácuo . . . . . . . . . . . . . . . . . . . . . . . 121

CAPÍTULO 12: Inícios, Meios e Finais . . . . . . . . . . . . . . . . . . . . . . . . . . . 133

CAPÍTULO 13: Formas Musicais. . . . . . . . . . . . . . . . . . . . . . . . . . . . . . . 141

## Parte 4: Orquestração e Arranjo . . . . . . . . . . . . . . . . . . . . . 157

CAPÍTULO 14: Compondo para a Orquestra Padrão . . . . . . . . . . . . . . . . . . . 159

CAPÍTULO 15: Compondo para Orquestra Não Tradicional . . . . . . . . . . . . . . . 183

CAPÍTULO 16: Compondo para Vozes Múltiplas . . . . . . . . . . . . . . . . . . . . . 193

CAPÍTULO 17: Compondo Música e Canções Comerciais . . . . . . . . . . . . . . . . 205

CAPÍTULO 18: Compondo Música Eletrônica . . . . . . . . . . . . . . . . . . . . . . . 229

CAPÍTULO 19: Compondo para Outros Músicos . . . . . . . . . . . . . . . . . . . . . 241

## Parte 5: A Parte dos Dez. . . . . . . . . . . . . . . . . . . . . . . . . . . . . 251

CAPÍTULO 20: Dez Compositores que Você Deveria Conhecer . . . . . . . . . . . . . 253

CAPÍTULO 21: Nove Oportunidades de Carreiras para Compositores . . . . . . . . . 265

CAPÍTULO 22: Quase Dez Livros Recomendados para Compositores . . . . . . . . . 273

CAPÍTULO 23: Dez Períodos da História da Música para se Explorar . . . . . . . . . . 279

CAPÍTULO 24: Dez Compositores Brasileiros . . . . . . . . . . . . . . . . . . . . . . . 287

## Parte 6: Apêndices . . . . . . . . . . . . . . . . . . . . . . . . . . . . . . . . . . . . . . . . . . . 293

**APÊNDICE A:** Referência de Modos e Acordes. . . . . . . . . . . . . . . . . . . . . . . . . . . . 295

**APÊNDICE B:** Glossário . . . . . . . . . . . . . . . . . . . . . . . . . . . . . . . . . . . . . . . . . . 319

## Índice. . . . . . . . . . . . . . . . . . . . . . . . . . . . . . . . . . . . . . . . . . . . . . 325

# Sumário

INTRODUÇÃO......................................................... 1
   Sobre Este Livro ................................................ 1
   Penso que.......................................................... 2
   Como Este Livro Está Organizado ........................... 2
      Parte I: Fundamentos e Ritmo ........................... 3
      Parte II: Melodia e Desenvolvimento.................... 3
      Parte III: Harmonia e Estrutura.......................... 3
      Parte IV: Orquestração e Arranjo........................ 3
      Parte V: A Parte dos Dez ................................. 3
   Ícones Usados Neste Livro .................................... 4
   Além Deste Livro................................................ 4
   De Lá para Cá, Daqui para Lá ................................ 4

PARTE 1: FUNDAMENTOS E RITMO......................... 7

CAPÍTULO 1: **Pensando como um Compositor**.................... 9
   Limitações como Liberdade ................................. 10
   Composição como Extensão da Audição..................... 11
   Regras como Inspiração ...................................... 11
   Você como Seu Próprio Professor............................ 12
      Saiba quais são suas opções ............................. 12
      Conheça as regras ........................................ 12
      Escolha mais instrumentos............................... 13
      Entenda quando colocar algo de lado .................. 13
      Receba algo do nada ..................................... 13
      Confie em seu próprio gosto ............................ 14

CAPÍTULO 2: **Ferramentas do Ofício**.............................. 15
   A Habilidade de Compor com Lápis e Papel .............. 16
   Habilidades de Desempenho................................. 17
   Softwares de Composição..................................... 17
      Finale...................................................... 18
      Sibelius ................................................... 18
      Pro Tools.................................................. 19
      Logic Pro.................................................. 19
      Cubase .................................................... 19
   Um Par de Ouvidos Moderadamente Treinados ............. 20
   Conhecimento de Teoria Musical ........................... 20
   Espaço, Tempo e Ideias....................................... 21
   Uma Mentalidade Acumulativa .............................. 21

**CAPÍTULO 3: Scrapbooks Musicais: Escrevendo no Papel e na Tela** . . . . . . . . . . . . . . . 23

Anotando . . . . . . . . . . . . . . . . . . . . . . . . . . . . . . 24
Usando Software . . . . . . . . . . . . . . . . . . . . . . . . 24
Computador versus Papel e Lápis . . . . . . . . . . . . . . . . . 25
Gerenciamento de Arquivo . . . . . . . . . . . . . . . . . . . . . . 26

**CAPÍTULO 4: Ritmo e Clima** . . . . . . . . . . . . . . . . . . . . . . 29

Esculpindo Tempo em Música . . . . . . . . . . . . . . . . . . 30
A Sensação de Ritmos Diferentes . . . . . . . . . . . . . . . . . . 30
Lombadas e Frases Rítmicas . . . . . . . . . . . . . . . . . . . 33
Misturando: Frases Antecipadas, Adiantadas e Síncope . . . . . . . . 35
Frases antecipadas . . . . . . . . . . . . . . . . . . . . . . 35
Frases adiantadas . . . . . . . . . . . . . . . . . . . . . . . 36
Síncope . . . . . . . . . . . . . . . . . . . . . . . . . . . . . 36
Encontrando Suas Próprias Frases Rítmicas . . . . . . . . . . . . 37
Exercícios . . . . . . . . . . . . . . . . . . . . . . . . . . . . . . 38

## PARTE 2: MELODIA E DESENVOLVIMENTO . . . . . . . . . . . . . . 41

**CAPÍTULO 5: Encontrando Melodias Onde Você Menos Espera** . . . . . . . . . . . . . . . . . . 43

O que É uma Estrutura Musical? . . . . . . . . . . . . . . . . . . 44
Encontrando Melodia na Linguagem . . . . . . . . . . . . . . 44
Vamos Comer (,) Vovó! . . . . . . . . . . . . . . . . . . . . . . . 46
Encontrando Melodia no Mundo ao Seu Redor . . . . . . . . 47
Ajudando Sua Musa a Ajudar-lhe . . . . . . . . . . . . . . . . . . 49
Encontrando Melodia em Seu Instrumento . . . . . . . . . . . . 51
Usando escalas em composição . . . . . . . . . . . . . . . . 51
Usando teoria musical na composição . . . . . . . . . . . . . 52
Exercícios . . . . . . . . . . . . . . . . . . . . . . . . . . . . . . 52

**CAPÍTULO 6: Escalas e Modos, Climas e Melodias** . . . . . . . . . . . 55

Modos Maior e Menor e o Círculo de Quintas . . . . . . . . . . . 56
Entrando no Clima . . . . . . . . . . . . . . . . . . . . . . . . . . 58
Climas à Base de Modos . . . . . . . . . . . . . . . . . . . . . . . 59
Iônio (escala maior) . . . . . . . . . . . . . . . . . . . . . . . 59
Dório . . . . . . . . . . . . . . . . . . . . . . . . . . . . . . . 60
Frígio . . . . . . . . . . . . . . . . . . . . . . . . . . . . . . . 60
Lídio . . . . . . . . . . . . . . . . . . . . . . . . . . . . . . . . 61
Mixolídio . . . . . . . . . . . . . . . . . . . . . . . . . . . . . 61
Eólio (menor natural) . . . . . . . . . . . . . . . . . . . . . . 62
Lócrio . . . . . . . . . . . . . . . . . . . . . . . . . . . . . . . 62
A Escala Pentatônica . . . . . . . . . . . . . . . . . . . . . . . . 63
Menor Harmônica e Melódica . . . . . . . . . . . . . . . . . . . . 64
Exercícios . . . . . . . . . . . . . . . . . . . . . . . . . . . . . . 65

xii   Composição Musical Para Leigos

CAPÍTULO 7: **Construindo Melodias Usando Motivos e Frases** ........................................ 67

O Longo e o Curto dos Temas Musicais: Motivos e Frases ........ 68

Construindo uma Frase Melódica ................................. 71

Temperando a Melodia ao Variar a Frase ........................ 73

Deslocamento rítmico ....................................... 73

Truncamento ................................................ 74

Expansão ................................................... 74

Exercícios ..................................................... 74

CAPÍTULO 8: **Desenvolvendo Suas Melodias** ................... 77

Notas Estruturais ............................................. 78

Movimento no Sentido de Tons e Saltos ....................... 78

Notas de Passagem ........................................... 79

Bordadura e Appoggiatura ..................................... 80

Outras Técnicas Melódicas ..................................... 82

Escapada .................................................... 82

Suspensão .................................................. 82

Retardo ..................................................... 82

Antecipação ................................................. 83

Pedal ....................................................... 83

Exercícios ..................................................... 84

## PARTE 3: HARMONIA E ESTRUTURA ........................... 87

CAPÍTULO 9: **Harmonizando com as Melodias** ................ 89

Harmonizando Usando Consonância e Dissonância ............. 90

Trítono: O intervalo do diabo ............................... 91

Tensão e resolução .......................................... 92

Harmonizando Usando o Círculo de Quintas ................... 94

Harmonizando Usando Notas Pivô .............................. 96

Exercícios ..................................................... 97

CAPÍTULO 10: **Compondo com Acordes** ...................... 99

Acordes e Seus Climas ....................................... 100

Maior ...................................................... 101

Menor ..................................................... 101

Sétima maior .............................................. 102

Sétima menor ............................................. 102

Sétima dominante .......................................... 103

Sexta maior ............................................... 103

Sexta menor ............................................... 103

Quarta suspensa ........................................... 104

Nona ...................................................... 104

Nona menor ............................................... 105

Diminuto .................................................. 105

Aumentado ................................................ 105

Sétima menor, quinta bemol/meio diminuto ................ 106

**Sumário**    xiii

Montando Acordes. . . . . . . . . . . . . . . . . . . . . . . . . . . . . . . . . . . . . . . .107
Movimento Rítmico. . . . . . . . . . . . . . . . . . . . . . . . . . . . . . . . . . . . . . .108
Progressões de Acordes . . . . . . . . . . . . . . . . . . . . . . . . . . . . . . . . . .109
   "Regras" para progressões de acordes maiores . . . . . . . . . . . .110
   "Regras" para progressões de acordes menores . . . . . . . . . .110
Indo para Casa com Cadências . . . . . . . . . . . . . . . . . . . . . . . . . . . .111
   Cadências perfeitas . . . . . . . . . . . . . . . . . . . . . . . . . . . . . . . . .111
   Cadências plagais . . . . . . . . . . . . . . . . . . . . . . . . . . . . . . . . . .112
   Cadências deceptivas ou interrompidas. . . . . . . . . . . . . . . . .112
   Meias cadências . . . . . . . . . . . . . . . . . . . . . . . . . . . . . . . . . . .113
Juntando Acordes e Melodias. . . . . . . . . . . . . . . . . . . . . . . . . . . . .113
   Extraindo harmonia a partir da melodia. . . . . . . . . . . . . . . . .114
   Usando mudanças de acordes. . . . . . . . . . . . . . . . . . . . . . . .115
Exercícios . . . . . . . . . . . . . . . . . . . . . . . . . . . . . . . . . . . . . . . . . . . . .118

**CAPÍTULO 11: Compondo a Partir do Vácuo** . . . . . . . . . . . . . . . . . . . . . .121
Compondo Usando o Movimento ao Seu Redor . . . . . . . . . . . . . .122
Apresentando os Formatos de Esforço . . . . . . . . . . . . . . . . . . . . .123
   Peso: pesado versus leve. . . . . . . . . . . . . . . . . . . . . . . . . . . . .124
   Tempo: prolongado e staccato. . . . . . . . . . . . . . . . . . . . . . . . .124
   Fluência: controlada e liberta . . . . . . . . . . . . . . . . . . . . . . . . . .125
   Espaço: direto e indireto . . . . . . . . . . . . . . . . . . . . . . . . . . . . .125
Compondo Utilizando Formatos de Esforço . . . . . . . . . . . . . . . . . .126
   Pontuar. . . . . . . . . . . . . . . . . . . . . . . . . . . . . . . . . . . . . . . . . . .126
   Sacudir . . . . . . . . . . . . . . . . . . . . . . . . . . . . . . . . . . . . . . . . . . .126
   Deslizar . . . . . . . . . . . . . . . . . . . . . . . . . . . . . . . . . . . . . . . . . .127
   Pressionar. . . . . . . . . . . . . . . . . . . . . . . . . . . . . . . . . . . . . . . . .127
   Flutuar. . . . . . . . . . . . . . . . . . . . . . . . . . . . . . . . . . . . . . . . . . . .127
   Socar . . . . . . . . . . . . . . . . . . . . . . . . . . . . . . . . . . . . . . . . . . . .127
   Chicotear . . . . . . . . . . . . . . . . . . . . . . . . . . . . . . . . . . . . . . . . .128
   Torcer . . . . . . . . . . . . . . . . . . . . . . . . . . . . . . . . . . . . . . . . . . . .128
   Moldando a história e o clima ao combinar os
     formatos de esforços . . . . . . . . . . . . . . . . . . . . . . . . . . . . . .128
Exercícios . . . . . . . . . . . . . . . . . . . . . . . . . . . . . . . . . . . . . . . . . . . . .131

**CAPÍTULO 12: Inícios, Meios e Finais** . . . . . . . . . . . . . . . . . . . . . . . . . . . .133
Uma Palavra sobre Forma. . . . . . . . . . . . . . . . . . . . . . . . . . . . . . . .134
Inícios . . . . . . . . . . . . . . . . . . . . . . . . . . . . . . . . . . . . . . . . . . . . . . . .134
   O poder de batizar . . . . . . . . . . . . . . . . . . . . . . . . . . . . . . . . .135
   Começando uma música. . . . . . . . . . . . . . . . . . . . . . . . . . . . .135
   Progressões de acordes . . . . . . . . . . . . . . . . . . . . . . . . . . . . .136
Meios. . . . . . . . . . . . . . . . . . . . . . . . . . . . . . . . . . . . . . . . . . . . . . . . .136
Finais. . . . . . . . . . . . . . . . . . . . . . . . . . . . . . . . . . . . . . . . . . . . . . . . .137
Exercícios . . . . . . . . . . . . . . . . . . . . . . . . . . . . . . . . . . . . . . . . . . . . .138

**CAPÍTULO 13: Formas Musicais** . . . . . . . . . . . . . . . . . . . . . . . . . . . . . . . . .141
Combinando Partes em Formas . . . . . . . . . . . . . . . . . . . . . . . . . . .142
   Forma de uma parte: A . . . . . . . . . . . . . . . . . . . . . . . . . . . . . .142

Forma binária: AB . . . . . . . . . . . . . . . . . . . . . . . . . . . . . . . . . . . . . . . . . 142
Forma de canção: ABA. . . . . . . . . . . . . . . . . . . . . . . . . . . . . . . . . . . . . . 143
Forma de arco: ABCBA. . . . . . . . . . . . . . . . . . . . . . . . . . . . . . . . . . . . . . 144
Formas Clássicas. . . . . . . . . . . . . . . . . . . . . . . . . . . . . . . . . . . . . . . . . . . . . 144
Sonata. . . . . . . . . . . . . . . . . . . . . . . . . . . . . . . . . . . . . . . . . . . . . . . . . . . . 145
Rondó . . . . . . . . . . . . . . . . . . . . . . . . . . . . . . . . . . . . . . . . . . . . . . . . . . . 146
Concerto. . . . . . . . . . . . . . . . . . . . . . . . . . . . . . . . . . . . . . . . . . . . . . . . . 146
Sinfonia. . . . . . . . . . . . . . . . . . . . . . . . . . . . . . . . . . . . . . . . . . . . . . . . . . 146
Fuga. . . . . . . . . . . . . . . . . . . . . . . . . . . . . . . . . . . . . . . . . . . . . . . . . . . . . 147
Divertimento . . . . . . . . . . . . . . . . . . . . . . . . . . . . . . . . . . . . . . . . . . . . . 147
Minimalismo. . . . . . . . . . . . . . . . . . . . . . . . . . . . . . . . . . . . . . . . . . . . . . 147
Integralmente composta . . . . . . . . . . . . . . . . . . . . . . . . . . . . . . . . . . . 147
Formas Populares. . . . . . . . . . . . . . . . . . . . . . . . . . . . . . . . . . . . . . . . . . . . 148
Blues . . . . . . . . . . . . . . . . . . . . . . . . . . . . . . . . . . . . . . . . . . . . . . . . . . . . 148
Blues de 32 compassos e country. . . . . . . . . . . . . . . . . . . . . . . . . . . . 150
Rock. . . . . . . . . . . . . . . . . . . . . . . . . . . . . . . . . . . . . . . . . . . . . . . . . . . . . 150
Jazz. . . . . . . . . . . . . . . . . . . . . . . . . . . . . . . . . . . . . . . . . . . . . . . . . . . . . . . . 151
Música Atonal . . . . . . . . . . . . . . . . . . . . . . . . . . . . . . . . . . . . . . . . . . . . . . . 152
Atonalidade e forma. . . . . . . . . . . . . . . . . . . . . . . . . . . . . . . . . . . . . . . 152
A realidade dos instrumentos e atonalidade. . . . . . . . . . . . . . . . . 153
Música atonal e você . . . . . . . . . . . . . . . . . . . . . . . . . . . . . . . . . . . . . . 154
Ouvindo a atonalidade. . . . . . . . . . . . . . . . . . . . . . . . . . . . . . . . . . . . . 155
Exercícios . . . . . . . . . . . . . . . . . . . . . . . . . . . . . . . . . . . . . . . . . . . . . . . . . . . 155

## PARTE 4: ORQUESTRAÇÃO E ARRANJO . . . . . . . . . . . . . . . . . . . . 157

### CAPÍTULO 14: **Compondo para a Orquestra Padrão**. . . . . . . . . . . . 159
Afinação de Concerto e Transposição . . . . . . . . . . . . . . . . . . . . . . . . . 160
Alcance de Tons dos Instrumentos Transpositores. . . . . . . . . . . . . . . 161
Flauta alto. . . . . . . . . . . . . . . . . . . . . . . . . . . . . . . . . . . . . . . . . . . . . . . . 162
Trompete em B bemol. . . . . . . . . . . . . . . . . . . . . . . . . . . . . . . . . . . . . . 163
Clarinete em B bemol. . . . . . . . . . . . . . . . . . . . . . . . . . . . . . . . . . . . . . 164
Clarinete baixo em B bemol . . . . . . . . . . . . . . . . . . . . . . . . . . . . . . . . 165
Clarinete em E bemol. . . . . . . . . . . . . . . . . . . . . . . . . . . . . . . . . . . . . . 166
Corne inglês . . . . . . . . . . . . . . . . . . . . . . . . . . . . . . . . . . . . . . . . . . . . . . 167
Flugelhorn. . . . . . . . . . . . . . . . . . . . . . . . . . . . . . . . . . . . . . . . . . . . . . . . 168
Trompa . . . . . . . . . . . . . . . . . . . . . . . . . . . . . . . . . . . . . . . . . . . . . . . . . . 169
Trompete piccolo . . . . . . . . . . . . . . . . . . . . . . . . . . . . . . . . . . . . . . . . . 171
Instrumentos Não Transpositores. . . . . . . . . . . . . . . . . . . . . . . . . . . . . . 172
Flauta de concerto . . . . . . . . . . . . . . . . . . . . . . . . . . . . . . . . . . . . . . . . 172
Flauta baixo . . . . . . . . . . . . . . . . . . . . . . . . . . . . . . . . . . . . . . . . . . . . . . 172
Fagote . . . . . . . . . . . . . . . . . . . . . . . . . . . . . . . . . . . . . . . . . . . . . . . . . . . 173
Contrabaixo . . . . . . . . . . . . . . . . . . . . . . . . . . . . . . . . . . . . . . . . . . . . . . 173
Oboé . . . . . . . . . . . . . . . . . . . . . . . . . . . . . . . . . . . . . . . . . . . . . . . . . . . . 174
Harpa orquestral. . . . . . . . . . . . . . . . . . . . . . . . . . . . . . . . . . . . . . . . . . 174
Trombone de vara tenor . . . . . . . . . . . . . . . . . . . . . . . . . . . . . . . . . . . 175
Viola. . . . . . . . . . . . . . . . . . . . . . . . . . . . . . . . . . . . . . . . . . . . . . . . . . . . . 175
Violino . . . . . . . . . . . . . . . . . . . . . . . . . . . . . . . . . . . . . . . . . . . . . . . . . . . 176

**Sumário** XV

Cello. . . . . . . . . . . . . . . . . . . . . . . . . . . . . . . . . . . . . . . . . . .176
Onde estão todos eles no piano . . . . . . . . . . . . . . . . . . . . . .177
Conseguindo os Sons que Você Deseja . . . . . . . . . . . . . . . . . . . . .178
Instrumentos de cordas. . . . . . . . . . . . . . . . . . . . . . . . . . . . .179
Instrumentos de sopro e metais . . . . . . . . . . . . . . . . . . . . . . .181

**CAPÍTULO 15: Compondo para Orquestra Não Tradicional** . . 183
O Baixo . . . . . . . . . . . . . . . . . . . . . . . . . . . . . . . . . . . . . . . . . . . . .184
Baixo vertical . . . . . . . . . . . . . . . . . . . . . . . . . . . . . . . . . . . . .184
Baixo elétrico . . . . . . . . . . . . . . . . . . . . . . . . . . . . . . . . . . . . .185
Baixo acústico . . . . . . . . . . . . . . . . . . . . . . . . . . . . . . . . . . . .185
O Violão . . . . . . . . . . . . . . . . . . . . . . . . . . . . . . . . . . . . . . . . . . . .186
Violão acústico. . . . . . . . . . . . . . . . . . . . . . . . . . . . . . . . . . . .187
Guitarra elétrica. . . . . . . . . . . . . . . . . . . . . . . . . . . . . . . . . . .187
Violão de doze cordas . . . . . . . . . . . . . . . . . . . . . . . . . . . . . .188
Steel guitar . . . . . . . . . . . . . . . . . . . . . . . . . . . . . . . . . . . . . .188
Instrumentos de Palhetas Livres . . . . . . . . . . . . . . . . . . . . . . . . .189
A gaita . . . . . . . . . . . . . . . . . . . . . . . . . . . . . . . . . . . . . . . . . .190
O acordeão. . . . . . . . . . . . . . . . . . . . . . . . . . . . . . . . . . . . . . .190
A concertina. . . . . . . . . . . . . . . . . . . . . . . . . . . . . . . . . . . . . .191

**CAPÍTULO 16: Compondo para Vozes Múltiplas** . . . . . . . . . . . . . . . .193
Enredos e Instrumentação . . . . . . . . . . . . . . . . . . . . . . . . . . . . . .194
Escrevendo Linhas de Harmonia Múltiplas . . . . . . . . . . . . . . . . . .195
Vozes Independentes . . . . . . . . . . . . . . . . . . . . . . . . . . . . . . . . . .196
Contraponto . . . . . . . . . . . . . . . . . . . . . . . . . . . . . . . . . . . . . . . . .198
Os Cinco Elementos de um Tom Musical. . . . . . . . . . . . . . . . . . . .200
Altura. . . . . . . . . . . . . . . . . . . . . . . . . . . . . . . . . . . . . . . . . . .200
Duração . . . . . . . . . . . . . . . . . . . . . . . . . . . . . . . . . . . . . . . . .200
Intensidade . . . . . . . . . . . . . . . . . . . . . . . . . . . . . . . . . . . . . .201
Timbre. . . . . . . . . . . . . . . . . . . . . . . . . . . . . . . . . . . . . . . . . .201
Sonância . . . . . . . . . . . . . . . . . . . . . . . . . . . . . . . . . . . . . . . .201
O que Fazer e o que Não Fazer . . . . . . . . . . . . . . . . . . . . . . . . . .202
Não escreva mais do que três melodias
independentes a cada vez. . . . . . . . . . . . . . . . . . . . . . . . . . .202
Não cruze as linhas melódicas . . . . . . . . . . . . . . . . . . . . . . . .202
Seja deliberado no uso das oitavas e uníssonos. . . . . . . . . . . .202
Considere a tessitura . . . . . . . . . . . . . . . . . . . . . . . . . . . . . . .203
Exercícios . . . . . . . . . . . . . . . . . . . . . . . . . . . . . . . . . . . . . . . . . . .203

**CAPÍTULO 17: Compondo Música e Canções Comerciais** . . . . . .205
Compondo para Cinema. . . . . . . . . . . . . . . . . . . . . . . . . . . . . . . .206
Trabalhando com time code. . . . . . . . . . . . . . . . . . . . . . . . . .207
Trabalhando com filmes proxy. . . . . . . . . . . . . . . . . . . . . . . .208
Compondo para Videogames. . . . . . . . . . . . . . . . . . . . . . . . . . . .209
Compondo para TV e Rádio . . . . . . . . . . . . . . . . . . . . . . . . . . . . .209

xvi    Composição Musical Para Leigos

Compondo para Orquestra . . . . . . . . . . . . . . . . . . . . . . . . . . . . .211
Compondo para Si Mesmo. . . . . . . . . . . . . . . . . . . . . . . . . . . . .212
Equipes de Composição . . . . . . . . . . . . . . . . . . . . . . . . . . . . . .214
Organizações e Sites Úteis . . . . . . . . . . . . . . . . . . . . . . . . . . . .215
  Film Connection. . . . . . . . . . . . . . . . . . . . . . . . . . . . . . . . . . .215
  American Composer's Forum . . . . . . . . . . . . . . . . . . . . . . . . .215
  American Composer's Forum, Los Angeles Chapter. . . . . . . . .216
  Film Music Network . . . . . . . . . . . . . . . . . . . . . . . . . . . . . . .216
Trabalhando com Agentes . . . . . . . . . . . . . . . . . . . . . . . . . . . .216
Composição. . . . . . . . . . . . . . . . . . . . . . . . . . . . . . . . . . . . . . .217
  Decidindo as letras e o tempo . . . . . . . . . . . . . . . . . . . . . . . .218
  Construindo ritmo. . . . . . . . . . . . . . . . . . . . . . . . . . . . . . . . .219
  Escolhendo sua forma . . . . . . . . . . . . . . . . . . . . . . . . . . . . . .220
  No início . . . . . . . . . . . . . . . . . . . . . . . . . . . . . . . . . . . . . . . .221
  Fazendo sua canção entrar no clima. . . . . . . . . . . . . . . . . . . .222
  O gancho . . . . . . . . . . . . . . . . . . . . . . . . . . . . . . . . . . . . . . .223
Fazendo uma Ótima Demo. . . . . . . . . . . . . . . . . . . . . . . . . . . .225
  Mantenha a coisa curta . . . . . . . . . . . . . . . . . . . . . . . . . . . . .225
  Inclua apenas as melhores coisas . . . . . . . . . . . . . . . . . . . . .225
  Organize-a . . . . . . . . . . . . . . . . . . . . . . . . . . . . . . . . . . . . . .225
  Tenha mais material a caminho . . . . . . . . . . . . . . . . . . . . . . .226
  Identifique-se. . . . . . . . . . . . . . . . . . . . . . . . . . . . . . . . . . . . .226
  Invista em qualidade. . . . . . . . . . . . . . . . . . . . . . . . . . . . . . .226
  Registre-a . . . . . . . . . . . . . . . . . . . . . . . . . . . . . . . . . . . . . . .227

CAPÍTULO 18: **Compondo Música Eletrônica** . . . . . . . . . . . . . . .229
Software e Hardware para Composição. . . . . . . . . . . . . . . . . . .230
  Sequencers e digital audio workstations . . . . . . . . . . . . . . . .230
  Software de notação musical: editor de partituras. . . . . . . . . .231
  Repetição e o computador . . . . . . . . . . . . . . . . . . . . . . . . . .232
  Bibliotecas de sons. . . . . . . . . . . . . . . . . . . . . . . . . . . . . . . .232
Compondo em Computadores . . . . . . . . . . . . . . . . . . . . . . . . .233
  Pensando em partes . . . . . . . . . . . . . . . . . . . . . . . . . . . . . . .234
  Composição linear . . . . . . . . . . . . . . . . . . . . . . . . . . . . . . . .234
  Composição de loops. . . . . . . . . . . . . . . . . . . . . . . . . . . . . . .235
  Computador como gravador: scrapbook musical. . . . . . . . . . .237
  As más notícias . . . . . . . . . . . . . . . . . . . . . . . . . . . . . . . . . .237
  Salvando e fazendo backup . . . . . . . . . . . . . . . . . . . . . . . . . .238

CAPÍTULO 19: **Compondo para Outros Músicos** . . . . . . . . . . . . .241
Compondo com Lead Sheets . . . . . . . . . . . . . . . . . . . . . . . . . .242
Compondo com a Tablatura de Guitarra . . . . . . . . . . . . . . . . . .243
A Partitura . . . . . . . . . . . . . . . . . . . . . . . . . . . . . . . . . . . . . . . .246
Escrevendo para Formações de Músicos. . . . . . . . . . . . . . . . . .248
Trabalhando com Partituras e Formações de
  Músicos Estrangeiros . . . . . . . . . . . . . . . . . . . . . . . . . . . . . . .249

**Sumário** xvii

PARTE 5: A PARTE DOS DEZ ................................... 251

CAPÍTULO 20: **Dez Compositores que
Você Deveria Conhecer** ............................. 253

Claudio Monteverdi, 1567–1643 ........................... 254
Charles Ives, 1874–1954 .................................. 255
Béla Bartók, 1881–1945 .................................. 256
Igor Stravinsky, 1882–1971 ............................... 257
Aaron Copland, 1900–1990 ............................... 258
Raymond Scott, 1909–1994 ............................... 259
Leonard Bernstein, 1918–1990 ............................ 260
Arvo Pärt, 1935–presente ................................. 261
Steve Reich, 1936–presente ............................... 261
Eric Whitacre, 1970–presente ............................. 262

CAPÍTULO 21: **Nove Oportunidades de Carreiras para
Compositores** .......................................... 265

Bandas e Coros de Escola ................................. 266
Música Incidental para Televisão .......................... 267
Teatro Musical .......................................... 267
Composições e Apresentações de Concertos ................ 269
Produtor/Arranjador ..................................... 269
Música Industrial e Publicidade ........................... 270
Convenções de negócios ............................. 270
Bibliotecas musicais ................................. 271
Trilhas de Filmes ........................................ 271
Trilhas para Videogames ................................. 271
Composição ............................................ 272

CAPÍTULO 22: **Quase Dez Livros Recomendados
para Compositores** ..................................... 273

Songwriter's Market ..................................... 274
The Shaping of Musical Elements, Vol. II. .................. 274
The Norton Scores, Vols. 1 e 2, 10a edição ................ 275
How to Grow as a Musician ............................... 275
Analysis of Tonal Music: A Schenkerian Approach ........... 276
The Virgin Directory of World Music ....................... 276
The Rough Guide to Classical Music, 4a edição .............. 277
American Mavericks ...................................... 277
RE/Search #14 e #15: Incredibly Strange Music, Vols. I e II. ...... 278

CAPÍTULO 23: **Dez Períodos da História da Música
para se Explorar** ....................................... 279

Música Clássica ......................................... 280
Período medieval: a fase monofônica (590–1200) .......... 280
Período pré-clássico (1700–1770) ...................... 281
Início do século XX (1910–1950) ....................... 282

xviii    Composição Musical Para Leigos

Minimalismo (1950–presente) . . . . . . . . . . . . . . . . . . . . . . . . . . .283
Jazz. . . . . . . . . . . . . . . . . . . . . . . . . . . . . . . . . . . . . . . . . . . . . . . . .283
Jazz dos primórdios (em torno de 1890–1930). . . . . . . . . . . . .283
Vanguarda (década de 1960) . . . . . . . . . . . . . . . . . . . . . . . . . .284
Rock. . . . . . . . . . . . . . . . . . . . . . . . . . . . . . . . . . . . . . . . . . . . . . . . .284
Krautrock . . . . . . . . . . . . . . . . . . . . . . . . . . . . . . . . . . . . . . . . . .285
Math rock (década de 1990). . . . . . . . . . . . . . . . . . . . . . . . . . .285
Pós-rock (década de 1980–presente) . . . . . . . . . . . . . . . . . . .285
Hoje em Dia . . . . . . . . . . . . . . . . . . . . . . . . . . . . . . . . . . . . . . . . .286

**CAPÍTULO 24: Dez Compositores Brasileiros** . . . . . . . . . . . . . . . . . . . .287
Emerico Lobo de Mesquita. . . . . . . . . . . . . . . . . . . . . . . . . . . . .288
José Maurício Nunes Garcia . . . . . . . . . . . . . . . . . . . . . . . . . . . .288
Antônio Carlos Gomes. . . . . . . . . . . . . . . . . . . . . . . . . . . . . . . . .288
Ernesto Nazareth . . . . . . . . . . . . . . . . . . . . . . . . . . . . . . . . . . . . .289
Heitor Villa-Lobos . . . . . . . . . . . . . . . . . . . . . . . . . . . . . . . . . . . .289
Pixinguinha. . . . . . . . . . . . . . . . . . . . . . . . . . . . . . . . . . . . . . . . . .290
Luiz Gonzaga . . . . . . . . . . . . . . . . . . . . . . . . . . . . . . . . . . . . . . . .290
Tom Jobim . . . . . . . . . . . . . . . . . . . . . . . . . . . . . . . . . . . . . . . . . .291
Egberto Gismonti . . . . . . . . . . . . . . . . . . . . . . . . . . . . . . . . . . . .291
Chico Buarque. . . . . . . . . . . . . . . . . . . . . . . . . . . . . . . . . . . . . . .292

## PARTE 6: APÊNDICES . . . . . . . . . . . . . . . . . . . . . . . . . . . . . . . . . . . . 293

**APÊNDICE A: Referência de Modos e Acordes** . . . . . . . . . . . . . . . . . . .295

**APÊNDICE B: Glossário** . . . . . . . . . . . . . . . . . . . . . . . . . . . . . . . . . . . . .319

## ÍNDICE . . . . . . . . . . . . . . . . . . . . . . . . . . . . . . . . . . . . . . . . . . . 325

XX    Composição Musical Para Leigos

# Introdução

Seja bem-vindo a *Composição Musical Para Leigos*!

Você é o tipo de pessoa que anda o dia inteiro com uma melodia enlouquecedora na cabeça, o que faz com que pare de fazer qualquer coisa que esteja fazendo para que possa prestar atenção total nela?

Você se pega batucando passagens rítmicas destas melodias em sua mesa no trabalho ou rabiscando letras de música em pedaços de papel?

A música faz às vezes mais o papel de feitor de escravos do que de musa para você?

Caso você tenha dito sim a qualquer uma dessas perguntas, tudo o que podemos lhe dizer é: estamos aqui para ajudá-lo.

## Sobre Este Livro

*Composição Musical Para Leigos* contém tudo o que você precisa saber para começar a

>> Escolher o tempo e o ritmo perfeitos para sua composição.

>> Combinar tons e progressões de acordes aos climas que você quer criar.

>> Trabalhar dentro dos limites de um formato musical sem confinar sua criatividade.

>> Forçá-lo a sentar e trazer à tona ideias musicais, mesmo quando sua mente estiver totalmente vazia.

Neste livro, discutimos os fundamentos da composição, desde escrever progressões de acordes e cadências que soem naturais até a composição de música atonal, de gravar uma demo a fazer com que ela chegue às mãos das pessoas certas. Se tem uma coisa que tentamos fazer aqui foi desmistificar o processo de composição musical e da criação de canções.

Poucas coisas são mais satisfatórias do que tirar uma melodia de dentro de sua cabeça e transformá-la numa canção pronta ou até numa peça orquestrada. Este livro tornará este processo muito mais fácil para você.

Como cada capítulo é o mais independente possível, você não precisa ler cada capítulo para entender sobre o que é o seguinte — a não ser que assim deseje, é claro.

Para encontrar as informações de que precisa, você pode usar o Sumário como ponto de referência ou pode olhar o Índice na parte de trás do livro.

# Penso que...

Este livro foi escrito para muitos tipos de compositores nascentes: o estudante de música clássica que nunca aprendeu a improvisar, o músico de apoio que quer começar a pegar as rédeas e a escrever material e ao músico experiente, que quer compor fora de sua zona de conforto.

Você é provavelmente familiarizado com um instrumento musical e toca um pouquinho. Talvez você tenha sido treinado no piano e agora queira começar a escrever suas próprias músicas sozinho. Talvez você seja um guitarrista de rock autodidata que quer aprender sobre compor em outros gêneros. Ou talvez você seja somente uma pessoa que tenha esses fragmentos musicais enlouquecedores dançando em sua cabeça e queira transformá-los numa canção de verdade.

Nós deduzimos que você saiba pelo menos os rudimentos da teoria musical. Esperamos que você saiba ler música, ao menos num nível básico, assim como o que são acordes, quantas batidas uma pausa inteira dura no tempo de 3/4 — coisas desse tipo. Infelizmente, não há espaço neste livro para ensiná-lo teoria musical também.

Caso você seja um novato absoluto na música, recomendamos que compre antes de mais nada uma cópia de *Teoria Musical Para Leigos* (Alta Books), de Michael Pilhofer e Holly Day, para lhe dar uma boa base na linguagem da música. Volte aqui na sequência.

# Como Este Livro Está Organizado

*Composição Musical Para Leigos* é organizado em cinco partes. As quatro primeiras concentram-se, cada uma delas, em um aspecto particular da música, com a quinta parte, a Parte dos Dez, contendo informações sobre alguns dos aspectos divertidos da composição, que podem ter pouco ou nada a ver com tocar música, na verdade.

Este sistema facilita que você encontre o que precisa saber rapidamente — porque, no fim das contas, este é um livro de referência, e ninguém quer passar o dia todo lendo atrás de uma simples informação técnica.

# Parte I: Fundamentos e Ritmo

Sem o ritmo, a "música" seria uma nota longa, sem pausa, sem ondulações e seria bastante difícil dançar. O ritmo é o componente mais básico de qualquer tipo de música, e ser capaz de usá-lo adequadamente pode abrilhantar ou arruinar uma canção. Nesta parte, discutimos os tipos de climas que você pode criar ao usar diferentes tipos de ritmo, assim como as ferramentas que deve ter à mão quando decidir se tornar um compositor.

# Parte II: Melodia e Desenvolvimento

A melodia é a linha principal da música que fica grudada em sua cabeça por muito tempo depois de a canção ter terminado. É o tema básico o qual percorre uma canção que amarra a coisa toda. Nesta seção, nós lhe mostramos como construir linhas melódicas em torno de frases faladas ou escritas, como construir motivos melódicos e como usar os climas associados a diferentes escalas e modos.

# Parte III: Harmonia e Estrutura

A harmonia é a parte da canção que dinamiza o restante. O uso adequado da harmonia pode transformar a melodia de "Brilha, Brilha, Estrelinha" em uma peça orquestral. Nesta seção, nós abordamos a escrita de acompanhamentos harmônicos em melodias existentes, a composição de música com progressões de acordes, o uso de formatos de esforço como ferramentas de composição, a compreensão de formas musicais básicas e como fazer as coisas acontecerem como compositor.

# Parte IV: Orquestração e Arranjo

No fim do dia, sua música não pode ficar lá com uma aparência solitária no papel. Ela tem que ser tocada por instrumentos ou cantada, ou ambos. Neste capítulo, discutimos os limites do que é possível ser executado pelos principais instrumentos de grupos pop ou pela orquestra tradicional. Nós lhe mostramos também como escrever música para peças com múltiplas vozes, compor de forma lucrativa, fazer música eletrônica e experimental e realizar uma gravação demo de seu trabalho.

# Parte V: A Parte dos Dez

Aqui nós o introduzimos a algumas coisas que têm a ver com composição, além de tocar música. Nós apresentamos alguns compositores fascinantes, sem os quais, nem este livro nem outros do mesmo estilo seriam possíveis, assim como alguns outros livros de teoria musical suplementar e história da música, que você pode ler para aperfeiçoar sua educação a respeito do assunto. Nós também examinamos alguns dos períodos mais revolucionários da história da música, sobre os quais cada músico deveria saber a respeito e discutir sobre o porquê de tais períodos serem tão importantes.

## Ícones Usados Neste Livro

Ícones são pequenas imagens gráficas usadas para destacar informações particularmente importantes. Você encontrará os seguintes ícones neste livro, localizados convenientemente nas margens esquerdas:

Este ícone indica bons conselhos e informações que o ajudarão a entender os conceitos-chave.

Quando discutimos algo que possa ser problemático ou confuso, usamos este ícone.

Este ícone indica informações que são técnicas e que você pode ir adiante e pulá-las, caso queira.

Quando nós fazemos uma observação ou oferecemos alguma informação que sintamos que você deva guardar consigo para sempre, nós colocamos este ícone.

## Além Deste Livro

Você pode acessar a *Folha de Cola Online*, no endereço: www.altabooks.com.br. Procure pelo título do livro/ISBN.

Na página da obra, em nosso site, faça o download completo da *Folha de Cola*, bem como de erratas e possíveis arquivos de apoio.

## De Lá para Cá, Daqui para Lá

Caso você esteja começando como compositor, siga adiante e mergulhe na Parte I.

Caso você já esteja familiarizado com os fundamentos do ritmo e queira começar a escrever melodias, siga para a Parte II.

Caso você já tenha uma melodia ótima pronta, mas deseje saber como a tornar uma composição mais detalhada, a Parte III abrange os fundamentos de como combinar melodias com harmonias.

A Parte IV pode ajudá-lo a decidir quais instrumentos você vai querer utilizar em sua composição ou para quem vai querer vendê-la.

É importante relaxar e se divertir com isso — ouvir, tocar e escrever música são algumas das experiências mais divertidas que você possa ter. *Composição Musical Para Leigos* pode ter sido escrito por professores, mas nós prometemos que nenhum instrutor de música, daqueles que controlam o relógio, aparecerá em sua porta para verificar o tempo que está gastando na leitura deste livro. Compor música é algo mágico, misterioso e maravilhoso. Ainda assim, baseia-se em princípios surpreendentemente simples. Na música Ocidental, existem somente doze tons em cada uma das oito oitavas do piano, mas imagine o quão diferente uma canção pode ser em relação a outra.

LEMBRE-SE

Os limites podem ser, na verdade, libertadores. Assim como na prosa ou poesia, quanto mais confortável você estiver em trabalhar dentro de um formato específico, maior será sua capacidade de se expressar de forma bem-sucedida nele.

6    Introdução

# 1

# Fundamentos e Ritmo

## NESTA PARTE . . .

Nós contamos o que você precisa saber antes de começar a compor música de forma séria — e não é somente saber como ler partituras também (você já deve estar familiarizado com isso). Tudo, desde uma análise detalhada dos programas usados para compor música até o desenvolvimento de sistemas de administração de arquivos para suas composições, é discutido nesta seção. Falamos também sobre o quão importante é o ritmo para a criação de climas específicos em suas composições, e discutimos como usar as variações rítmicas para tornar sua música mais interessante.

> **NESTE CAPÍTULO**
>
> **Encontrando a liberdade na restrição**
>
> **Juntando-se àqueles que criam algo a partir do nada**
>
> **Conhecendo algumas regras de composição**
>
> **Algumas coisas para se lembrar antes de começar**

Capítulo 1

# Pensando como um Compositor

M úsica é a forma de arte definida completamente pelo tempo. Uma vez que uma canção acaba de ser tocada, tecnicamente, e quando seu último eco se cala, é o seu fim. Cada canção é literalmente cercada pelo silêncio, ou pelo barulho externo, e, caso seus ouvintes não estejam prestando atenção, eles irão perdê-la.

Seu trabalho, é claro, é fazer com que eles prestem atenção.

# Limitações como Liberdade

Indo além, a música pode ser considerada como a *escultura do tempo*. Você pode pensar em seus três minutos — ou meia hora, ou 36 horas — como um bloco esperando para ser esculpido num determinado formato que deverá contar uma história ou causar uma emoção. Você só precisa descobrir que técnicas de escultura funcionarão melhor para que sua ideia chegue a seu público.

É aí que o *formato* entra em campo. Formatos são maneiras específicas de compor música pop, música clássica, blues, jazz, country e até música atonal e em série. Se você souber em que formato quer compor sua canção, parte do trabalho de base da sua composição já está feito.

LEMBRE-SE

E não reclame sobre isto lhe "limitar" ou "restringir". A rede limita-o no jogo de tênis? Não, ela dá a ambos os jogadores algo em comum para seguir. Na música, o formato faz basicamente a mesma coisa: seu ouvinte sabe mais ou menos o que esperar e você sabe mais ou menos o que dar a ele. O resto — a individualidade de sua contribuição — é com você. Além disso, não há nada errado em combinar formatos usados para criar outros novos. Você já ouviu falar da fusão do jazz/rock, porch punk, country blues e aí por diante? Na verdade, você pode combinar formatos sem nem mesmo pensar nisso.

Depois de escolher um formato principal, você pode querer escolher o tom no qual vai querer escrever sua música. Saber como diferentes tons e modos trazem climas específicos é uma grande ajuda na tentativa de passar uma emoção específica em sua música. E como você sabe sobre tons e climas? Ouvindo música composta por outras pessoas, é claro. Você já deve ter internalizado muita informação sobre climas musicais, provavelmente sem nem perceber.

Você pode já ter uma melodia balançando em sua cabeça que precisa de um acompanhamento harmônico. Você pode plugar essa linha melódica em seu formato escolhido ou começar a colocar algum acompanhamento de acordes e ver aonde ela chega sozinha.

Não existe uma ordem preestabelecida na qual você deva começar a compor. O resultado final é o que importa, e se você termina com uma música com a qual esteja parcialmente satisfeito, então está no caminho certo.

LEMBRE-SE

Você não precisa reinventar a roda. Muito do trabalho na composição musical já foi feito para você por outros. Em vez de reinventar a roda, torne a sua diferente, mais interessante, única e mais verdadeira em relação ao que está dentro de você do que qualquer outra roda.

# Composição como Extensão da Audição

Como professor de música, Johann Sebastian Bach, assim como outros grandes compositores de sua época, treinava seus alunos a não serem somente pequenos impressionantes pianistas robóticos, mas sim improvisadores e compositores. Isto é algo que não é muito ensinado pelos professores de música hoje. Naquela época, aprender a ler partituras e tocar músicas de outras pessoas não eram tarefas isoladas ou independentes da própria criação musical. A música dos mestres era apresentada aos estudantes como algo sobre o qual improvisar — e, possivelmente, até melhorar.

Esta musicalidade prática era um trabalho abrangente que envolvia pensar criativamente e transformar isso em som. A música significava mais do que meramente seguir instruções. A repetição habitual da música de outras pessoas, incluindo aí a própria música de Bach, era usada como exemplo e não como *fim em si mesmo*. Os alunos eram encorajados a alterarem as partituras, colocando notas a mais ou tirando-as, reduzindo o valor do tempo das mesmas, e a mudarem ou adicionarem ornamentação, dinâmica e por aí em diante. Ninguém entrava no estúdio de Bach para estudar música sem antes mostrar alguma capacidade rudimentar de composição.

Caso você seja um estudante de música treinado classicamente que não teve muita oportunidade de abrir as asas e escrever suas próprias peças, este livro é projetado especialmente para o ajudar a encontrar sua própria voz, ao usar tudo o que você aprendeu em todos aqueles anos de memorização rotineira e explorar seus próprios sentimentos sobre como a música deva soar.

# Regras como Inspiração

Caso você não soubesse melhor, poderia pensar que a música era algo que pudesse começar em qualquer nota, ir para qualquer lugar que quisesse e parar quando o artista quisesse levantar e tomar um copo de chá gelado. Embora seja verdade que todos nós já tenhamos ido a performances musicais que tenham seguido este estilo de "composição" — na maioria das vezes, aquelas são amostras confusas, irritantemente autocomplacentes e parecem não ter rumo. As únicas pessoas que conseguem fazer improvisos espontâneos são aquelas que sabem música o bastante para empilhar acordes e notas umas perto das outras de forma que *elas façam sentido* para os ouvintes. E como a música é inerentemente uma forma de comunicação, conectar-se a seus ouvintes é algo importante a ser feito.

Você precisa realmente conhecer as regras antes de poder quebrá-las.

Conhecer os formatos das músicas, saber como combinar linhas harmônicas numa melodia de verdade e terminar uma canção numa cadência perfeita pode ser incrivelmente inspirador. Não há como descrever o poder da iluminação em sua cabeça quando você de repente *sabe* como montar uma progressão de blues de 12 compassos e construir uma canção realmente boa a partir dela. A primeira vez em que você faz música com seus amigos e descobre que tem a confiança de apresentar suas próprias ideias é emocionante.

Nossa intenção é a de que o leitor deste livro mantenha-o ao lado regularmente, porque o desejo de experimentar uma nova técnica musical é duro demais para resistir!

## Você como Seu Próprio Professor

Assim como em qualquer outra atividade criativa, compor música requer que você confie em si mesmo. Um entendimento de teoria musical e muita habilidade no instrumento podem ser bons pontos de partida, mas o que uma ideia significa para você — como ela faz você se sentir e o que acaba dizendo com ela — pode ser o único critério de sua validação.

À medida que for lendo os capítulos seguintes, mantenha as ideias desta seção em mente.

### Saiba quais são suas opções

Uma vez que você tenha uma ideia, aprenda a trabalhar com métodos de (re)harmonização, desenvolvimento harmônico e melódico, contrapontos, variações e outras técnicas de composição. Um bom compositor nunca para de aprender e nunca vai ter ferramentas o bastante em sua caixa. Aprenda tantos estilos e técnicas de composição quanto for possível, e tente ter uma compreensão intuitiva sobre como e quando as aplicar.

Com a prática, esta informação vai ser automática — fácil de usar e trazer suas composições como é para um eletricista tirar de sua caixa de ferramentas uma chave de fenda ou uma chave inglesa. Um entendimento firme e intuitivo de teoria musical, composição básica e técnicas de arranjo irão levá-lo mais longe do que você possa imaginar.

### Conheça as regras

Todo formato tem uma série de regras, e como compositor você deve estar familiarizado com todas elas. Rock, folk, música clássica e até os gêneros experimentais têm regras específicas que os definem, e sabê-las é às vezes metade do trabalho. As regras são feitas para serem quebradas? Certamente, às vezes. Mas, elas também são feitas para serem usadas como instruções que muitas e muitas pessoas antes de você tiveram que descobrir por meio de tentativas e erros, com bastante dificuldade. Use a sabedoria delas por tudo o que valem — não as descarte sem pensar.

## Escolha mais instrumentos

Cada instrumento tem seu próprio som belo e específico. Às vezes, tornar-se semifluente num novo instrumento pode mudar completamente a maneira como você quer compor música. Também pode aumentar seu apreço por aqueles outros músicos que colocarão sua música em prática (assim esperamos).

## Entenda quando colocar algo de lado

As composições que lhe causam problemas persistentes e frustrantes são provavelmente aquelas que você tenha que colocar de lado até uma data futura. As melhores ideias para composições são frequentemente (mas não sempre) aquelas que vêm de forma natural, fácil e rápida. Caso você esteja lutando com uma canção, às vezes a melhor coisa a fazer é colocá-la de lado por um dia, ou até mesmo por mais tempo, voltando a ela mais tarde, com uma perspectiva fresca.

## Receba algo do nada

Uma grande ideia é um dom e não pode ser produzida de acordo com nossa vontade. No entanto, vários grandes compositores podem fazer muita coisa sem a intervenção divina. Se você observar muitas das composições de J.S. Bach, por exemplo, pode ver que muitas seções são diretamente inspiradas pela técnica, construídas ao redor de linhas melódicas e ideias musicais bastante básicas.

Caso você não consiga surgir com uma ideia brilhante do nada, tente então começar de forma aleatória, pegando uma caneta e escrevendo uma série de notas soltas. Preencha uma folha de partitura com notas aleatórias e veja se há alguma coisa interessante. Sim, estamos falando sério. Pegue um violão e toque acordes aleatórios até que algo soe interessante. Ou ainda, brinque com seu teclado até que algo chame a atenção de seus ouvidos. Infinitas canções clássicas começaram com pouco mais do que estas técnicas simples.

Uma vez que você tenha achado algo que queira explorar, poderá usar as regras para lhe ajudar. Pode soar bobo, mas é verdade: o maior carvalho começou como uma pequena bolota. Os capítulos deste livro podem lhe mostrar como completar a linha melódica que você criou, assim como construir um acompanhamento harmônico.

CAPÍTULO 1 **Pensando como um Compositor** 13

# Confie em seu próprio gosto

Se você gosta, mais alguém vai gostar também. Compor música é sobre autoexpressão, e caso você tenha composto uma canção que lhe soe bem, siga seus instintos de qualquer maneira. Por mais que os membros da raça humana sejam lindos e únicos, existem mais similaridades do que diferenças entre todos nós.

Por outro lado, mesmo se o que você compôs não siga nenhuma série de regras, e mesmo que a maioria das pessoas que ouvirem, odeiem, *caso tenha gostado, guarde*. Eventualmente, você encontrará outras pessoas que *entenderão* a ideia de verdade e ficará feliz por ter guardado aquele pedaço de música que todos acharam insuportável de ouvir.

Nós mencionamos uma caixa de ferramentas do compositor. No próximo capítulo, você começará a montar a sua.

**NESTE CAPÍTULO**

Escrevendo música à mão

Compondo em um instrumento

Usando um software para o ajudar a escrever música

Treinando seus ouvidos

Entendendo a importância da teoria musical

Encontrando espaço, tempo e ideias para compor

# Capítulo 2

# Ferramentas do Ofício

Assim como eletricistas, encanadores e mecânicos usam suas caixas de ferramentas para organizar seu equipamento, os compositores também levam as suas para o trabalho. A diferença é que, obviamente, as caixas de ferramentas dessas pessoas podem ser vistas, sentidas e são passíveis de serem tropeçadas no escuro, enquanto a do compositor está em sua maior parte contida em sua mente.

Mas, ainda assim, são ferramentas e você precisa utilizá-las e desenvolvê--las, caso vá chegar muito longe compondo música. Caso você pudesse abrir a caixa de ferramentas típica de um compositor e desse uma olhada dentro dela, encontraria tudo o que será descrito neste capítulo.

# A Habilidade de Compor com Lápis e Papel

Acredite ou não, mesmo neste mundo computadorizado, ainda existem muitas situações em que uma folha de papel e um lápis são as melhores ferramentas para se compor música. Muitos compositores importantes modernos, especialmente aqueles nascidos antes de 1940, não trabalham com nada *além* de papel e lápis. Então, nunca se ache avançado demais para essas humildes ferramentas.

Escrever música somente com papel e lápis oferece algumas vantagens incríveis em relação a compor no piano ou outro instrumento. Para começar, muitos compositores acham que o som do instrumento em si atrapalha o processo de composição. Imagine-se em pensamentos profundos, escutando a sequência perfeita de notas em sua cabeça, quando de repente seu dedo toca uma nota do piano e não soa exatamente como você imaginava. O som real é chocante e ouvir até mesmo a primeira nota da frase que você imaginou antes de ter escrito pode fazer com que você perca a música inteira.

Ao mesmo tempo, muitos músicos trabalham diretamente em seus instrumentos de escolha, normalmente um violão ou piano, e simplesmente anotam suas ideias musicais no papel enquanto compõem. A capacidade de trabalhar com papel e lápis é especialmente útil neste contexto — você não precisa esperar um computador ligar e não tem que compor somente no espaço onde ele se encontrar. Eles não podem ser superados em termos de limpeza quando se precisa da impressão de uma *partitura* (música escrita para todos os instrumentos de uma canção), de uma *parte* (música escrita somente para um instrumento, extraída de uma partitura) ou *lead sheets* (música escrita usando uma tabela de acordes e linha melódica) — mas você pode levar lápis e papel a qualquer lugar.

A fim de que o papel e o lápis sejam úteis, no entanto, você tem que ser capaz de traduzir o que ouve em sua cabeça em notação musical. Um bom conhecimento de solfejo (o sistema básico de *dó, ré, mi, fá, sol, lá* e *si*, no qual cada sílaba representa uma nota da escala maior) ou do sistema numérico de representação melódica (*Dó* é 1, *Ré* é 2 e aí por diante) são essenciais.

Caso você não seja fluente o bastante em sua cabeça com tons diferentes, poderá escrever tudo na escala de C e transpor para um outro tom depois, provavelmente no computador.

Lápis e papel são normalmente úteis não só para anotar uma ideia rítmica rapidamente. Isto pode ser feito em qualquer tipo de papel; não é necessário papel de notação musical — você pode até escrever somente Xs nas cabeças das notas e desenhar as linhas dos compassos.

Quando usar lápis e papel, certifique-se de ter sempre uma boa borracha à mão, também.

# Habilidades de Desempenho

A maioria dos compositores usa um teclado ou violão para compor, mas você pode usar qualquer instrumento com o qual esteja confortável. Embora a maior parte dos compositores seja composta de instrumentistas de bom nível, alguns compõem tudo em suas cabeças.

De qualquer forma, ser capaz de tocar melodias e acordes num instrumento é definitivamente um bônus. O piano, com suas 88 teclas, abrange as extensões de todos os outros instrumentos orquestrais, logo é tradicionalmente a melhor opção. Um teclado eletrônico ligado ao programa certo de computador (veja a próxima seção) pode fornecer uma ampla variedade de sons que pode dar ao compositor uma ideia básica de como a composição soará depois, ao ser tocada com instrumentos de verdade. Não se esqueça de que um violino, por exemplo, tocado com um arco, não pode ser jamais replicado com exatidão por um som de violino vindo de um teclado.

*Alguma* habilidade em tocar, além da disponibilidade de um instrumento, são itens quase essenciais para um compositor fazer música. A primeira vez em que Scott compôs para instrumentos de orquestra, tinha somente a capacidade de tocar no piano duas ou três partes juntas ao mesmo tempo, então ele tinha que tocar a parte do oboé juntamente da parte da trompa, e depois a da trompa junto a do trompete, e aí por diante. Ele nunca ouviu todas as notas tocadas ao mesmo tempo até estar no estúdio de gravação na frente da orquestra. Estimulante? Sim. Apavorante? Pode apostar!

# Softwares de Composição

É impossível exagerar sobre a importância do papel dos computadores na composição musical nos dias de hoje. A seguir, veja algumas das maneiras nas quais os computadores estão envolvidos na composição musical atualmente. Computadores

- » Fornecem vários sons para se trabalhar.
- » Imprimem suas partes de forma limpa e rápida.
- » Ajudam-no a organizar suas ideias.
- » Encaixam música no filme facilmente.
- » Fornecem ferramentas para se montar composições completas enquanto o capacitam a testar ideias antes de se comprometer com elas.
- » Podem produzir e entregar uma gravação finalizada de seu trabalho, caso você use um bom programa de composição.

Conforme mencionamos, muitos dos grandes compositores não usam computadores em parte nenhuma de seus trabalhos, enquanto outros ficariam completamente perdidos sem eles.

Então, onde é que os computadores se enquadram em *seu* universo musical? Faça algumas perguntas a si próprio:

» Você tem habilidade com computadores?

» Você tem acesso a um modelo razoavelmente atualizado?

» Você consegue se entender com o sistema operacional?

» Você entende os princípios de gerenciamento de arquivos?

» Você obteve êxito ao aprender outros programas de computador antes?

Caso você tenha respondido sim à maior parte destas perguntas, provavelmente terá sucesso, contanto que não escolha o programa errado para o trabalho.

Nesta seção, discutimos rapidamente alguns dos principais pacotes de softwares da indústria, concentrando-nos nos pontos fortes da utilização de cada um deles. Os sites a seguir possuem conteúdo em inglês.

# Finale

`www.finalemusic.com`

Finale é um programa de notação musical, orquestração, layout e edição. Ele é provavelmente a escolha mais popular para trazer suas ideias musicais por escrito. O programa permite ouvir suas ideias com sons orquestrais tradicionais, mas é usado na maior parte do tempo para imprimir partituras e partes. Ele faz isso muito bem, e muitos programas musicais nas faculdades e universidades requerem o estudo deste programa. O Finale 2007 custa aproximadamente US$350.

# Sibelius

`www.sibelius.com`

Sibelius é um programa que compete com o Finale. Ele é melhor em termos de possibilidades de se ouvir o que você transcreveu do que o Finale, mas é menos fácil em termos de navegação. É em grande parte uma questão de gosto pessoal para decidir qual desses dois programas é mais adequado a seu estilo de composição. A edição 5 Pro do Sibelius custa mais ou menos US$600.

## Pro Tools

```
www.digidesign.com
```

Pro Tools é encontrado em praticamente todo estúdio de gravação dos EUA. Ele é, primeiramente, projetado para gravar e editar canais de áudio, embora as últimas versões do Pro Tools tenham incluído acesso a sampler players e sintetizadores por meio de suas capacidades MIDI. O Pro Tools inclui alguma integração com o Sibelius e seu lado de composição provavelmente se expandirá ainda mais no futuro. No momento, ele ainda não oferece muito em termos de ferramentas de composição. O Pro Tools é tido como sem igual em termos de edição e processamento de gravações de áudio. Pro Tools LE custa aproximadamente US$500.

## Logic Pro

```
www.apple.com/logicpro
```

Logic Pro, da Apple, é um programa complexo e bastante profundo que tenta ser tudo em um só pacote. Ele oferece ferramentas sofisticadas de notação, orquestração, layout e impressão, gravação de áudio e capacidades de edição, produção de MIDI com plug-ins de sample e sintetizadores, excelentes ferramentas de "cut and paste" para arranjo e composição e mais. Você pode até mesmo queimar CDs e criar MP3 e arquivos de áudio AAC diretamente no programa.

O Logic Pro renovou-se drasticamente e simplificou sua curva de aprendizagem. Ele é um programa popular para composições eletrônicas, sound design e composição musical para filme e vídeo — e é tão popular nos estúdios da Europa quanto o Pro Tools nos EUA. Muitas das figuras de notação deste livro foram criadas no Logic Pro. No momento em que este livro está sendo escrito, o Logic Pro só está disponível para computadores Macintosh. E custando cerca de US$500, é uma verdadeira barganha.

## Cubase

```
www.steinberg.net
```

Cubase é similar ao Logic Pro, embora tenha menos força na área de impressão de partituras e menos funções de composição. O Cubase é mais fácil de aprender do que o Logic Pro, entretanto, e está disponível para máquinas Mac e Windows. O Cubase 4 custa aproximadamente US$1000.

DICA

Caso você já esteja usando um programa de composição musical e sinta-se confortável com ele, não há motivo real para mudar sua rotina. No entanto, caso você esteja planejando bastante mover seu trabalho de um lugar para outro, ou de estúdio para estúdio, deve começar a aprender a usar o Pro Tools, especialmente se estiver fazendo muita gravação em áudio de desempenhos. Caso você esteja fazendo também sound design ou composições eletrônicas, precise imprimir partituras ou trabalhe com loops (samples repetidos ou sons gravados que são tocados em parte de uma composição ou em toda ela) além de trabalhar com gravações em áudio dos desempenhos, sua melhor aposta pode ser o Logic Pro.

## Um Par de Ouvidos Moderadamente Treinados

Quando você pensa sobre isso, nós não realmente "treinamos" nossos ouvidos totalmente. Nós desenvolvemos *habilidades auditivas* e, logo, desenvolvemos nossa capacidade de comunicação. Fazemos isso treinando nossos *cérebros* a exercitar um tipo mais concentrado de atenção nos estímulos que chegam aos ouvidos. Isso se dá da mesma maneira que funciona quando você está começando a aprender a falar uma língua estrangeira — você aprende a perceber palavras e frases familiares faladas nesta nova língua e constrói seu vocabulário a partir disto. Música é uma língua, assim como Mandarim ou Inglês ou Swahili, e requer tempo, paciência e boa habilidade auditiva para compreender suas "palavras". Você provavelmente não pegará de cara, mas com perseverança chegará lá.

Existem muitos bons cursos disponíveis para o desenvolvimento de uma boa percepção musical. Caso você seja do tipo autodidata, sentar em frente a um piano e tocar as notas infinitamente até que consiga identificar os intervalos de ouvido é uma boa maneira de se começar.

Muito poucos de nós nascemos com ouvido absoluto, mas a maioria das pessoas é capaz de identificar *intervalos* (a diferença de tons) entre duas ou três notas e consegue achar essas notas no piano sem muita dificuldade. Com prática, a mesma pessoa pode aprender a tirar frases simples e acordes no piano e, logo, aprender como os outros compositores fazem suas canções.

LEMBRE-SE

O que estamos dizendo aqui é que ser um dos felizardos com ouvido absoluto não é fundamental para ser um bom compositor. Com um par de ouvidos moderadamente bem treinado, você pode aprender a tocar e a compor basicamente qualquer coisa.

## Conhecimento de Teoria Musical

É importante ser capaz de comunicar suas ideias musicais aos outros. Esse é o motivo pelo qual você quer compor música em primeiro lugar, certo? Parte desta comunicação é ser capaz de definir a música que você ouve em termos que os outros possam entender. *Teoria musical* é o estudo da música e da maneira como ela funciona e abrange a língua por meio da qual os músicos comunicam suas ideias musicais entre eles.

Nós deduzimos que se você está pronto para compor, já consegue ao menos ler música. Com prática, você deve estar à vontade o suficiente na leitura musical a ponto de ouvir as notas em sua cabeça enquanto as lê na partitura. Você já viu alguém lendo uma partitura em voz alta, às vezes assoviando em volume alto enquanto trabalha numa peça? Este é o nível de conforto que você deve visar — ser capaz de "ouvir" uma canção somente ao olhar uma partitura ou parte dela.

Caso você seja fraco no departamento de teoria musical, recomendamos que você leia *Teoria Musical Para Leigos*, de Holly Day e Michael Pilhofer (Alta Books).

## Espaço, Tempo e Ideias

As batidas rítmicas e mensagens que nós recebemos dos sons ao nosso redor na vida cotidiana influenciam fortemente a música que compomos. Para um morador da cidade, o canto de um pássaro é um sinal de um mundo além do alvoroço do barulho da rua. Para um ouvido mais rural, o som de um jato voando é também um sinal de outro mundo. Tais influências afetam a composição de nossa música interna. O fundo de uma canção, seja apoiando ou contrastando um tema, é o que comanda nossa atenção. A melhor música é sobre um lugar, tempo, humor, cenário ou clima que ofereça uma corda prateada de melodia e vibre com a urgência rítmica de nossas vidas.

DICA

Empreender uma composição musical normalmente requer silêncio. O silêncio contém imaginação musical. Suas melhores ideias melódicas e rítmicas batem à porta no meio da correria do dia a dia, mas se você não conseguir encontrar um lugar calmo e tempo para as desenvolver, elas renderão poucos frutos.

## Uma Mentalidade Acumulativa

Guarde tudo. Grave tudo. Seja você um compositor que trabalha com papel e lápis ou computador, ou apenas cantarole melodias num gravador portátil enquanto sai para dar uma caminhada, é essencial que você guarde todos esses inícios, finais, progressões de acordes, melodias, levadas e ideias musicais de todas as formas e tamanhos em arquivos em algum lugar. Uma melodia que leva a lugar nenhum hoje pode inspirá-lo no ano que vem. Uma pequena besteira que está ecoando no seu cérebro pode não ser sua próxima obra-prima, mas pode funcionar muito bem para um jingle de rádio ou TV.

Muitos compositores famosos não gostavam de muitos dos trabalhos que os trouxeram notoriedade. Bizet odiava *Carmen*, por exemplo. E, talvez, fama e fortuna não sejam tão importantes quanto pareçam, mas juntamente a eles vem a liberdade de continuar a perseguir a arte da composição musical. Para um músico, dinheiro é igual a tempo, o que significa que quanto mais dinheiro você tiver entrando, mais tempo poderá passar trabalhando na música que você verdadeiramente ama escrever. Então, não condene tão rapidamente assim seus trabalhos "incompletos". Apenas saiba como reconhecer quando uma ideia musical em particular não está funcionando e não tente forçar o encaixe das peças do quebra-cabeças. Caso algo não funcione, ponha de lado e guarde para um dia chuvoso.

| NESTE CAPÍTULO |
|---|
| Papéis e lápis |
| Capturando música com softwares |
| Comparando composição escrita à mão com a auxiliada por computador |
| Organizando seus arquivos |
| Contrastando instrumentos eletrônicos e reais |

Capítulo 3

# Scrapbooks Musicais: Escrevendo no Papel e na Tela

Não existem muitas coisas piores do que criar uma superlinha melódica, ou até o início de uma grande canção, e esquecer o que você criou simplesmente porque não anotou.

CUIDADO

Você pode achar que tem uma ótima memória para música, em especial a sua própria, mas caso não encontre uma maneira de fazer estas anotações ou de gravar aquele riff, existe uma chance muito boa de que a última vez em que ouvirá aquela música nova em folha vai ser na primeira e única vez em que a tocar.

Para evitar este tipo de decepção e uma potencial perda trágica para a humanidade, crie o hábito de registrar de alguma maneira toda ideia que você tiver — gravando, escrevendo, anotando, o que seja. Isto é tão importante que estamos dedicando um capítulo inteiro ao assunto.

# Anotando

Existe uma maneira fácil de impedir com que aqueles momentos belíssimos de inspiração se percam, e é mantendo um bloco de papel e um lápis ou caneta a seu lado a todo momento. Demora apenas alguns segundos para anotar aquela melodia ou riff bacana que está batucando em sua cabeça.

Mantenha um bloco de papel e um lápis ao lado de sua cama também, no caso de você acordar inspirado e precisar anotar algo rapidamente.

DICA

Quando estiver compondo à mão, à moda antiga, uma boa lapiseira e uma borracha são obrigatórias. Uma lapiseira — daquelas com um botão na extremidade que empurra o grafite através da ponta — é perfeita, pois garante que todos os detalhes de sua notação musical sejam colocados num tamanho consistente. Utilize uma lapiseira com uma ponta de diâmetro maior, pelo menos com 0,5mm até 0,7mm. Tenha uma borracha avulsa por perto. Normalmente, as partes a serem apagadas são maiores do que as áreas a serem reescritas.

Você pode provavelmente comprar papel pautado em sua loja local de instrumentos musicais, em folhas avulsas, cadernos ou até em resmas de 500 páginas. Caso não seja possível, encomende por meio das livrarias online, como a Amazon ou baixe PDFs que você possa imprimir, a partir de muitos sites gratuitos, como www.incompetech.com e www.blanksheetmusic.net (conteúdos em inglês).

# Usando Software

A música impressa é feita hoje em dia, conforme mencionado no Capítulo 2, com o auxílio de programas de computador responsáveis pela notação, orquestração e composição musical, como Sibelius, Finale e Logic. Mesmo uma simples tabela de acordes pode ser impressa rapidamente e de forma limpa com estes programas. Depois de anos trabalhando com tabelas manuscritas quase ininteligíveis, quase todos estão felizes com este desenvolvimento. A maior parte das figuras neste livro foram criadas no Logic ou Finale.

Em cursos superiores de música, aprender a usar esses programas normalmente faz parte do currículo necessário. Entender um desses programas pode ajudar tremendamente na geração de partituras e partes.

Dentro desses programas, você tem a opção de tocar sua música no computador com um controlador MIDI (e um metrônomo, para se manter no tempo) ou colocar as notas com um mouse ou teclado. O controlador MIDI é quase sempre um teclado, mas você pode usar guitarras, baterias, instrumentos de sopro ou até mesmo vibrafones como controladores MIDI, caso esteja mais à vontade com estes.

O importante é colocar sua canção no computador. Você pode editá-la dentro do programa mais tarde, caso seja necessário. As notas podem ser movidas, deletadas, copiadas, coladas, aumentadas, encurtadas e ornamentadas de diversas formas. Você pode adicionar ou mudar acidentes harmonicamente. Seu trabalho pode ser ouvido dentro do programa, utilizando as bibliotecas de sons incluídas na maioria dos pacotes, e você pode facilmente transpô-lo para qualquer tom. As partituras podem ser formatadas em diversas maneiras e em vários estilos, incluindo as tablaturas de guitarra.

Fazer com que suas letras obedeçam as posições das notas é simples. Você pode até mesmo extrair símbolos de acordes e colocá-los na impressão. Falando em impressão, você pode imprimir uma partitura inteira, partes individuais ou apenas um pequeno pedaço de alguma coisa de sua tela (como fizemos frequentemente com as figuras deste livro).

Resumindo, estas aplicações são processadores bastante sofisticados de notação musical, assim como o Microsoft Word é um processador de texto sofisticado. Um especialista em Finale pode basicamente digitar sua música no computador.

A utilização desses programas significa que você não tem quee andar por aí carregando uma resma de partituras ou até mesmo um caderno para anotar composições em andamento. (Em vez disto, você pode carregar um notebook.) Com os softwares de notação musical, a música que você toca em seu instrumento já foi transcrita automaticamente, da linha melódica mais simples até a faixa rítmica que você toca durante o aquecimento.

Você pode apagar as coisas que não quiser usar, é claro, mas as pequenas joias inacabadas que lhe chegam quando está brincando com o instrumento podem agora ser salvas, instantaneamente, para utilização futura. Uma boa regra a seguir é, em caso de dúvida, salve.

DICA

Ter um grande arquivo de pequenos pedaços musicais para ouvir e se inspirar é muito melhor do que não ter nenhuma música inacabada. Além disso, você nunca sabe quando alguém vai querer dez segundos de sua música para fazer uma trilha boba para televisão, um efeito sonoro de um videogame ou até mesmo um toque de celular.

## Computador versus Papel e Lápis

É claro que, mesmo na época do computador, não existe substituto para uma cópia real impressa de seu trabalho. Imprima tudo e mantenha uma pasta de arquivos das cópias impressas de todo seu trabalho que for gravado ou veiculado. Com a velocidade na qual a tecnologia tem avançado, não dá para dizer quais os tipos de aplicativos de computador e armazenamento de mídia nós usaremos em cinco ou dez anos. Reter dados dos tipos de mídia que usamos hoje pode ser difícil no futuro. Em muitos casos já se tornou complicado recuperar trabalhos que foram salvos em disquetes, ADATs e DATs. E você percebeu como os aparelhos de fita cassete de boa qualidade estão se tornando escassos?

Apesar do incrível avanço da tecnologia e do computador no mundo da composição musical, ainda existem vantagens de se trabalhar com lápis e papel. Papel e lápis são baratos e podem ser levados para qualquer lugar. A praia ou o caiaque não são lugares bons para computadores. E eles não precisam estar ligados ou carregados. Se você é capaz de transcrever a música em sua cabeça em notação musical, pode não necessitar de toda a ajuda automática que recebe de um computador durante as fases criativas iniciais de sua composição. Você pode ainda querer o poder de tornar seu trabalho legível o bastante para que qualquer pessoa possa lê-lo e publicar seu trabalho, logo o computador será útil mais tarde — mas existe algo libertador em se trabalhar com ferramentas primitivas e simples. O processo de escrever se torna mais direto sem as distrações ambientes de um computador para lhe confrontar.

Alguns compositores sentem-se mais confortáveis com a luz refletida num pedaço de papel do que a luz transmitida pelo monitor de um computador. Você também pode achar mais fácil navegar por meio de uma pilha de papéis do que clicar nas páginas na tela.

Poucas coisas na vida são mais recompensadoras do que sentar do lado de fora de seu portão num dia de sol de primavera com um livro de papel pautado e lápis, escrevendo qualquer melodia que vier à sua cabeça. Experimente.

# Gerenciamento de Arquivo

Um dos perigos de se trabalhar unicamente no reino dos computadores é que pedaços importantes de música podem ser perdidos caso você não seja cuidadoso com o gerenciamento de arquivos. Às vezes, é difícil dizer quais os pedaços de música acabarão sendo importantes, então oferecemos algumas dicas sobre gerenciamento de arquivo.

Para começar, vamos definir *gerenciamento de arquivo* como o arranjo lógico e organizacional de estrutura hierárquica em várias mídias de armazenamento de dados, como HDs, CDs e DVDs, pastas de arquivos e arquivos usados para seu trabalho. Simplificando: é onde você guarda as coisas em seu computador.

É uma boa ideia manter todos os aplicativos de seu computador em seu disco principal, mas armazenar suas músicas no mesmo disco pode acabar sendo uma ideia muito ruim. Pode ocorrer uma fragmentação ou você pode ficar sem espaço. Além disso, caso o disco se danifique (o que acontecerá, mais cedo ou mais tarde) você poderia facilmente reinstalar seus aplicativos, mas seu trabalho estaria para sempre perdido. Para evitar que isso aconteça, você deve ter um HD externo extra e dedicá-lo a seus arquivos musicais armazenados. Eles não são mais tão caros; você pode provavelmente encontrar um muito bom por cerca de R$270.

Comece criando uma pasta em seu disco chamada Minhas Composições, ou algo do tipo, e crie pastas organizacionais dentro dela. Elas podem ser batizadas de acordo com os diferentes estilos musicais com que você estiver trabalhando: rock, jazz e aí por diante. Ou você poderia organizar seu trabalho usando nomes de pastas como Jingles, Trilhas de Filmes e Canções.

## INSTRUMENTOS ELETRÔNICOS VERSUS INSTRUMENTOS "REAIS"

Alguns compositores acham que a audição de ideias para composições utilizando os sons sintetizados ou sampleados dentro de um computador é uma ideia ruim. Pode levar as escolhas de edição de um compositor para longe das habilidades dos músicos e na direção do que parece funcionar com aquele som particular que você está ouvindo no momento. Estes compositores sentem que muitas boas ideias são jogadas fora desta maneira. Para eles, uma opção melhor é apresentar as partes aos músicos e enfrentar os desafios, com a contribuição dos músicos que irão tocá-las.

Ouvir sua música ser executada por músicos de verdade primeiro *é* uma experiência decididamente diferente de testar e editar sua música com sons computadorizados e, então, passá-la a músicos reais. Você ainda terá muito trabalho a fazer quando os músicos receberem sua música.

Nada soará exatamente como você imagina, então esteja sempre pronto para ceder, reescrever e outras surpresas. Quando os músicos estiverem tentando tocar sua peça pela primeira vez, você é obrigado a irradiar um senso de confiança no que está buscando e uma capacidade de ser rápido e flexível em suas edições e mudanças.

Dentro destas pastas, você deve criar uma subpasta para cada grupo de composições que pertencerem a um projeto ou cliente em particular. Por exemplo, dentro de uma pasta chamada Produções, pode haver uma outra chamada Álbuns, na qual estará contida uma outra chamada "The Gift of Thirst", dentro da qual vai ser encontrada uma com cada canção daquele álbum.

CUIDADO

Caso isso pareça ser muito trabalho, você provavelmente nunca perdeu nada em seu computador — *ainda*! É preciso somente um deslize para que se percam anos de trabalho. E você ficará se amaldiçoando por não ter aceito conselhos como os que estamos dando aqui. E não estará se amaldiçoando pouco também, não.

CAPÍTULO 3  Scrapbooks Musicais: Escrevendo no Papel e na Tela     27

Fazer um backup de seu trabalho frequentemente é obrigatório. Você pode fazer isso tendo um outro HD e copiando seu trabalho para ele de tempos em tempos. Ou você pode gravar seu trabalho todo em DVD-Rs ou CD-Rs de tempos em tempos. Estas cópias físicas não estão sujeitas a falhas mecânicas, embora possam ser arranhadas e pararem de funcionar, caso você não as trate com o devido cuidado. Para estar realmente seguro, faça uma cópia extra de tempos em tempos e leve para o trabalho ou dê a um vizinho.

### NESTE CAPÍTULO

**Fazendo música fora do tempo**

**Decidindo ritmo e tempo**

**Sentindo ritmos diferentes**

**Variando ritmos**

**Compreendendo fraseado antecipado, adiantado e síncope**

**Achando seu próprio fraseado rítmico**

**Exercitando seus ritmos**

## Capítulo 4
# Ritmo e Clima

Tire alguns minutos para ouvir os ritmos ao seu redor. É um pássaro cantando? Um trem passando? Alguém martelando alguma coisa em seu quarteirão?

Você pode perceber os sons repetitivos dos pneus quando dirige sobre uma ponte, seus passos, conforme você anda ou corre, a caixa registradora fazendo seus sons. Existem ritmos até mesmo do lado de dentro: o som de sua respiração, a batida de seu coração. A vida é cheia de ritmo se você estiver prestando atenção.

Os ritmos da vida sempre influenciaram os compositores, de forma consciente e subconsciente. Durante a era em que as pessoas regularmente faziam longas viagens em carruagens puxadas por cavalos, muita música foi composta com um ritmo que era remanescente de um trotar ou um meio-galope. É fácil se imaginar sendo um compositor entediado numa longa viagem através da Inglaterra quando, de repente, sua próxima composição surge na cabeça, inspirada pelo incansável e rítmico som causado pelos cascos dos cavalos puxando seu veículo.

Os mesmos tipos de influências continuam ao nosso redor hoje. Não é muito diferente de ouvir o som barulhento das linhas de montagem e maquinaria pesada ao escutar a música industrial. Obviamente, o rap não foi inventado por rancheiros de gado seguindo languidamente a manada numa trilha, e não existe jeito de ouvir rap e fazer este tipo de ligação. Você pode, no entanto, ouvir o palavreado colorido das ruas dos bairros urbanos no rap e facilmente sentir o balanço do andar de um cavalo nas tradicionais baladas do country e western.

Resumindo, ritmos diferentes emanam climas diferentes, e aprender como capturar e manipular esses ritmos é o primeiro passo para conseguir trazer suas ideias musicais para outra pessoa.

## Esculpindo Tempo em Música

Uma composição pode ser entendida como a *escultura do tempo*.

Tempo é relativo. Einstein certa vez explicou seu conceito de relatividade dizendo: "Quando você está cortejando uma bela garota, uma hora parece um segundo. Quando você se senta em cinza em brasa, um segundo parece uma hora".

O ritmo é uma grande parte da capacidade da música de esculpir o tempo e produzir climas diferentes. O ritmo certo pode esculpir uma peça de tempo de cinco minutos e fazer com que ele emane uma sensação de urgência e pressa — ou fazer com que o ouvinte sinta-se relaxado e tranquilo. Estes são exemplos das mensagens de clima que podem ser resultantes das escolhas rítmicas da composição musical.

Digamos que você esteja fazendo a trilha sonora de um filme. Você não usaria um ritmo lento, pensativo e de trote para sonorizar uma festa cheia de gente ou a cena de um desfile, e também não pensaria numa excitante marcha em compasso 2/4 para uma cena de um funeral — a não ser, obviamente, que sua intenção fosse criar um clima ou sensação diferente da natural. Assim como seu coração bate mais rápido quando você está feliz ou excitado, ritmos vívidos fazem sentido em cenas vívidas. Na música, ritmos vívidos transmitem uma sensação feliz, excitada ou simplesmente agitada, enquanto ritmos mais lentos não podem fazer nada além de invocar sensações sombrias, tristes ou até de sonolência.

O ritmo na música vai além de um pulsar regular como o de um relógio, escolhido aleatoriamente. Quando usado sabiamente, pode determinar o tom de sua composição e emanar climas e mudanças de clima por meio da canção.

## A Sensação de Ritmos Diferentes

Observe a seguinte lista de climas ou emoções e tente decidir o *tempo* geral (velocidade ou passo do pulsar inerente) que possa transmitir da melhor maneira possível esses climas. Não existem respostas erradas, e você pode apenas dizer "rápido" ou "lento" por enquanto, embora haja um linguajar musical bastante sofisticado para tempos diferentes:

- Medo
- Antecipação
- Tristeza
- Alegria
- Raiva
- Amor
- Ódio
- Compaixão
- Surpresa
- Ternura
- Ansiedade

Como dissemos, não existem respostas certas nem erradas. Uma razão para isso é que emoções e climas podem ter variações dentro deles mesmos. Por exemplo, o medo pode ter um ritmo rápido ou lento, com o medo "rápido" tendo uma orientação mais de voo e o medo "lento" tendo orientação mais de suspense ou horror.

No entanto, de um modo geral, a maneira pela qual esses climas afetam suas funções corporais é bastante universal. A surpresa faz com que seus batimentos cardíacos acelerem, enquanto a tristeza os desacelera. É um fato conhecido que os ritmos da música podem afetar os batimentos de seu coração e outras funções de seu corpo. Você já foi a uma rave ou a uma boate? O DJ usa os ritmos de cada canção para ajustar os batimentos cardíacos dos dançarinos como tantos metrônomos, e assim manipulam as emoções de toda uma plateia para cima e para baixo ao longo de uma noite.

Mas o ritmo vai além do tempo. Você já percebeu que existe uma diferença na sensação de caminhar e pular? Andar é bastante regular e constante: clop, clop, clop, clop. A figura 4-1 mostra como o ritmo do caminhar parece numa partitura.

**FIGURA 4-1:** Um ritmo de caminhada é estável e regular, trotando ao longo.

Pular, por outro lado, tem um ritmo desigual (Figura 4-2), com dois passos próximos e uma pausa. Da, da-da, da-da, da-da.

CAPÍTULO 4 **Ritmo e Clima**   31

**FIGURA 4-2:** Um ritmo de saltos procede de forma irregular, em atrasos e inconstâncias.

## USANDO UM METRÔNOMO

Para muitos compositores, as regulagens exatas do metrônomo são fundamentais para se estabelecer o clima e o groove da música. Hoje, as estações de trabalho para música nos computadores fornecem muita precisão nesta área, com muitas delas oferecendo *click-track* (um metrônomo virtual que você pode escutar no fone de ouvido), regulado em décimos de milésimos de uma batida por minuto (abreviado como bpm, também chamado as vezes de MM).

Tal precisão vem bastante a calhar quando você está tentando encaixar um clima musical específico numa duração estabelecida de filme ou vídeo. A música que você compôs em 92 bpm (ou MM-92), pode precisar ser mudada para 90.785 bpm para se encaixar na duração da cena exatamente. Outra coisa a ser considerada é que, caso você esteja trabalhando com um cantor, as letras devem conseguir fluir naturalmente — mesmo se os músicos curtam tocar a música num tempo mais rápido ou lento.

Os termos para as variações de tempo do metrônomo foram estabelecidos há muito tempo e ainda são usados nos dias de hoje. Você irá, sem dúvida, encontrá-los em partituras. São palavras em italiano e as mostradas a seguir são algumas das mais comuns:

- Largo: 40 a 60 batidas por minuto
- Larghetto: 60 a 66 batidas por minuto
- Adagio: 66 a 76 batidas por minuto
- Andante: 76 a 108 batidas por minuto
- Allegro: 108 a 168 batidas por minuto
- Presto: 168 a 200 batidas por minuto

E uma vez que você tenha decidido um tempo, terá também de determinar a métrica de sua peça. Em outras palavras, quantas batidas cada compasso terá e qual tipo de nota — semínima, colcheia e aí por diante — será contada numa única batida. Esta escolha é representada como uma divisão de compasso (4/4, 3/4, 6/8 e aí por diante). É muito mais fácil para os músicos contarem até três várias vezes em vez de contar cada batida de uma peça musical separadamente. Além disso, parece que os ritmos na vida tendem a funcionar em padrões simples repetidos como a batida de um coração ou a velocidade de uma caminhada.

Caso seu amigo caminhe na velocidade de um passo por segundo e você pule na mesma velocidade, poderá chamar ambos os ritmos de *variações*. Vocês estão se movendo no mesmo tempo, mas a sensação do ritmo é diferente. Às vezes nós usamos o termo *mensagem do clima* para descrever a sensação de um ritmo. Qual a diferença nas mensagens de clima de caminhar e pular?

DICA

A ideia aqui é que pode ser útil começar uma composição escolhendo o clima que você quer que a música passe e combine-o a um ritmo que seja apropriado. Quando você começa a partir do ritmo — uma maneira bastante comum de se compor — escolher o melhor tempo é metade do trabalho.

LEMBRE-SE

Você quer que sua composição conte uma história. E, assim como uma história contém passagens de alegria, mudança, tensão, crise e resolução, por exemplo, o clima precisa mudar em algum ponto dentro da música. Você pode alterar e variar o tempo (clima) para se adaptar a essa mudança de clima. É possível se usar o ritmo para criar contraste, conflito, desenvolvimento, resolução e outros componentes de criação de histórias.

## Lombadas e Frases Rítmicas

Uma composição viajando ao longo de uma métrica e tempo preestabelecidos pode ficar chata ou ate mesmo exaustiva depois de um tempo. Este é outro motivo pelo qual é uma boa ideia quebrar o panorama rítmico com algumas "lombadas" no caminho — para manter as coisas interessantes e seus ouvintes acordados.

A "Ode à Alegria" de Beethoven oferece um exemplo familiar da variação no panorama rítmico para dar uma chacoalhada nas coisas (Figura 4-3).

**FIGURA 4-3:** A "Ode à Alegria" de Beethoven segue de maneira regular até o final do décimo segundo compasso.

Ao final do décimo segundo compasso, depois de uma seção de semínimas em linha reta, ele surpreende o ouvinte colocando um acento forte — inesperadamente — no tempo *quatro*. O tempo quatro é normalmente um tempo fraco, mas o gênio alemão o torna forte ao iniciar a frase ali, e depois o torna ainda mais forte amarrando a nota com o tempo *um* do compasso seguinte. Normalmente se espera que ele seja um tempo forte. O resultado parece quase como se você estivesse andando ao longo e tropeçasse num pedaço de gelo e, ainda assim, conseguisse ficar firme e continuar numa passada regular.

Esta técnica de colocar um acento forte num tempo que normalmente é fraco (um up-beat, por exemplo) é chamada de *síncope*, e pode ser aplicada a uma nota simples, a um grupo de notas ou a uma melodia inteira.

DICA

Quebrar o ritmo é uma maneira excelente de prender a atenção do ouvinte, e mais adiante pode dar oportunidade de escolhas de instrumentos diferentes e ideias de arranjos, quando você começar a desenvolver sua composição.

A Figura 4-4 mostra outra seção de "Ode à Alegria", na qual Beethoven "pula" com a mesma melodia que ele "caminhou" anteriormente, na Figura 4-3.

**FIGURA 4-4:** Olhando novamente a "Ode à Alegria" de Beethoven — mesmas notas, ritmo diferente.

Além da persistência constante do tempo inerente de sua composição, existem seções breves da música que se chamam *frases rítmicas*. Pense no velho pedaço de "Shave and a Haircut" (é, na verdade, um *verso*), cujo ritmo é mostrado na Figura 4-5.

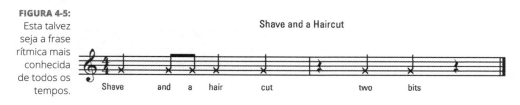

**FIGURA 4-5:** Esta talvez seja a frase rítmica mais conhecida de todos os tempos.

34 PARTE 1 **Fundamentos e Ritmo**

Você nem precisa da melodia da frase rítmica na Figura 4-5 para a identificar imediatamente. Na verdade, caso você batuque as cinco primeiras notas em sua carteira na escola, alguém fatalmente terminará a sequência. O ritmo sugere a melodia, exibida na Figura 4-6.

**FIGURA 4-6:** Colocando as notas familiares no ritmo familiar.

**LEMBRE-SE** Esta é uma ideia importante: uma simples frase rítmica pode sugerir melodias. Ela pode também tornar certas melodias inutilizáveis.

## Misturando: Frases Antecipadas, Adiantadas e Síncope

Existem algumas maneiras de mudar o ritmo de sua composição.

### Frases antecipadas

Vamos nos divertir antecipando o ritmo de "Shave and a Haircut" em um compasso. Nosso resultado vai ficar parecido com a Figura 4-7.

**FIGURA 4-7:** "Shave and a Haircut" — fraseada antecipadamente.

Quando você move sua frase musical para mais tarde no compasso, para que a melodia comece depois da batida, chama-se *frase antecipada*. Como você pode dizer a partir da Figura 4-7, nossa canção começa agora no tempo *dois*, com uma pausa no tempo um. Experimente! Certifique-se de tocar e cantar isso com o acento forte habitual na primeira batida do compasso. UM dois três quatro. Antecipar a frase pode ser algo meio complicado de se dominar, então se um ritmo de sonoridade natural fugir de você das primeiras vezes, não tem problema. Percebe como muda a canção?

## Frases adiantadas

Caso sigamos na outra direção e *adiantarmos a frase* — ou seja, movermos a melodia adiante em uma batida — o resultado será como a Figura 4-8.

**FIGURA 4-8:** "Shave and a Haircut" — adiantada.

Agora, voltando ao tempo por um segundo, experimente cantar ou tocar estas variações num tempo muito rápido ou ridiculamente lento, para ver o que estas mudanças fazem ao clima geral da música. Aposto que você nunca imaginou que "Shave and a Haircut" nunca pudesse soar tão assustadora! É engraçado como mesmo as pequenas mudanças de tempo podem mudar tanto o clima de uma canção.

Vamos tentar fazer uma variação pulada da versão antecipada de "Shave and a Haircut" (Figura 4-9).

**FIGURA 4-9:** Fazendo "Shave and a Haircut" saltar.

Aguente firme conosco para mais um exemplo, em que sincopamos a melodia original (Figura 4-10).

**FIGURA 4-10:** "Shave and a Haircut" — sincopada e adiantada.

## Síncope

Perceba na Figura 4-10 como a "ênfase silábica" não está onde as batidas naturais fortes estão. A síncope é basicamente colocar a ên*f*ase na sí*la*ba errada. Isso não quer dizer que seja "errado", apesar disso. A síncope só torna as coisas um pouco diferentes, surpreendentes e apimentadas. Resumindo, é uma boa maneira de encurtar a paisagem rítmica e, assim, mudando o clima de sua composição.

Caso você estivesse contando somente o ritmo da Figura 4-10, teria algo como:

um–E dois–E TRÊS–E quatro–E um–e dois–E três–E quatro–e

Como você pode adivinhar a partir dos exemplos, um compositor pode praticamente construir uma composição inteira em torno de "Shave and a Haircut" — com apenas algumas pequenas variações, podemos nem perceber. Dependendo do acompanhamento, tempo, contexto musical e qualquer número de outras variáveis, "Shave and a Haircut" poderia passar desapercebida numa composição.

O uso de temas familiares de novas maneiras é incrivelmente comum na composição. Não há nada de novo sob o sol — somente um monte de coisa velha, sendo usada de formas novas. Um compositor poderia, caso quisesse, usar muita coisa velha, dormida e familiar para seus ouvintes sem que eles percebessem.

DICA

Não tenha medo de experimentar algumas variações de uma frase ou tema rítmico forte ao desviar o ponto de partida da frase no tempo ou usando a síncope para apimentar a coisa.

DICA

Por falar nisso, tais brincadeiras rítmicas são facilmente executáveis num software musical (como o Logic Pro) somente ao se criar ou mesmo copiar a frase ou tema de alguém e arrastá-lo um pouco. (Veja o Capítulo 2 para mais detalhes sobre softwares musicais.) No papel, é uma questão de visualizar e ouvir a nova pepita deslocada de sua genialidade rítmica.

# Encontrando Suas Próprias Frases Rítmicas

Embora seja possível construir todo o seu arsenal de composições musicais em variações do riff de "Shave and a Haircut", é muito mais divertido e satisfatório criar suas próprias frases rítmicas e construir canções em torno delas. Então, onde você pode encontrar essas frases? Em todos os lugares — tem uma ali na última oração (Figura 4-11).

**FIGURA 4-11:** Você pode muitas vezes encontrar frases rítmicas interessantes na linguagem usada diariamente.

Que tipo de melodia o ritmo da Figura 4-11 sugeriria ou rejeitaria?

Já foi dito que a música é uma linguagem universal, mas mesmo os ritmos, por si só, são capazes de comunicação universal. Pense nos tambores falantes da cultura do Oeste da África, que parecem imitar a voz humana — ou nas tablas da Índia com seu enorme vocabulário de sons variáveis. Embora todos nós falemos línguas diferentes, todas elas incluem ritmos e melodias. Então talvez nós devêssemos dizer, em vez disso, que a língua universalmente utiliza elementos da música para se comunicar.

De agora em diante, comece a prestar atenção aos tempos e frases rítmicas presentes em tudo ao redor. Eles contribuirão muito para suas composições musicais, queira você ou não.

# Exercícios

### 1. Encontre e transcreva uma frase rítmica de seu próprio ambiente.

Pode ser qualquer coisa, desde o ritmo de uma máquina de lavar até o som de sua respiração ou batida do coração. Talvez seu motor faça um ritmo interessante quando você dá a partida nele de manhã. Talvez seu cachorro possa latir num padrão rítmico. Talvez alguém esteja martelando em sua rua, ou sua porta ou caixa de correio ranjam de uma maneira rítmica. O que quer que seja, se tiver ritmo, você pode usar em sua composição.

### 2. Perceba o tempo de sua caminhada.

A maior parte das pessoas mantém um passo habitual quando caminha. Tente mudá-lo hoje. Vá um pouco mais rápido ou mais devagar e veja qual a sensação. Tente sentir os upbeats entre seus passos quando você anda. Que tipo de melodia se sugere quando você escuta o ritmo de seu caminhar?

### 3. Perceba os ritmos inconscientes das interações humanas.

Perceba o ritmo da conversa quando estiver papeando com seus amigos, por exemplo. A maior parte das atividades tem um ritmo "normal" geralmente aceito que nós quase sempre adotamos. Como você se sente quando alguém se mexe rápido ou devagar demais de acordo com as circunstâncias? O que faz com que você diminua seu passo ou o acelere? E o mais importante de tudo, como isso pode ser incorporado à sua música?

### 4. Escreva ou copie três frases curtas e anote seus ritmos.

A métrica da frase tem quatro batidas no compasso ou três? Onde estão as acentuações? Quais sílabas levam a melodia para cima e quais a trazem para baixo?

**5.** **Analise várias de suas canções ou composições preferidas.**

Você consegue encontrar frases rítmicas recorrentes? Quantas variações você pode achar da mesma frase? Quantas frases diferentes foram usadas? Como as frases rítmicas interagem com as escolhas melódicas?

**6.** **Escolha uma frase rítmica destes exercícios que você gostaria de desenvolver para utilização futura.**

40    PARTE 1 **Fundamentos e Ritmo**

# 2
# Melodia e Desenvolvimento

## NESTA PARTE . . .

Discutimos como achar inspiração para peças musicais em frases faladas ou escritas, assim como a utilização de determinados tons e modos podem criar climas instantâneos em sua música. Também discutimos como você pode começar a escrever seus próprios motivos melódicos para construir música em torno deles, assim como desenvolver suas melodias.

**NESTE CAPÍTULO**

Compreendendo melodias e estruturas musicais

Discernindo melodias na fala

Captando melodias em seu ambiente

Extraindo o máximo da Musa

Buscando melodias por meio dos instrumentos

Exercitando suas melodias

# Capítulo 5

# Encontrando Melodias Onde Você Menos Espera

O que exatamente é uma melodia? Ou, do ponto de vista de um compositor, talvez uma pergunta mais importante seja: por que você precisa de uma (ou várias) melodia? Onde você pode encontrá-las?

Para responder a primeira pergunta, colocando de uma maneira muito, muito simples: uma melodia é uma sucessão de notas construídas numa estrutura musical.

Uma melodia é provavelmente a parte mais importante de uma composição. Ela é a linha principal que você se pega assoviando depois de ouvir uma canção e é a parte que parece ser a mais difícil de tirar de sua cabeça.

Soa simples o bastante. Talvez simples demais, mas é um bom começo.

# O que É uma Estrutura Musical?

Obviamente, juntar uma série aleatória de notas quase que certamente não produzirá uma boa melodia. Ainda assim, muitas composições de sucesso podem soar para muitos ouvintes como se fossem exatamente esse o resultado do trabalho do compositor. E, acredite ou não, existem ferramentas disponíveis em diversos programas de computador que fazem exatamente isso — pegam notas aleatórias e as transformam em frases musicais (veja o Capítulo 2 para um resumo rápido de softwares musicais).

Qualquer um, com ou sem o auxílio da tecnologia, pode criar uma sequência de notas. Mas o que torna uma melodia *boa*? E o que nós chamamos de estrutura musical?

Para começar, estrutura musical é a duração de uma seção em particular de sua composição. Ou para ser mais abstrato: estrutura musical é a quantidade de tempo durante a qual você quer prender a atenção de seus ouvintes.

Como a música é o tempo esculpido, sem algum tipo de estrutura você não tem música. Muitas vezes, quando você está compondo, a própria melodia cria ou até mesmo demanda uma estrutura para crescer ao redor dela. Mesmo uma melodia isolada e solitária tem um pequeno ritmo impresso nela. (Os outros elementos da estrutura musical são os acordes e o instrumental que você escolheu, sobre os quais falaremos na Parte III.)

Agora, onde encontrar as melodias para encaixar nesta estrutura?

# Encontrando Melodia na Linguagem

Caso você esteja precisando de inspiração, tente colocar um gravador em seu bolso e vá para a rua. Entre num café ou num ônibus, ligue o gravador e deixe o barulho das vozes dos outros passageiros tomar conta de você. Você nem mesmo precisará ouvir a fita depois — muitas vezes, somente ser um ouvinte ativo pode ser o bastante para fazer com que você comece a aprender a prestar atenção na música da linguagem.

Há muito a ser captado na maneira como uma pessoa fala. Considere o ritmo de alguém que está falando — é atrapalhado, staccato, lânguido? E a qualidade da voz — tom alto, tom baixo, infantil, agressivo? Cada pessoa é um instrumento musical sendo tocado sozinho. Coloque duas ou mais pessoas juntas e você tem a orquestra mais básica.

Observe outro exemplo de como encontrar a frase rítmica na fala a partir do Capítulo 4 (Figura 5-1).

**FIGURA 5-1:** Padrões rítmicos são encontrados em todos os lugares da fala.

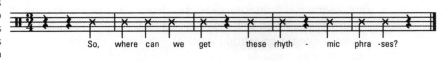

Observando a Figura 5-1, vejamos qual tipo de melodia é sugerida a partir desta frase. Quando você fala a frase alto, perceba que algumas das palavras sobem o tom, enquanto outras descem o tom. Pode haver alguma variação na ênfase ou intenção quando pessoas diferentes dizem a frase mas, a grosso modo, essas palavras quase que demandam um movimento melódico natural, algo como o que é exibido na Figura 5-2.

**FIGURA 5-2:** Colocar movimento melódico natural na frase, baseado na maneira que as palavras sobem e descem na fala.

Tudo bem e certo. Agora tente falar a frase com um movimento melódico *artificial*, algo como o que é exibido na Figura 5-3.

**FIGURA 5-3:** Fazendo com que a frase soe errada ao colocar um movimento melódico artificial nela.

Agora a frase não funciona musicalmente. A melodia dela parece meio inadequada, de alguma forma. Ou é a ênfase rítmica? Veja como os elementos da música são importantes à comunicação básica falada. É bastante fácil determinar a direção na qual a melodia queira se mover neste exemplo — e uma direção onde ela não queira. Nós vemos o panorama básico, dada esta frase.

Mas onde encontraremos as notas exatas para dar à nossa melodia? Uma forma seria nos limitarmos às notas dentro de uma escala específica. Em nossos exemplos, ficamos presos à escala de C maior e usamos notas que, juntas, sabemos que fazem sentido musical — ou seja, as notas na escala de C maior. Logo, usar as notas da escala maior é uma maneira bem comum de encontrar as notas certas.

# Vamos Comer (,) Vovó!

É divertido e instrutivo ver como os significados podem mudar completamente dependendo das suas escolhas melódicas. A Figura 5-4 mostra três palavras com duas melodias diferentes.

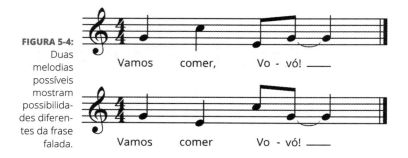

**FIGURA 5-4:** Duas melodias possíveis mostram possibilidades diferentes da frase falada.

A primeira versão é um convite para a Vovó se juntar ao banquete. A segunda, no entanto, soa como um convite para que a Vovó *seja* o banquete. "Vamos comer, Vovó" é bem diferente de "Vamos comer a Vovó"!

Indo além, nós poderíamos tornar a segunda versão ainda mais sombria e ameaçadora, usando uma escala menor em vez de uma maior (Figura 5-5).

**FIGURA 5-5:** Este é mais um caso de "Fuja, Vovó, fuja!"

Como você pode ver, sua escolha da escala pode contribuir para as mensagens de clima que está tentando passar em sua música.

Nos exemplos até aqui, nos prendemos à utilização de frases curtas de linguagem para ilustrar a explicação. Mas, não existe motivo pelo qual você não possa aplicar essas ideias a uma conversa inteira — talvez uma transcrição musical de sua viagem de ônibus gravada na fita.

Caso esteja escrevendo uma canção, é essencial que você respeite a maneira como suas letras se encaixam rítmica e melodicamente com sua música, mas não precisa ser um grande letrista para usar uma ideia verbal como fonte para suas melodias. Talvez você seja o único que saberá que sua composição famosa começou como "Scrambled eggs oh, baby how I love your legs" (A letra original de Paul McCartney para "Yesterday").

# Encontrando Melodia no Mundo ao Seu Redor

Praticamente todo compositor já achou inspiração para uma canção numa caminhada ao ar livre e piscando para o mundo em alguma altura da vida. A natureza é uma grande fonte de inspiração; as calçadas das cidades e as fábricas barulhentas são outras. Às vezes é apenas captar os ritmos recorrentes do ambiente e construir uma simples melodia sobre eles.

Outras vezes, pode ser simples como roubar o canto de um pássaro para sua melodia — ou o quieto assovio e resmungo de alguém que está passando por você na rua, ou os tons variantes de uma serra de concreto fazendo barulho na rua. Alguns compositores alegam até que, quando eles veem o interior de uma flor recém-aberta, ouvem canto em suas mentes. A inspiração para as maiores composições do mundo está ao seu redor. Aprender a como transformar esta inspiração em música real é o desafio.

Às vezes, compor uma melodia pode ser como criar um desenho pontilhado sônico. Muitos compositores tentam recriar cenários, paisagens, cidades e atividades da natureza e humanidade por meio de suas composições, como na "Grand Canyon Suite", de Ferde Grofe. Na verdade, algumas melodias podem ser vistas como autênticas paisagens em termos musicais. Se você extrair a melodia básica da música, ligar as notas na partitura e colocá-la em sua frente, parece como um desenho pontilhado de uma cena.

Se uma melodia é como uma pintura sônica de uma paisagem, a melodia sobe e mergulha em colinas e vales, às vezes pulando rapidamente sobre penhascos e, tão repentinamente quanto, mergulhando nos desfiladeiros.

As Figuras de 5-6 a 5-9 mostram alguns desenhos simples. O primeiro foi transformado em melodia para você. Escolha um segundo para você fazer e escreva suas notas na pauta em branco no final da Figura 5-9.

CAPÍTULO 5  **Encontrando Melodias Onde Você Menos Espera**    47

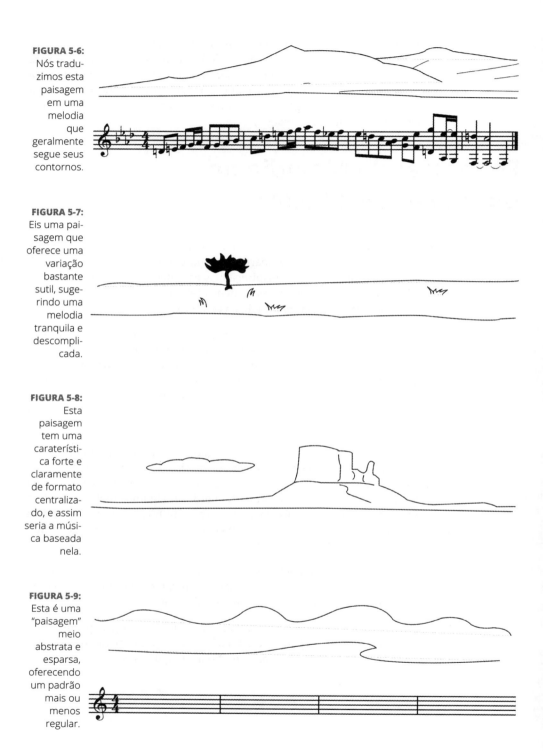

**FIGURA 5-6:** Nós traduzimos esta paisagem em uma melodia que geralmente segue seus contornos.

**FIGURA 5-7:** Eis uma paisagem que oferece uma variação bastante sutil, sugerindo uma melodia tranquila e descomplicada.

**FIGURA 5-8:** Esta paisagem tem uma caraterística forte e claramente de formato centralizado, e assim seria a música baseada nela.

**FIGURA 5-9:** Esta é uma "paisagem" meio abstrata e esparsa, oferecendo um padrão mais ou menos regular.

Não esperamos que você seja capaz de compor uma música de forma completa, ainda. O exercício precedente é para mostrar que você pode se inspirar e geralmente formatar música em torno disso.

Caso você fosse parar e pensar na escolha de notas e ritmos para representar essas cenas, também poderia considerar representar outros elementos *invisíveis* dentro delas. Por exemplo, quais outros sons — pássaros, cachoeiras, insetos — poderiam estar presentes, e como eles poderiam ser representados musicalmente? Qual tipo de emoção cada cena lhe traz? Como você pode representar e aperfeiçoar aquela emoção por meio do andamento, escolha de escala (também chamada de modo) e instrumentação?

O campo visual não é o único onde você pode obter inspiração. Um toque soa como? Carícias leves devem soar diferentes de um tapa na cara, certo? E o sabor — você pode representar sabor por meio de uma composição musical? O que torna uma música saborosa ou sem sal? E não nos esqueçamos do olfato. Uma composição pode soar doce? Todos nós já ouvimos composições fedorentas.

LEMBRE-SE

A música é a linguagem universal e ela é descritiva por natureza. Seu trabalho como compositor é descrever uma emoção por meio da escolha de ritmo e melodia — entre outras coisas.

# Ajudando Sua Musa a Ajudar-lhe

Não se pode superestimar o valor de uma boa *imaginação* musical. É a fonte mais poderosa de todas para se fazer música — *caso* você consiga acessá-la. A imaginação é tão poderosa que, na verdade, há muito tempo tem sido personificada como *a Musa*.

Como ela está dentro de sua cabeça, no entanto, sua imaginação também é a fonte mais difícil de se colocar a mão. Um problema é que o timing dela, às vezes, é meio inoportuno. A Musa pode lhe dar melodias quando você menos espera e está mais despreparado para fazer algo a respeito.

LEMBRE-SE

Sempre tenha papel e lápis ou um pequeno gravador à mão, a qualquer hora, independentemente para onde você vá. Eles são muito mais fáceis de carregar do que um computador e um teclado.

É possível fazer algumas coisas para ajudar sua Musa a trabalhar de forma mais eficaz para você. Eis algumas coisas que a Musa precisa e ideias sobre como fazer sua parte para ajudar:

» **A Musa precisa de espaço para trabalhar.**

Desligue sua TV, seu rádio e seu telefone celular, saia da internet e diga à sua família e colegas de quarto que você está indisposto pela próxima hora ou horas.

CAPÍTULO 5 **Encontrando Melodias Onde Você Menos Espera** 49

> **A Musa gosta de ser alimentada.**

Todo dia, exponha-se a uma variedade de influências musicais — *não* apenas as velhas favoritas que você segue repetindo. E caso você queira que sua Musa receba uma exposição real à música diferente, faça-o com atenção total.

> **A Musa gosta de ficar quieta.**

Música de fundo muitas vezes silencia ou distrai a Musa. É difícil se concentrar no que você está escutando em sua mente quando seus ouvidos físicos estão ligados em outra coisa. A Musa é tímida. O silêncio com frequência faz com que ela saia de seu esconderijo.

> **A Musa precisa que você a siga para onde ela o levar.**

A Musa não consegue fazer tudo; você precisa desempenhar sua parte. Uma vez que ela lhe der algo, saia correndo com isso. Trabalhe e brinque com o presente — acima de tudo, capture-o. Anote! Nunca pense que você irá se lembrar do que a Musa lhe diz. Por mais que sua melodia pareça impressionante na hora, ela vai sumir de sua cabeça tão magicamente quanto entrou.

> **Sua Musa precisa que você se lembre do que ela diz.**

Deixe papel e caneta ou algo que possa ser usado para gravar ideias perto de sua cama. Os primeiros segundos depois que você acorda lhe dão a melhor oportunidade de se lembrar claramente de seus sonhos. Crie a disciplina de os anotar, mesmo que não haja música neles. E quando você acordar com uma música dos Beatles estranhamente desconhecida e não característica, guarde a ideia no papel ou em uma gravação. É possível que não seja uma canção dos Beatles no fim das contas, mas sim sua Musa brincando de pique-esconde com você.

(É claro que antes de editar a música, certifique-se de que não era uma canção dos Beatles de verdade! É o que aconteceu com Paul McCartney quando escreveu "Yesterday" — ele acordou com a canção em sua cabeça, mas soava tão familiar que não conseguia acreditar que não havia a escutado em algum lugar antes. Ele passou semanas preocupado e perguntando aos outros se já haviam ouvido essa melodia antes.)

> **A Musa trabalha para você.**

Caso você se sente em seu teclado, piano, violão, computador ou com lápis e papel por tempo o suficiente, num estado paciente e receptivo, sua Musa pode surgir mais vezes do que não aparecer. Ela vive em sua mente subconsciente, esperando somente por uma coisa: sua receptividade apaixonada. Uma vez que você perceba como ligar isso, estará num outro nível por completo como compositor. Se você reservar hora e lugar rotineiros para trabalhar de forma quieta, sua Musa será treinada a saber onde e como aparecer.

> **A Musa é inconstante.**

É claro, mesmo se você fizer tudo isso, nem sempre funciona. É por isso que a chamamos de Musa.

# Encontrando Melodia em Seu Instrumento

Uma vez que você tenha tocado um instrumento por um tempo, terá desenvolvido certos hábitos inconscientes que estão enraizados em seus músculos e nervos. Você pode usar esses hábitos a seu favor.

## Usando escalas em composição

Tocar escalas infinitamente num piano, por exemplo, treina suas mãos a funcionarem de uma determinada maneira. Este comportamento das mãos se torna sua segunda natureza e você se torna cada vez melhor ao pegar as notas de uma música qualquer. Na verdade, muitas músicas têm melodias que não são muito mais do que escalas.

Considere "Joy to the World" (Figura 5-10).

**FIGURA 5-10:** "Joy to the World" utiliza a escala maior descendente inteira em sua melodia.

As primeiras oito notas dessa peça incrivelmente famosa são apenas uma escala maior descendente — notas muito fáceis de serem tiradas até por um músico novato.

Então as escalas podem ser usadas como melodias. Nós nos cansaríamos muito de ouvir *somente* escalas como melodias depois de um tempo, mas existem milhares de exemplos de escalas, ou partes delas, aparecendo nas melodias.

Qualquer série de notas que surja naturalmente das habilidades mecânicas de um músico pode ser usada como melodia. (Obviamente, aquelas que não venham tão naturalmente podem ser usadas também, mas isso vai ser mostrado na próxima seção.)

Cada músico tem pontos fortes e fracos em sua técnica ao tocar. Caso você pegasse dois ou três guitarristas para improvisar livremente na guitarra, cada um deles traria suas idiossincrasias para a tarefa. Mas, como eles têm certos hábitos treinados, apenas o fato de pegar algumas notas aparentemente aleatórias possui o potencial de gerar excelentes ideias melódicas.

LEMBRE-SE

A improvisação é limitada pelos conjuntos de habilidade, mas o estilo em alguns aspectos é tanto um produto das limitações quanto dos pontos fortes. Minar a estrutura simples, intuitiva e mecânica de seu instrumento pode trazer uma riqueza de material melódico, mas muitos músicos deixam de lado as oportunidades melódicas porque não consideram seus improvisos nada além de momentâneos pedaços de magia. Só porque algo é fácil de tocar, não quer dizer que não tenha valor como melodia.

Por outro lado, muitos músicos acham que tudo o que eles tocam seja ouro. Às vezes é difícil avaliar seu próprio trabalho. A crítica é melhor do que o elogio neste contexto, na maior parte das vezes. Encontre alguém com quem você possa trocar ideias. Se estiver recebendo críticas construtivas e elas fizerem sentido, você está no caminho certo.

DICA

Aprenda a ser um acumulador. Guarde *todas* as suas ideias.

## Usando teoria musical na composição

Com conhecimento suficiente de teoria musical e familiaridade com a mecânica e a linguagem dos instrumentos, um compositor pode inventar melodias. Estas melodias emergem das possibilidades dentro das escalas, modos, tons e as técnicas e limitações dos músicos que as irão tocar.

Por exemplo, um compositor que saiba quanto de fôlego um músico pode ter tocando um clarinete — e a amplitude de notas e suas limitações em termos de velocidade e versatilidade — pode escrever melodias para aquele instrumento em grande parte a partir da abstração teórica. Apenas lance possibilidades e desafios no instrumento, baseados num modo ou clima que você queira transmitir. Num momento, você pode criar frases frenéticas, de movimentos rápidos, que saltem como gafanhotos, e no momento seguinte pode evocar temas reflexivos e provocantes para serem trocados e passeados ao redor pelos instrumentos.

Este tipo de composição melódica demanda um conhecimento íntimo da teoria musical e das demandas de tocar cada instrumento. Pode levar a vários resultados poderosos, embora frequentemente o compositor não tenha uma ideia tão clara de qual será o resultado até a música ser executada. Pode ser difícil escutar essas coisas em sua cabeça.

# Exercícios

**1.** Continue trabalhando na linguagem.

Frases curtas ou longas são fontes ricas de ritmos e melodias. Veja se você pode juntar algumas frases diferentes de maneira que faça sentido rítmico ou melódico. Pegue uma melodia que você encontra nas frases da linguagem e veja se consegue encaixar uma frase diferente na música. Escreva a frase uma vez e depois escreva uma variação. Leia poesia para se inspirar.

2. Enquanto ouve música, desenhe livremente.

Pegue um lápis de cera, caneta ou lápis e desenhe livremente, de acordo com o fluxo e os contornos da música. Você pode desenhar formas abstratas ou, caso prefira, alguma coisa que a música te lembre. Caso você esteja usando uma caneta colorida ou lápis de cera, preste atenção nas cores sugeridas e as use.

3. Desenhe as paisagens sugeridas pelos movimentos melódicos de uma peça musical.

4. Crie uma melodia curta que descreva a cena fora de sua porta da frente.

Adicione dois ou três mais elementos da cena a ela — um carro passando, um cachorro latindo, um esquilo correndo, um bebê gritando do outro lado da rua — e veja quantas partes individuais da cena você consegue adicionar. Sua vizinhança tem uma trilha sonora — qual é ela?

5. Sente-se em silêncio, com o rádio e a TV desligados e escute sua respiração.

Um ritmo ou melodia vem à tona? Esteja preparado com papel e lápis. Deixe ambos perto de sua cama. Force-se a escrever algo toda manhã, depois de acordar. Mesmo uma única palavra ou compasso de música podem ajudá-lo a entrar em contato com sua musa. Tenha um instrumento à mão, pronto. Tire seu violão do estojo e deixe-o numa estante, pronto para ser tocado. Se você tem uma melodia na cabeça, se force a escrevê-la no tom que escutou dentro da sua cabeça. Isto vai ajudá-lo a evitar que seu material soe sempre igual.

6. Sente-se com seu instrumento e apenas deixe suas mãos caírem sobre as notas.

Caso você não crie algo bom de cara, continue repetindo as coisas medíocres até que elas levem a coisas melhores. Confie em suas mãos. Caso você escute algo incomum ou dissonante, não descarte, trabalhe a partir disso. Como você resolverá as ideias?

7. Tente escrever algumas frases com notas aleatórias dentro de um tom ou modo.

Pense num instrumento específico enquanto compõe. Caso seja um instrumento de sopro, lembre-se que o músico precisa respirar. Caso seja um instrumento de cordas, pense no arco e na palheta. Preencha alguns compassos sem pensar muito em como possa soar. E, seguida, tente tocar o que você escreveu. Faça ajustes onde for necessário.

CAPÍTULO 5 **Encontrando Melodias Onde Você Menos Espera**

54    PARTE 2  **Melodia e Desenvolvimento**

## NESTE CAPÍTULO

**Entendendo escalas maiores e menores**

**Refrescando-se no Círculo de Quintas**

**Chegando ao clima certo**

**Passeando pelos diferentes modos**

**Checando a escala pentatônica**

**Exercitando suas escalas e modos**

# Capítulo 6
# Escalas e Modos, Climas e Melodias

À s vezes, você tem mais uma ideia da direção que quer que sua melodia tome do que quais notas você usará para criar sua melodia. Isto é uma verdade a respeito das melodias que você pode imaginar construindo enquanto olha para uma paisagem. Com frequência ainda maior, provavelmente, você tem uma ideia do clima que quer passar com sua música, sem pensar se a melodia deve subir, descer ou tomar algum formato específico. Caso esteja compondo com um senso de movimento numa direção — ou seja, para cima e para baixo na partitura — existem momentos nos quais você pode se beneficiar ao limitar as notas dentro de uma *escala* ou *modo*.

Existem doze tons diferentes na *escala cromática* Ocidental. Este é o número total de notas disponível em qualquer oitava. Mas, existem muitas outras combinações dessas notas — outras escalas — e caso você não conheça ao menos muitas delas de trás para frente, deve trabalhar nisso, pois isso pode beneficiar sua composição tremendamente. As outras escalas têm menos de doze notas, podendo ter tão poucas como cinco ou tantas quanto sete.

> » Escalas diatônicas têm sete notas diferentes nelas.
>
> » Escalas pentatônicas têm cinco notas diferentes nelas.

Para nossos objetivos neste capítulo, as palavras *escala* e *modo* significam mais ou menos a mesma coisa: uma seleção particular de notas sucessivas dentro de uma oitava. Você encontrará ambos os termos, então usaremos ambos aqui também.

# Modos Maior e Menor e o Círculo de Quintas

Modos e escalas diferentes podem evocar climas diferentes. As escalas maiores são boas para climas felizes, vívidos e calmantes. As menores são grandes comunicadoras de tristeza, seriedade e introspecção.

As figuras 6-1 e 6-2 mostram dois exemplos de melodias praticamente idênticas em termos de movimentos direcionais.

**FIGURA 6-1:** Esta simples melodia está num modo maior.

A Figura 6-1 está num modo maior e a Figura 6-2, num modo menor.

**FIGURA 6-2:** Eis a mesma melodia num modo menor.

Toque estes trechos num instrumento e você irá facilmente perceber a diferença de clima entre esses dois exemplos sem mesmo saber em qual tom eles estão (nós deliberadamente deixamos o tom de fora). A melodia na Figura 6-1 é, na verdade, no tom de F maior e na Figura 6-2, em F menor.

Perceba que, embora o formato direcional das notas nas pautas seja idêntico, os trechos soam diferentes pois o primeiro exemplo é num modo maior e o segundo exemplo é num modo menor.

As Figuras 6-3 e 6-4 os mostram nos seus tons corretos.

**FIGURA 6-3:**
Nossa melodia no modo maior é exibida no tom de F maior.

**FIGURA 6-4:**
A mesma melodia em modo menor é exibida no tom de F menor.

É tido como certo que todos os estudantes de música memorizaram o Círculo de Quintas, mas às vezes é necessário que haja um lembrete (Figura 6-5). Lembre-se de que cada vez que subir uma letra no sentido do relógio da posição do C maior/A menor no alto, você adiciona um sustenido ao tom. E a cada ponto no sentido contrário ao do relógio, a partir do C maior/A menor, você adiciona um bemol. Os tons maiores recebem letras maiúsculas aqui e os tons menores, letras minúsculas. Cada posição no círculo contém dois tons: o tom maior e seu menor relativo, que compartilham o mesmo tom.

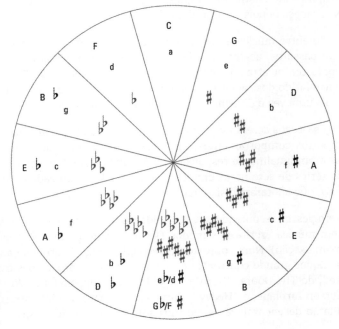

**FIGURA 6-5:**
O Círculo de Quintas mostra a relação entre os tons maiores e seus menores relativos.

CAPÍTULO 6  **Escalas e Modos, Climas e Melodias**    57

É útil perceber que quando você está compondo algo num determinado tom maior e quiser mudar um pouco o clima (talvez torná-lo um pouco mais triste ou sombrio), pode usar a escala menor relativa deste tom. Por exemplo, se sua melodia original fosse em G maior, você poderia mudá-la para E menor para as partes tristes. Fazer isso torna desnecessário mudar o tom da música, embora você possa precisar usar alguns acidentes aqui e ali. A Figura 6-5 mostra rapidamente que tons maiores são ligados a que tons menores.

Outra prática comum na composição é escrever a partes mais sombrias e tristes no tom menor da maior original. Em outras palavras, vá de uma escala de G maior para um G menor. Como você pode ver na tabela do Círculo de Quintas, na Figura 6-5, as partes escritas em G maior seriam escritas no tom de G, que tem um único sustenido (F♯). As partes em G menor, então, precisariam de *seu* tom maior relativo, que é B bemol. O tom de B bemol tem dois bemóis: B bemol e E bemol.

# Entrando no Clima

Não é segredo que tocar uma boa canção é uma maneira fácil de estabelecer o clima num lugar. Por algum motivo, num filme isto é duplamente verdade. Quantas vezes você já assistiu a um filme com uma trilha sonora que tinha canções pop intrincadas e desconexas de ponta a ponta e isso acabou arruinando o filme em sua opinião? Quanto tempo é preciso para tirar as trilhas sonoras apavorantes, mas incrivelmente simples, de filmes como *Halloween* ou *Sexta-feira 13* de sua cabeça depois de os assistir?

A conexão entre música e clima nem mesmo é confinada ao campo humano também: pássaros, abelhas e animais quadrúpedes modulam os sons de suas vozes para tentar atrair parceiros ou afastar a concorrência. E se você ainda acha que o latido dos cachorros não é musical, devemos insistir então que você ouça mais uma vez o *Christmas Unleashed*, dos Jingle Dogs.

Os antigos Gregos acreditavam não só que a música invocava climas e até provocava certos comportamentos, mas que os *modos* em que as canções eram escritas eram igualmente responsáveis. O nome original que os Gregos davam às suas séries de sete notas era échos, mais tarde renomeado de *modus* pelos Romanos, que adotaram o sistema.

Platão em pessoa recomendou que os soldados que se preparavam para a guerra ouvissem música escrita nos modos Dório e Frígio (mais sobre estes modos na próxima seção). Num contexto moderno, isso significaria que antes de sair para qualquer grande confronto, a pessoa deveria ouvir canções como "Light My Fire", do The Doors, "Born to be Wild", do Steppenwolf, "White Rabbit", do Jefferson Airplane, e "Heavy E Phrygian", do Yngwie Malmsteen. Por outro lado, Platão desencorajava os mesmos soldados de ouvir músicas nos modos

Lídios e Iônio, porque interferiria com a fome de sangue deles. Logo, ouvir "Man on the Moon", do R.E.M., não seria uma boa ideia antes de ir para a guerra.

Platão e Aristóteles também acreditavam que uma afinidade com certos modos musicais mostrava parte do caráter de uma pessoa, e que as pessoas que gostavam de músicas nos modos Iônio, Eólio e Lócrio eram relaxadas e tranquilas demais para terem sucesso em cargos políticos e militares de alto escalão. Depois de ler este capítulo, você pode começar a observar o tipo de música que você prefere ouvir e ver quais os modos musicais que aparecem na maior parte das vezes em sua coleção de CDs.

# Climas à Base de Modos

Só de tocar um modo ou uma escala sem nenhuma melodia em particular na cabeça pode o inspirar a criar uma melodia. Uma maneira fácil de começar a experimentar alguns modos diferentes é tocar as escalas somente nas teclas brancas do piano, mas começando nas notas diferentes da escala de C. Existem sete modos (às vezes chamados de *modos de igreja*, embora sejam na verdade da Grécia Antiga) que você pode fazer desta forma, porque existem somente sete teclas brancas na oitava de um piano.

Por exemplo, toque uma escala de F a F usando somente as teclas brancas. Observe que você vai tocar o B natural em vez do B bemol, que é encontrado no tom de F maior. Você acabou de tocar uma escala no modo *Lídio*, e soa um pouco diferente do velho "Dó Ré Mi" que você aprendeu quando era criança.

DICA

Dá para você experimentar todos os sete modos começando e terminando em outras notas, usando somente as teclas brancas. Você consegue ouvir as interessantes possibilidades de climas que pairam sobre esses modos? É possível ganhar muitas ideias experimentando os modos diferentes e decidindo quais modos evocam quais climas.

Vamos observar os sete modos mais de perto agora. É verdade que em nome da simplicidade nós ilustraremos os modos usando somente as teclas brancas do teclado do piano. Mas é claro que cada modo pode se basear em qualquer nota. É o padrão diferente dos intervalos entre as notas que define cada modo.

## Iônio (escala maior)

Quando você toca sete teclas brancas ascendentes começando em C, tem o modo Iônio (Figura 6-6). Para construir uma escala Iônia em outra nota além do C, você usa o padrão de tons (T) e semitons (S): TTSTTTS.

Você percebe algo de familiar disso? Isso mesmo — este é o mesmo padrão usado para construir as escalas maiores hoje em dia.

**FIGURA 6-6:** O modo Iônio deve soar familiar, porque é a escala maior.

## Dório

A Figura 6-7 mostra o modo Dório de D. Para construir o modo Dório em outra nota que não seja o D, siga o padrão: TSTTTST.

O modo Dório é usado de maneira mais comum na música Celta e nas primeiras canções folk Americanas, que eram derivadas das melodias Irlandesas. Canções escritas no modo Dório soam melancólicas e com bastante alma, porque a nota final da escala não se resolve completamente, então ela parece uma pergunta sem resposta.

**FIGURA 6-7:** O modo Dório soa melancólico e cheio de saudade agridoce.

## Frígio

A Figura 6-8 mostra o modo E Frígio. Para construir o modo Frígio em qualquer outra nota além do E, você usa o padrão STTTSTT.

A maior parte da música flamenca é composta no modo Frígio, que tem uma sonoridade brilhante e Mediterrânea, que funciona bem com o folk e a dance music tradicional. Muitos compositores e guitarristas modernos usam bastante os modos Frígios com escalas maiores (em vez de escalas menores), porque soa mais brilhante e menos melancólico que a escala menor.

**FIGURA 6-8:**
O modo Frígio pode dar à sua música um tempero exótico.

## Lídio

A Figura 6-9 mostra o modo F Lídio. Para construir o modo Lídio em outra nota que não seja o F, você deve utilizar o padrão TTTSTTS.

O modo Lídio é o oposto completo do modo Iônio/escala maior, então ele soa sólido e brilhante como uma escala maior, mas os intervalos são surpreendentes e inesperados. Este é um modo popular entre os músicos de jazz que gostam de usar uma mistura de progressões de acordes maiores e menores de maneiras criativas.

**FIGURA 6-9:**
O modo Lídio tem uma sensação surpreendente e jazzista.

## Mixolídio

A Figura 6-10 mostra o modo Mixolídio em G. Para construir o modo Mixolídio a partir de outra nota que não seja G, você usaria o padrão TTSTTST.

O Mixolídio é similar ao Lídio no sentido de ter uma sensação de escala maior com intervalos menores, e é um grande modo no qual se trabalhar para dar uma sensação blueseira às suas composições. O modo Mixolídio é uma outra escala popular para músicos solo buscando um contraponto para o tom Iônio da canção.

**FIGURA 6-10:**
O modo Mixolídio é frequentemente usado no blues e no rock com influência blueseira.

CAPÍTULO 6 **Escalas e Modos, Climas e Melodias** 61

## Eólio (menor natural)

A Figura 6-11 mostra o modo Eólio menor em A. Para construir uma escala Eólia a partir de qualquer outra nota, o padrão que você usa é TSTTSTT.

Ela também pode lhe parecer familiar — é o padrão de tom, meio tom que usamos para construir as escalas menores hoje.

Os intervalos do modo Eólio criam a mesma sensação de muitas canções do blues moderno. Canções compostas no modo Eólio têm uma forte sensação de tristeza. A nota final de uma escala Eólia soa resolvida de uma forma totalmente diferente do que a nota final do Iônio. Se o modo Dório transmite melancolia, o Eólio reflete desespero.

**FIGURA 6-11:** O modo Eólio pode evocar grande tristeza, arrependimento e desespero.

## Lócrio

A Figura 6-12 mostra o modo Lócrio em B. Para construir uma escala Lócria a partir de qualquer outra nota, você usaria o padrão STTSTTS.

O modo Lócrio é considerado como sendo tão instável que a maioria dos compositores o considera impossível de ser trabalhado. Existem algumas canções escritas no modo Lócrio que levaram alguns teóricos da música a chamá-lo de um modo "teórico". Você o encontra usado ocasionalmente no heavy metal. Este modo existe porque todas as sete notas do modo Iônio podem formá-lo de uma maneira matemática, mas a relação entre os intervalos no modo Lócrio é difícil de ser trabalhada por muitos compositores. A música que é composta neste modo soa inquietante, perturbadora e um pouco deslocada. Escute a melodia que o sintetizador toca no começo de "YYZ", do Rush, por exemplo, ou tente tocar "Three Blind Mice" num modo Lócrio — soa como música incidental de um filme de Tod Browning.

**FIGURA 6-12:** O modo Lócrio soa um pouco torto e errado.

Estes modos são boas ferramentas para se compor música *tonal* (aquela que obedece a uma escala ou modos ou segue um centro tonal ou tom). Ao se limitar as notas dentro de um modo particular — ou seja, notas que fazem algum sentido harmônico juntas — você pode achar mais fácil de se compor algo envolvente para a maior parte dos ouvintes. Como dissemos, seu estilo de composição é parcialmente um produto de suas limitações, e modos são também limitações. Trabalhar dentro delas pode ajudá-lo a definir seu estilo. É como o tênis: não seria tão divertido sem a rede e as linhas que definem a quadra.

LEMBRE-SE

Ao trabalhar com escalas, tons e modos, esteja ciente da personalidade das escolhas de modo que você fez. Alguns modos ou escalas soam felizes e simples e outros soam estranhos para os ouvidos que nunca foram expostos a eles.

Existem também outras escalas e modos que não são usados muito na música Ocidental — e por *Ocidental* queremos dizer música Europeia e seus descendentes, não necessariamente músicas que os caubóis cantavam nas fogueiras. Algumas escalas não Ocidentais possuem notas entre os semitons chamados *quartos de tom*. Alguns usam intervalos que soam estranhos ou até fora do tom para os ouvidos Ocidentais. O tema de modos e escalas é imenso, mas caso você queira compor música em que um teclado esteja envolvido, você provavelmente não terá como converter tons em alguns desses modos exóticos.

# A Escala Pentatônica

Existe um tipo de escala que é bem comum no mundo — apesar de todas as outras diferenças musicais entre várias culturas. É a *escala pentatônica*, também chamada de *escala de cinco tons*. As pessoas podem chamá-las de escala pentatônica maior ou escala pentatônica menor, mas as notas da escala maior são compartilhadas com o tom menor relativo.

Por exemplo, a Figura 6-13 é uma escala pentatônica maior em G e a Figura 6-14 mostra a escala pentatônica de sua menor relativa, E menor.

**FIGURA 6-13:**
A escala pentatônica é encontrada no mundo todo.

CAPÍTULO 6 **Escalas e Modos, Climas e Melodias**  63

**FIGURA 6-14:**
A escala pentatônica menor de E, a menor relativa de G.

Perceba que, embora estas duas escalas tenham uma nota *tônica* diferente, elas compartilham as mesmas cinco notas: G, A, B, D e E (que são a primeira, segunda, terceira, quinta e sexta notas da escala diatônica). Muitas das outras escalas e modos no mundo parecem flutuar em torno desta simples fórmula de escala. Todo guitarrista solo de rock and roll do planeta sabe tocar uma escala pentatônica sem nem precisar pensar (embora muitos nem saibam como ela se chama). Existe uma escala pentatônica pairando por trás da maioria da música tonal.

## Menor Harmônica e Melódica

Duas escalas usadas com frequência que não estão listadas dentro dos modos e escala acima são as escalas *menor harmônica* e *menor melódica*. Estas escalas se diferem da escala *menor natural* (modo Eólio) — que é basicamente uma escala tirada diretamente de uma maior relativa — de maneiras pequenas, mas importantes.

A harmônica menor aumenta o tom da sétima nota na escala (Figura 6-15). Esta nota traz a escala mais para perto da escala maior de A, mas outras notas na escala impedem que ela soe feliz demais.

**FIGURA 6-15:**
A escala menor harmônica de A contém um G♯, ao contrário da escala menor natural de A.

Esta escala menor melódica tem notas diferentes quando sobe, em relação a quando desce (Figura 6-16).

PARTE 2 **Melodia e Desenvolvimento**

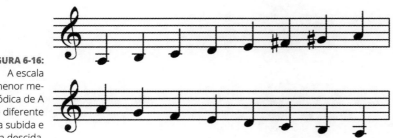

**FIGURA 6-16:** A escala menor melódica de A é diferente na subida e na descida.

É como uma escala maior com uma terceira nota em bemol na subida, e é uma escala menor natural na descida. Ela é assim para que se encaixe melhor com os movimentos dos acordes em *cadências* (ver o Capítulo 10 para saber mais sobre cadências).

# Exercícios

1. Tente escrever uma melodia usando as notas da escala maior de C enquanto toca um acorde de G maior por trás.

   A escala de G a G é o modo G Mixolídio agora. Se você quiser, pode colocar uma sétima menor (F natural) ao acorde que você está tocando para uma combinação que soe mais agradável.

2. Escreva uma melodia curta num modo maior (pode ser sua própria ou a de alguém).

3. Reescreva a melodia do passo 2 num modo menor.

4. Escreva uma melodia curta num modo menor.

5. Reescreva a melodia no passo 4 num modo maior.

6. Improvise usando as notas na escala de C maior enquanto toca um acorde de F maior.

   Soa misterioso? Você está no modo Lídio.

7. Escolha um modo diferente entre aqueles que discutimos neste capítulo, um que soe interessante para você, e tente escrever uma melodia que se encaixe neste clima.

8. Encontre as escalas pentatônicas para todos os tons maiores e menores.

   Dica: uma vez que encontre a maior, você pode aplicar sua menor relativa.

| NESTE CAPÍTULO |
| --- |
| **Explorando motivos** |
| **Construindo uma frase melódica** |
| **Evitando o tédio pela variação do tema** |
| **Mudando o ritmo** |
| **Truncando e expandindo suas melodias** |
| **Exercitando sua construção de frases e motivos** |

Capítulo 7

# Construindo Melodias Usando Motivos e Frases

Se você escreveu melodias para os desenhos de paisagens do Capítulo 5, pode ter percebido que algumas delas sugeriam temas *repetitivos* e outras não. Algumas usariam trechos curtos, enquanto outras demandariam uma única e longa narrativa. Os temas musicais na composição são caracterizados por três categorias principais:

» **Motivo:** Um motivo é a menor forma de ideia musical. Pode ser tão curta como duas notas, como "cu co", ou as duas primeiras notas do tema de *Guerra nas Estrelas*.

» **Frase Melódica:** Uma frase melódica pode ter até quatro ou mais compassos de duração. Muitas vezes uma frase não é realmente uma ideia musical completa. As frases são normalmente separadas por pausas breves, respiradas ou descansos. Você pode pensar nelas como se fossem um único verso de uma poesia. Várias frases compõem um *período*.

> **Período:** Um período é uma ideia musical completa. Pode ter 4, 8, 16 ou até mais compassos de duração. Ele constitui em uma completude musical e pode conter motivos ou frases curtas ou longas. Quando nos referimos a formas musicais usando letras (ABA e aí por diante), cada uma delas normalmente se refere a um período.

Você pode usar esses três tipos de elementos melódicos para construir suas composições.

# O Longo e o Curto dos Temas Musicais: Motivos e Frases

Frequentemente, a obra inteira de um compositor oculta uma tendência rumo ao exagero melódico — utilizando frases longas e elaboradamente desenvolvidas — enquanto outros compositores sentem-se mais à vontade com motivos curtos e mais agitados.

Observe a longa e curvilínea frase de abertura criada por Maurice Ravel para *Boléro*, famosa peça orquestrada de um só movimento (Figura 7-1).

DICA

Caso você não esteja familiarizado com *Boléro* e tenha uma alta tolerância para luxúria, assista ao filme *Mulher Nota 10*, estrelado por Dudley Moore, com uma Bo Derek com muitas tranças no cabelo e muito jogging. Você ficará feliz por tê-lo feito.

Agora, compare *Boléro* com a Figura 7-2: o motivo exclamatório de quatro notas de Beethoven em sua Quinta Sinfonia (Opus 67).

**FIGURA 7-1:** A primeira e mais reconhecível frase, ou tema, do Boléro de Ravel.

**FIGURA 7-2:** Da-da-da-DU — talvez o motivo mais curto e famoso de todos os tempos.

Caso você não conheça *esse*, você deve sair debaixo da pedra onde você tem se escondido há pelo menos 200 anos.

Na peça de Ravel, ele costura sua melodia para cima e para baixo por dezesseis compassos até chegar ao final de um período, enquanto Beethoven não precisa de quatro tempos para lançar seu motivo. Não há dúvida de que ambas as composições foram grandes sucessos para seus compositores, mas suas abordagens foram obviamente diferentes. Existem semelhanças também: cada uma repete seu tema e explora variações ao longo da peça, dando o tema para instrumentos diferentes e arremessando-o aos ouvintes sob várias perspectivas.

Com Ravel, nosso fascínio vem de ver até onde ele pode levar um único e longo tema enquanto o mantém dentro de uma estrutura rítmica bastante repetitiva. Ou em ver até quão longe ele pode levar a repetição de uma ideia rítmica nos conduzindo através dela, com sua narrativa melódica? O ritmo nos ajuda a mantermos nosso lugar, enquanto sua longa narrativa se expande. A longa linha melódica nos impede de nos cansarmos com o ritmo. É claro que a longa e lenta ascensão da magnitude e da intensidade cria tensão e nos mantém interessados também.

A repetição melódica de Beethoven prende nosso interesse porque estamos fascinados e surpresos pelas variações que ele é capaz de colocar em um motivo tão curto e poderoso, e as utilizações que ele coloca numa ideia tão simples. De quantas formas você pode dizer "Eu te amo"?

Tudo bem se suas melodias falarem por meio de ideias melódicas curtas ou longas. O perigo está na perda de interesse do ouvinte. Caso sua melodia passeie pelo quarteirão algumas vezes antes de chegar a seu destino, talvez você possa dar um apoio a ela por meio de uma estrutura que permita com que seus ouvintes consigam acompanhar onde eles estejam e saber para aonde estão indo. Uma frase rítmica de apoio, forte e repetitiva, pode ser uma boa escolha. E caso suas ideias melódicas sejas curtas e doces, é importante não as deixar ficarem chatas. Você precisa ser bastante criativo com as várias utilizações de uma frase ou motivo curtos para manter o interesse neles por muito tempo.

Lembre-se de que um motivo não é particularmente útil a não ser que ele seja meio que autocontido. Se você imaginar a Quinta Sinfonia de Beethoven sem a quarta nota, ela seria muito fraca e nós provavelmente não seríamos capazes de nos lembrarmos dela tão bem. E Beethoven ainda precisaria de mais desenvolvimento ao redor de seu motivo para conseguir firmar a ideia sem enlouquecer o ouvinte. A parte do assovio do filme *O Bom, o Mau e o Feio* é outro bom exemplo de um motivo que é completo e, por consequência, gruda em sua cabeça.

Da mesma forma, uma boa frase melódica é aquela que grava facilmente seu lugar na memória de um ouvinte. Caso a frase seja muito parecida com alguma outra, pode ser facilmente esquecida, como se fosse complicado demais entendê-la. Seguir a linha da originalidade, acessibilidade e familiaridade é o truque de se escrever uma composição duradoura e memorável.

É claro que não é incomum de se ouvir composições nas quais uma linha melódica longa parece quase suspensa na atemporalidade, como *Pavane for Une Infante Defunte*, de Maurice Ravel. Nesta composição, o autor guia o ouvinte por meio de diversos períodos melódicos que são quase completos o bastante e diferentes o bastante uns dos outros para terem sido a base para três composições diferentes.

LEMBRE-SE

Tudo isso é sobre clima, e poucas coisas são tão complexas quanto esculpir o tempo num senso de êxtase temporal, em que o próprio tempo pareça congelar.

# Construindo uma Frase Melódica

Vamos nos afastar um pouco dos motivos por um minuto e examinar as frases — as peças mais básicas das melodias. Como nós transformamos alguns compassos de melodia em uma composição musical? Considere essa melodia muito simples exibida na Figura 7-3.

**FIGURA 7-3:** Uma melodia bastante direta e "assoviável" pode ser sua base.

Agora, tornemos esta melodia mais longa do que os três compassos que ela já possui usando a repetição. *Repetição* é exatamente como soa — a repetição de um tema em uma peça musical, seja imediatamente depois da primeira vez em que for tocado ou em algum lugar mais à frente da canção.

A Figura 7-4 mostra como seria caso você repetisse a melodia imediatamente após a primeira vez em que ela fosse tocada.

**FIGURA 7-4:** A repetição de uma frase melódica a reforça na mente do ouvinte.

Na Figura 7-5, empregamos a repetição novamente, desta vez adicionando algumas frases e as colocando entre as partes repetidas.

**FIGURA 7-5:** Você pode variar o uso de repetição, adicionando a elas outras frases quando for repeti-las.

CAPÍTULO 7 **Construindo Melodias Usando Motivos e Frases** 71

Outra forma de empregar a repetição é fazer com que diversos instrumentos se revezem tocando a mesma frase. Você poderia dar a música na Figura 7-6 para um instrumento e na Figura 7-7 para outro, e o resultado seria um efeito do tipo "redondo".

**FIGURA 7-6:** O instrumento número um poderia tocar essa melodia...

**FIGURA 7-7:** ...Enquanto o instrumento número dois toca essa melodia.

Outra maneira de espalhar a frase por meio da instrumentação seria fazer dois instrumentos se revezarem "solando", conforme mostrado nas Figuras 7-8 e 7-9.

**FIGURA 7-8:** O instrumento número um toca a frase enquanto o instrumento dois pausa...

**FIGURA 7-9:** ...E o instrumento número dois continua de onde o instrumento um para.

# Temperando a Melodia ao Variar a Frase

Caso você fosse um menestrel vivendo na Idade Média, as informações dadas até agora neste capítulo provavelmente seriam tudo de que precisaria para tornar suas composições minimamente agradáveis para uma plateia. No entanto, as plateias modernas querem mais de uma composição do que os mesmos motivos e frases repetidos infinitamente.

Três maneiras de dar a eles o que gostariam seria o uso das seguintes ferramentas:

- » Deslocamento rítmico
- » Truncamento
- » Expansão

Estes três métodos são todos formas de ajudar a expandir suas frases, curtas ou longas, até se tornarem composições completas.

## Deslocamento rítmico

Você pode expandir uma ideia rítmica mudando a métrica da frase. *Deslocamento rítmico* é uma ferramenta favorita dos músicos de jazz. Eles passam ao largo do tema, com o ritmo de cada solo diferindo apenas o suficiente para soar como se eles não estivessem tocando a mesma música — embora eles basicamente estejam.

No exemplo exibido na Figura 7-10, nós pegamos nosso tema original e o expandimos, mudando o ritmo do tema repetido.

**FIGURA 7-10:** Eis nossa frase depois do emprego de um bom e velho deslocamento rítmico.

Ao mudarmos os valores de algumas das notas, nós mudamos o andamento e até mesmo o clima da frase repetida.

CAPÍTULO 7 **Construindo Melodias Usando Motivos e Frases** 73

## Truncamento

Quando você *trunca* uma frase verbal, corta-a (por exemplo, o grupo Jefferson Starship truncou seu nome para Starship depois da saída do guitarrista Paul Katner da banda). Quando você trunca na música, está cortando uma frase musical repetida, encurtando-a, como exibido na Figura 7-11.

**FIGURA 7-11:** Eis nossa frase, desta vez com a primeira repetição truncada.

Fica completamente a seu critério onde e quando fazer seu corte.

## Expansão

*Expansão* é, obviamente, o oposto do truncamento. Na expansão, você soma novo material à frase original para fazer com que ela dure mais tempo. Você tipicamente faz isso no fim da frase, conforme exibido na Figura 7-12.

**FIGURA 7-12:** Usando a expansão para preencher a frase.

Frases expandidas são encontradas no final de várias peças clássicas, incluindo "Sonata ao Luar", de Beethoven, e especialmente a sua Quinta Sinfonia.

# Exercícios

1. Escreva 16 compassos de melodia baseados num motivo de três ou quatro notas.
2. Escreva uma melodia de 16 compassos (período) em que não haja motivos repetidos.
3. Escreva uma melodia de 16 compassos (período) que contenha os motivos repetidos mais curtos do Exercício 1.

4. Escreva 16 compassos usando pequenas partes do Exercício 2.

5. Pegue uma das frases resultantes dos exercícios anteriores e construa a partir dela, usando repetição e deslocamento rítmico.

6. Pegue uma das frases resultantes dos exercícios anteriores e construa a partir dela, usando repetição e truncamento.

7. Pegue uma das frases resultantes dos exercícios anteriores e construa a partir dela, usando a repetição e expansão.

> **NESTE CAPÍTULO**
>
> Encontrando notas estruturais
>
> Usando movimento no sentido de tons ou saltos
>
> Engordando sua melodia com notas de passagem
>
> Visitando a vizinhança com tons vizinhos
>
> Exercitando com pontes musicais e solos

# Capítulo 8
# Desenvolvendo Suas Melodias

Tons, modos, métricas, tempos e orquestrações, todos podem mudar dentro de uma composição para expressar a mudança de clima. Um bom compositor não deve ter medo de usar repetição ou mudança para expressar uma ideia. Às vezes, uma mudança pode ser surpreendente e, às vezes, ela pode lhe chegar sorrateira e acontecer com uma grande sutileza.

LEMBRE-SE

Um domínio de transições na música é a marca de um bom compositor.

Neste capítulo, lhe daremos algumas ideias úteis para o levar de um tema melódico, ou motivo, para outro.

# Notas Estruturais

Uma maneira de introduzir a mudança numa peça de música é a redução de sua melodia a suas notas *estruturais* (centrais, essenciais) e, então, construí-los novamente. Desta maneira, você pode manter o esqueleto de seu tema, mas não soar como se estivesse tocando a mesma linha melódica infinitamente. Também, reexaminando sua melodia e reduzindo-a a suas notas estruturais, novas maneiras possíveis de apresentar a linha melódica podem se abrir para você.

Por exemplo, observe a melodia mostrada na Figura 8-1.

**FIGURA 8-1:** Nós usaremos esta simples melodia para revelar notas estruturais.

Caso nós reduzamos esta melodia a somente suas notas mais importantes ou seus tempos mais importantes, chegaríamos a algo como a Figura 8-2.

**FIGURA 8-2:** As notas estruturais são as notas mais importantes de nossa simples melodia.

As notas estruturais exibidas na Figura 8-2 são as notas mais pesadas e significativas da linha melódica, e aquelas que carregam a batida. Todas as outras notas dependem delas.

# Movimento no Sentido de Tons e Saltos

Quando as notas são colocadas na pauta numa sequência alfabética, em intervalos de um tom ou meio tom, a sucessão de notas é *diatônica* ou *conjunta*. O movimento no sentido diatônico acontece quando se vai se uma nota para a seguinte de forma ascendente (uma nota acima) ou descendente (uma nota para baixo).

Caso você tirasse as notas estruturais de nossa melodia e aplicasse um movimento diatônico, ela seria como a Figura 8-3.

**FIGURA 8-3:**
Nossa melodia é alterada usando movimento diatônico.

E, pronto, temos uma linha melódica novinha!

Diferentemente do movimento diatônico, o movimento no *sentido de saltos* ou *disjunto* é quando a linha melódica salta por toda a pauta. Em vez de se mover de forma previsível de um tom ou semitom para o outro, qualquer intervalo pode existir entre as notas de uma peça com o movimento disjunto.

Caso você fosse pegar nossas notas estruturais e aplicasse movimento no sentido de saltos neles, uma possibilidade pareceria como a Figura 8-4.

**FIGURA 8-4:**
Nossa melodia é alterada usando o movimento no sentido de salto.

# Notas de Passagem

*Notas de passagem* permitem o movimento suave em termos de escalas na música tonal ao "preencher" o espaço entre duas notas estruturais. Quando as notas estruturais estiverem pelo menos a uma terça de distância, a nota de passagem é um grau da escala diatônica no meio — significando que, se as duas notas em questão do tom de C forem C e E, então a nota de passagem seria um D.

No entanto, outros intervalos podem também ter notas de passagem entre eles. Duas ou mais notas de passagem podem ser usadas para suavizar um salto de uma quarta (de C para F, por exemplo, as notas de passagem seriam D e/ou E), ou uma única nota de passagem simples e cromática possa ser usada para fortalecer o movimento de uma segunda maior (de C para D, a nota de passagem seria um C sustenido/D bemol).

As notas de passagem são normalmente encontradas acima e abaixo da melodia, conectando duas notas da linha melódica básica.

**DICA**

Você pode usar notas de passagem para tornar um acorde chato, interessante, destacar a melodia e/ou somente para acrescentar ao sabor da canção enquanto faz sua música fluir.

Agora, se nós colorirmos os espaços entre as notas com outras notas de passagem, poderíamos terminar com algo como esta Figura 8-5.

**FIGURA 8-5:**
Adicionando notas de passagem à nossa melodia.

Você pode dizer na Figura 8-5 que as notas estruturais ainda estão lá?

**LEMBRE-SE**

Notas de passagem são sempre usadas nos tempos fracos dos compassos e notas estruturais são usadas nos tempos fortes. Prestar atenção se uma nota cai nos tempos fortes ou fracos é importante, pois isso afeta profundamente a música.

## Bordadura e Appoggiatura

*Bordadura* são notas que são visitadas rapidamente (como seus vizinhos), antes de voltar para casa. Isto é, você começa com seu tom estrutural, sobe ou desce um tom ou semitom e depois retorna à sua nota original. É um pequeno recurso de embelezamento usado em vários livros de piano de crianças, simplesmente porque ele soa muito mais complicado de tocar que realmente o é. Caso você repita rapidamente a bordadura, como na Figura 8-7, faz um *trinado* bem legal.

**FIGURA 8-6:**
Melodia tirada de uma progressão de acordes no Capítulo 10.

80   PARTE 2 **Melodia e Desenvolvimento**

**FIGURA 8-7:** Colocando bordadura na nossa melodia. Perceba o trinado no primeiro compasso.

Se nós dermos um salto disjunto de uma nota estrutural para uma nota vizinha da próxima nota estrutural e depois passarmos para aquela nota, nós teremos uma *appoggiatura*, um exemplo do qual se vê na Figura 8-8.

**FIGURA 8-8:** A appoggiatura aqui é no compasso 2.

C.P.E. Bach (Carl Philipp Emanuel, filho de J.S. Bach) era um grande amante do uso da appoggiatura em seus arranjos musicais. Ele escreveu uma boa quantidade de material relacionado a teoria sobre quais exatamente deveriam ser os requisitos para o uso da appoggiatura na música.

Primeiramente, quando uma appoggiatura curta for escrita — simbolicamente, como uma pequena nota — ela é ignorada quando se resumirem os valores de tempo num compasso, conforme visto na Figura 8-9.

**FIGURA 8-9:** Eis dois exemplos de appoggiaturas curtas.

Em segundo lugar, a appoggiatura é sempre escrita a esquerda da nota, e é ligada a uma nota principal — uma nota normalmente tocada no tempo. Em terceiro lugar, a appoggiatura é também sempre tocada no tempo, com a nota principal em seguida. Basicamente, as duas notas são tocadas *quase* simultaneamente, com as appoggiaturas ligadas à nota principal rápido o bastante para que ambas as notas carreguem a batida.

As appoggiaturas agora são mais conhecidas como *notas de graça*, com o significado de serem notas extras que são "perdoadas" por tornarem o valor total da nota de um compasso igual a pouco mais do que o permitido.

# Outras Técnicas Melódicas

Numerosos outros pequenos truques estão disponíveis para o ajudar a desenvolver sua melodia.

## Escapada

Uma *escapada* é meio que o oposto da appoggiatura (fale isso cinco vezes e rápido). Você primeiramente se distancia de sua nota — e depois parte rumo a outra direção para a nota do próximo acorde, conforme mostrado na Figura 8-10. Em vez de ligado à principal nota com a batida, uma escapada se liga à <u>nota</u> do tom que carrega a batida.

**FIGURA 8-10:** Escapadas são a anti-appoggiatura.

## Suspensão

Se você segurar uma nota por mais tempo que o acorde e depois descer a nota um tom abaixo até a nota de seu novo acorde, isso é chamado de *suspensão*. A Figura 8-11 mostra um exemplo.

**FIGURA 8-11:** A suspensão está nos dois últimos compassos.

## Retardo

O oposto da suspensão é permanecer em seu tom e depois subir até o tom seguinte. Isto é conhecido como *retardo*, e um exemplo é exibido na Figura 8-12.

**FIGURA 8-12:** O retardo é introduzido em nosso exemplo.

## Antecipação

Se você chegar ao próximo tom antes de o acorde mudar, é chamado *antecipação*. Você verá duas delas na Figura 8-13: uma através da segunda linha do compasso e uma através da terceira.

**FIGURA 8-13:** A antecipação, não surpreendentemente, antecipa o acorde seguinte.

## Pedal

Se você ficar na mesma nota, apesar de (ou por causa da) dissonância com o acorde seguinte, e continuar tocando até a harmonia de sua progressão de acordes permitir que ela se resolva, isso se chama de *pedal*.

A técnica de pedal é normalmente usada no baixo. Caso seja usada para uma parte mais alta, como uma soprano, é chamada de *pedal invertido*, e nas vozes intermediárias (tenor ou alto) é chamada de *pedal interno*. O nome vem dos pedais de registros baixos do órgão. O órgão é capaz de sustentar notas longas e muita música composta para órgão lança mão deste fato.

A Figura 8-14 mostra um exemplo de um pedal.

**FIGURA 8-14:** O pedal fica em uma nota somente até que se resolva com o acorde.

Existem alguns nomes um pouco mais obscuros de técnicas usadas para mover entre os tons dos acordes, como *cambiata*, que é um tipo de escapada que se move na mesma direção que o tom do acorde. Tudo o que nós discutimos neste capítulo pode trazer interesse, tensão e variedade a seus movimentos de acordes.

**LEMBRE-SE**

Você pode se mover em qualquer sentido que deseje, é claro, caso lhe soe bem. Agora você sabe como chamá-lo quando fizer isso.

Na maior parte dos exemplos usados neste capítulo, prendemo-nos à essência da melodia original, mas você poderia usar as mesmas notas estruturais e sair um pouco fora da original, como na Figura 8-13.

LEMBRE-SE

Um último lembrete pode ser dado aqui: caso massageie suas melodias com repetições e com os tipos de técnicas com que está confortável, e mantenha seu ouvido sensível, suas melodias chegarão naturalmente a variações, clímax e novos temas exatamente da maneira certa e na hora certa. Você tem de os guardar em sua cabeça para amadurecerem e seguirem adiante, e para que a sua musa cuide deles. Confie nisso.

# Exercícios

**1.** Construa uma ponte musical entre seus temas melódicos diferentes.

Seus materiais de construção são ritmo, melodia, harmonia e, acima de tudo, tempo. Você não tem que chocar uma ideia com outra. Você pode compor uma transição que faz suas próprias demandas em relação ao número de compassos necessários para sua metamorfose musical. Que tal uma melodia inteiramente nova somente para a transição?

Construa um tema e suba até o ponto de quebra dele, então deixe o tema seguinte surgir da queda.

Caso você consiga criar tumulto o suficiente, terá bastante material musical flutuando quando a poeira baixar. Esta é uma boa maneira para ir de um clima rápido e excitante para outro mais calmo e sereno.

**2.** Escreva um solo instrumental que vá do fim de um tema para o começo do seguinte.

Jogar um solo em suas composições é normalmente uma boa maneira de quebrar o cenário. Caso esteja compondo num gênero popular, provavelmente você irá querer que o solista improvise sobre algumas mudanças de acordes, mas caso seja capaz de escrever o solo para o músico, terá a oportunidade de construir uma ponte entre quase qualquer dupla de temas melódicos. Você precisa ter conhecimento especialmente em termos dos instrumentos para os quais estiver compondo quando criar solos.

Vale a pena observar que alguns temas provavelmente não funcionam juntos na mesma composição, e por mais que sejam massageados, não reconciliarão suas diferenças. Isso não quer dizer que você deva descartar um deles. Guarde-o para outra música.

# MENOS É MAIS

Muitos compositores são culpados por tentarem escrever muita coisa em suas composições. O velho ditado "Menos é mais" vale a pena ser lembrado. Caso você se encontre fazendo isso (e se der conta disso), quebre suas melodias nos lugares onde se possa respirar e crie melodias separadas com elas.

Quando falamos em "lugares onde se possa respirar", nos referimos aos lugares numa boa melodia onde ocorrem os ciclos naturais. Caso você não consiga encontrá-los em sua música, talvez não esteja compondo melodias que respirem. Não quer dizer que alguém que cante suas melodias não tenha lugar algum para respirar (embora isso seja uma consideração essencial quando for compor para qualquer instrumento que usar a força da respiração), mas que o ciclo de tensão e relaxamento que deve acontecer em sua música talvez não esteja lá.

Você pode ler mais sobre criar tensão e relaxamento na música nas seções sobre cadências no Capítulo 10.

86    PARTE 2  **Melodia e Desenvolvimento**

# 3 Harmonia e Estrutura

## NESTA PARTE . . .

Agora que você já está com sua melodia funcionando, pode começar a perceber quais serão os componentes harmônicos da música. Nesta parte, nós mostramos como estudar a própria melodia pode ajudá-lo a dizer qual precisa ser a harmonia. Nós também lhe damos muitas dicas de onde pegar suas ideias para composições, como aproveitar os acordes ao máximo e como usar estrutura e forma de maneira vantajosa.

| NESTE CAPÍTULO |
| --- |
| **Entendendo consonância e dissonância** |
| **Usando tensão e resolução para ajudar a criar harmonias** |
| **Usando o Círculo de Quintas para sugerir harmonias** |
| **Misturando tudo com as notas pivô** |
| **Exercitando suas harmonizações** |

## Capítulo 9

# Harmonizando com as Melodias

Uma melodia flutuando no espaço é legal, mas uma boa melodia merece uma estrutura na qual ela possa se equilibrar e costurar. Pelo menos, ela merece alguma companhia. Onde podemos encontrar boas harmonizações para nossas ideias melódicas?

Uma melodia simples pode sugerir uma harmonia, que por sua vez pode sugerir acordes. No fim das contas, um acorde não é nada mais nada menos do que um agrupamento harmônico. Então, composição harmônica pode significar tudo, de uma melodia e uma simples harmonia até uma progressão de acordes que sustente uma melodia, ou da qual uma melodia possa ser extraída.

Este capítulo começa a busca pelas harmonias que combinarão com suas melodias. Começamos tentando definir o porquê de algumas notas soarem melhores juntas do que outras.

# Harmonizando Usando Consonância e Dissonância

Uma boa fonte para harmonia é a própria melodia. As melodias muitas vezes sugerem harmonias, e vice-versa. Mesmo uma única nota pode sugerir harmonia.

Uma única nota tocada num instrumento pode gerar sobretons harmônicos suficientes para definir uma escala inteira. Os *sobretons harmônicos* ocorrem quando você toca ou canta uma nota. Por exemplo, quando você toca uma corda A solta no violão, a corda vibra ao longo de todo seu comprimento, mas também cria vibrações menores ao longo das duas partes iguais de seu comprimento, três terças iguais, e aí por diante. Cada uma dessas subdivisões mais curtas vibrantes da corda produzem notas que se relacionam harmonica e matematicamente com o A fundamental que você está tocando. Ouvimos estes sobretons como parte do *timbre* do instrumento e não pensamos neles geralmente como notas distintas — mas aquele A que você toca, na verdade, gera (embora de forma quieta) todas as notas da escala de A maior e além. É por isso que um instrumento de sopro como um trompete pode tocar tantas notas diferentes com somente oito possibilidades de combinações de válvulas, o que está relacionado ao tamanho dos tubos.

Somado a isso o fato de que é bastante possível (mesmo não sendo provável) que a melodia em sua cabeça já seja *diatônica*, significando que ela tenha um tom central (tornando-a uma *melodia tonal*, em vez de atonal). Isso significa que existe uma escala musical em particular ou uma série de notas relacionadas, a partir das quais sua melodia será atraída ou com a qual sua melodia soará confortável. Isso tem a ver com a maneira que nossos ouvidos funcionam, juntamente à exposição musical a escalas e modos que você possa ter tido.

Então, sem percebermos, as melodias tonais tendem a fazer seus próprios pedidos em relação à harmonia. Você só precisa prestar atenção e ter as ferramentas adequadas à mão, como lápis e papel ou um teclado e computador para capturar o que escuta em sua cabeça.

A harmonia na música pode ser definida como qualquer combinação de notas que são tocadas simultaneamente. Caso você toque um C e um G juntos, eles soam agradáveis juntos, ou *consonantes* (Figura 9-1).

**FIGURA 9-1:** C e G são consonantes porque estão a uma quinta justa de distância.

ervalos que produzem notas consonantes *perfeitas* incluem uníssonos, oitavas e quartas e quintas justas. Consonantes *imperfeitas* incluem terças e sextas maiores e menores. Mas, basicamente, se uma harmonia for consonante, ela soará no mínimo ok.

Nem toda harmonia é fácil ou agradável aos ouvidos. Caso você substitua um G bemol por um G, a harmonia resultante é *dissonante*, o que significa que ela não tem uma sonoridade tão doce (Figura 9-2).

**FIGURA 9-2:** C e G bemol (um trítono) soam terríveis juntos.

## Trítono: O intervalo do diabo

Durante todo o século X e além dele, a quarta aumentada dissonante (ou quinta diminuta), também conhecida como *trítono*, cujo exemplo foi exibido na Figura 9-2, era proibida na música pela Igreja Católica. Era conhecido como o intervalo do diabo, *diabolus in musica* ou *mi contra fa* (todos significando basicamente a mesma coisa). Toque o intervalo algumas vezes para ter a sensação maligna que emana dele. Assustador, não?

Hoje em dia, os trítonos são usados no heavy metal. Em parte, isso se deve ao grande uso do intervalo por parte de Tony Iommi, do Black Sabbath. Iommi começou a usá-lo, em maior parte, depois de perder numa máquina industrial as pontas de dois de seus dedos da mão que usava no braço da guitarra. Sua prótese feita em casa não formava os power chords tão facilmente quanto os trítonos. Este uso dos trítonos e a eventual descoberta pela banda de que eles vinham tocando o intervalo do diabo o tempo todo, levou o trítono a ser um padrão no metal até os dias de hoje.

**PAPO DE ESPECIALISTA**

Sem nos tornarmos científicos demais, nossos ouvidos interpretam combinações de notas como *consonantes* quando as notas e seus sobretons estão ou em uníssono ou, ao menos, a uma terça menor de distância. Notas que sejam ou mais próximas que uma terça menor, ou tenham sobretons que sejam mais próximos do que uma terça menor, são percebidos como *dissonantes*. É por isso que o intervalo de uma segunda menor (B e C, por exemplo) é dissonante, assim como o intervalo de um trítono, ou quinta diminuta (B e F).

É interessante perceber que as diferenças das músicas de culturas diferentes através do mundo não se situam na aceitação ou uso da consonância, mas nas utilizações e aceitação geral da dissonância.

Foi J.S. Bach que trouxe a aceitação aos trítonos por meio de sua música. Então, na verdade, você poderia dizer que Bach foi o pai do death metal — ou, pelo menos, do hair metal. Ouça "The Goldberg Variations", de Bach, e veja se não identifica ao menos as sementes de "War Pigs", do Black Sabbath, nela. Provavelmente não conseguirá, mas deve ser capaz de escutar a utilização dos trítonos com excelência na peça.

## Tensão e resolução

Além de assustar as pessoas e sugerir escuridão, para que serve um intervalo harmônico dissonante? A dissonância cria uma sensação de instabilidade, tensão e conflito. Na composição musical — assim como na literatura, no cinema e no teatro — os conceitos de tensão e resolução são extremamente importantes. Tensão e resolução mantém a trama em movimento e sua plateia interessada.

Na música, a tensão pode ser representada por meio dos tons dissonantes, com a resolução representada pelos tons consonantes.

Tente tocar a série de notas na Figura 9-3 para ver o que nós queremos dizer.

FIGURA 9-3: Tensão e resolução representados em apenas dois compassos.

Você não sente um leve alívio auditivo quando os tons dissonantes progridem logicamente para os tons consoantes? É bem parecida com a sensação de chegar em casa. O conflito musical que sentimos nos ouvidos pelo intervalo dissonante é resolvido, e você pode ficar tranquilo (até surgir o conflito seguinte). Na verdade, podemos dizer agora em que tom a música está porque ela chegou nitidamente a um estado de resolução e podemos sentir que a tônica é G, pelo menos por enquanto. Agora podemos escrever o tom de G (Figura 9-4).

FIGURA 9-4: Nossa melodia, agora harmonizada no tom de G maior.

Embora o que você toque na Figura 9-4 use apenas duas vozes tocando três notas, a melodia e harmonia estão ambas presentes. Você pode olhar isso como se fossem duas melodias na verdade: uma melodia sendo tocada no registro mais alto (G, F sustenido, G) e outra sendo tocada com a série mais baixa de notas (C, C, B).

Existe também uma sugestão de acordes completos implicados por estes intervalos. Tente os óbvios primeiro (Figura 9-5).

**FIGURA 9-5:** Talvez a série de acordes mais óbvia implicada pela melodia.

Mas com um pequeno conhecimento de acordes e um senso de melodia (ou um pouco de experimentação), você possa criar algo como a Figura 9-6.

**FIGURA 9-6:** Uma série menos óbvia de acordes implicada pela melodia.

A segunda progressão de acordes (na Figura 9-6) baseia-se na menor relativa da primeira (na Figura 9-5): o tom de E menor é a menor relativa de G maior. Você poderia pensar nessa versão menor como uma *substituição* — um acorde usado em vez daquele que normalmente você usaria — para a versão maior mais óbvia.

É importante perceber que existem muitas outras maneiras possíveis por meio das quais você possa harmonizar uma simples melodia. Nossa melodia poderia ser harmonizada em outros tons. Poderia até mesmo existir fora de um formato diatônico. A segunda melodia aqui (na Figura 9-6) define o tom apresentando alguma definição harmônica. Só precisa de duas notas soando juntas para implicar um formato harmônico dentro do qual uma melodia em particular exista.

**PAPO DE ESPECIALISTA**

Muitas substituições de acordes são implicadas pelas melodias e harmonias. Uma grande parte do que o jazz consiste é em estar atento a essas substituições e à incorporação delas — e as escalas ligadas a elas — de forma improvisada. Mas, antes de começarmos a brincar com substituições, é uma boa ideia usar as harmonias mais comuns e usadas na música que é popular.

# Harmonizando Usando o Círculo de Quintas

Dê uma outra olhada no Círculo de Quintas (Figura 9-7). Nós falamos do fato de que, à medida que você segue o sentido do relógio no Círculo, passeia pelos diferentes tons no intervalo de uma quinta justa. Mas, você percebeu que indo no sentido contrário, você chega às quartas justas?

E daí? Bem, considerando que se você começar em qualquer fatia da torta do Círculo de Quintas, a quinta de um tom escolhido estará à sua direita e a quarta, à esquerda. Por exemplo, escolha G. A nota seguinte no sentido do relógio é o D, e no sentido contrário, o C. D é o quinto tom (dominante) da escala maior de G e C é o quarto tom (subdominante) no tom de G. O quarto e o quinto tons são os mais importantes de uma escala, próximo à tônica, e ali eles estão amontoados confortavelmente contra o tom escolhido. Os acordes IV e V são os mais importantes depois do I.

Uma composição musical, como dissemos muitas vezes, é como uma boa história; tem começo, meio e fim. Na música, nós usamos os termos *exposição*, *desenvolvimento*, *re-exposição* e *resolução* (ou *recapitulação*).

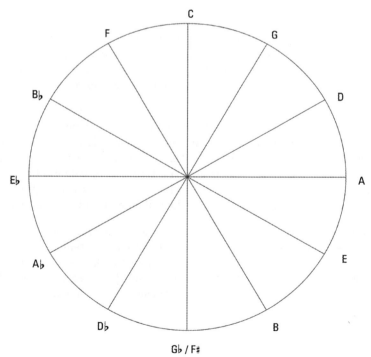

**FIGURA 9-7:** O Círculo de Quintas (e Quartas) pode ser explorado para seus objetivos harmônicos.

**DICA**

O acorde IV pode ser frequentemente usado como um senso de partida, enquanto o V dá uma sensação de antecipação, que em si próprio é um tipo de tensão, e o I nos dá resolução. Depois que você escolher um tom para escrever sua composição, pode olhar o círculo de Quintas (e Quartas) e facilmente encontrar os acordes que estão na família do tom escolhido. Você pode começar a desenvolver ideias musicais em torno dessa família de acordes.

Enquanto os acordes I, IV e V podem ir longe (o blues e a maior parte do rock and roll são completamente baseados nestes três acordes), mais cedo ou mais tarde precisaremos de mais cores na nossa caixa de lápis para manter a atenção de nossos ouvintes.

As outras *tríades diatônicas* (acordes com três notas neles) que estão numa dada família de tom maior são da seguinte maneira, incluindo aí aqueles tons da escala, eles incluem:

» **O 1 (tônico) maior:** 1, 3, 5
» **O 2 menor:** 2, 4, 6
» **O 3 menor:** 3, 5, 7
» **O 4 maior:** 4, 6, 1 (ou 8)
» **O 5 maior:** 5, 7, 2
» **O 6 menor (menor relativa):** 6, 1, 3
» **O 7 diminuto:** 7, 2, 4

Veja a Figura 9-8 para exemplos no tom de C maior.

**FIGURA 9-8:** Olhando os acordes de 1 a 7 (+8/1) no tom de C maior.

Todos estes acordes funcionam dentro dos confinamentos melódicos de uma escala maior. Eles se alternam ao longo com os modos (o Capítulo 6 fala mais deles). Por exemplo, caso eles estivessem trabalhando no modo Frígio, você contaria o terceiro exemplo de acorde na Figura 9-8 como o acorde I, e todos os outros números se alternariam de acordo, conforme exibido na Figura 9-9.

**FIGURA 9-9:** Eis os acordes de 1 a 7 (+8/1) no modo de E Frígio.

Para a maioria dos compositores, ficar dentro dos limites da escala maior faz com que se sintam confinados. As famílias de acordes exibidas nas Figuras 9-8 e 9-9 representam lugares para começar, caso você esteja trabalhando numa composição tonal em um determinado tom.

# Harmonizando Usando Notas Pivô

Uma boa maneira de escapar do conforto e da previsibilidade das progressões de acordes aceitas (ver Capítulo 10 para mais sobre progressões de acordes) é usar uma nota ou duas da melodia como *pivô*.

O que é um pivô? Encontre um acorde que é relacionado às notas de sua melodia, mas *não* ao tom. Construa um novo centro tonal a partir dali, ou apenas saia dos confins de seu centro tonal atual por um momento surpreendente, e volte para casa logo em seguida, caso você queira. As Figuras 9-10 e 9-11 dão exemplos. Primeiramente, nós temos uma melodia, acompanhada por acordes que ficam dentro da família deles. Toque a peça na Figura 9-10, acompanhadas pelos acordes determinados acima das linhas da pauta.

**FIGURA 9-10:** Nossa melodia, acompanhada pelos acordes mais óbvios.

Agora, vamos experimentar a mesma melodia, somente usando como pivô a tonalidade, com um acorde que é somente relacionado a um par de notas na melodia, em vez do tom inteiro. Toque a peça novamente, mas com o acorde F com 7a maior como acompanhamento do segundo compasso, em vez disso (Figura 9-11).

**FIGURA 9-11:**
Nossa melodia, com o acompanhamento harmônico levemente alterado via um pivô.

A música na Figura 9-11 soa um pouco mais interessante, não?

Como escolhemos o pivô? Bem, o acorde F com 7a maior contém o E e o A, mas não é uma relativa aproximada deste tom, então ele nos tira do centro tonal por um segundo. Neste caso, ele nos engana em relação a que tom nós estamos, porque é o primeiro acorde que ouvimos. Este tipo de oportunismo harmônico torna a resolução da tônica ainda mais satisfatória, porque a distância para casa é maior do que se estivéssemos viajando de um acorde relativo mais próximo.

# Exercícios

**1.** Rearmonize qualquer canção familiar.

Experimente "Yankee Doodle" em um tom menor, por exemplo, ou qualquer coisa que você quiser.

**2.** Escreva um mapa de acordes usando acordes selecionados aleatoriamente dentro de uma família de acordes de um tom determinado.

Comece em qualquer lugar, mas volte ao acorde I no final.

**3.** Escreva duas melodias alternativas para o mapa de acordes que você escreveu para o Exercício 2.

**4.** Rearmonize uma das melodias que você acabou de escrever para o Exercício 3.

Tente usar alguns acordes pivô para escapar da monotonia de seu centro tonal.

**5.** Escolha dois ou três acordes sem ligação e tente conectá-los por meio de uma melodia.

**6.** Experimente a mesma melodia com as maiores ou menores relativas dos acordes do Exercício 2.

98     PARTE 3  **Harmonia e Estrutura**

> **NESTE CAPÍTULO**
>
> **Entrando no clima com os acordes**
>
> **Combinando acordes**
>
> **Evoluindo com progressões de acordes**
>
> **Terminando com cadências**
>
> **Obtendo harmonia a partir da melodia**
>
> **Considerando mudanças de acorde**
>
> **Exercitando sua harmonização de acorde**

Capítulo 10

# Compondo com Acordes

Um ponto fundamental que você deve ter aprendido a partir de sua experiência com a teoria musical é que o *tom* de uma canção que faça parte da música tonal Ocidental governa as principais notas dentro daquela música. Quando você quiser escapar do tom dentro daquela canção, é preciso usar *acidentes* (bemóis, sustenidos e naturais) para indicar notas fora do tom.

Você pode ter várias oitavas cheias de notas num instrumento, mas somente as notas permitidas pelo tom poderão ser usadas sem acidentes naquela canção. A *escala* da canção governa a tonalidade da música — o que significa que se libertar do tom original é uma boa maneira de adicionar algum tempero.

Logo, caso você tenha uma canção escrita em C maior, as sete notas principais que aparecerão nesta canção serão o C natural, D natural, E natural, F natural, G natural, A natural e B natural. Caso sua canção seja composta em A maior, as únicas notas que aparecerão naquela canção serão o A natural, B natural, C sustenido, D natural, E natural, F sustenido e G sustenido. Em qualquer um destes tons, os acordes também são feitos de alguma combinação das sete notas de cada tom.

CAPÍTULO 10 **Compondo com Acordes** 99

Existem dois tipos de acordes principais:

» **Acordes diatônicos** são construídos a partir das sete notas de um tom maior. A letra que dá nome a um acorde diatônico (como A maior, A menor ou A aumentado) vem da escala maior sobre a qual o acorde é construído.

» **Acordes cromáticos** são construídos a partir das notas *fora* do tom maior, como os acordes construídos a partir das escalas menores. Acordes encontrados dentro dos tons menores são um pouco mais complicados, pois nove notas potencialmente podem se encaixar sob um único tom menor, quando você leva as escalas menores melódica e harmônica em consideração.

Como as escalas naturais, melódicas e harmônicas são ensinadas separadamente para os músicos as praticarem, existe um entendimento errado de que você precisa estar preso a *um* destes tipos de escalas menores ao compor música. Mas, na verdade, você pode usar todos os três tipos de escalas menores dentro da mesma música.

# Acordes e Seus Climas

Você pode deixar que suas ideias melódicas sugiram acordes diferentes, como pudemos ver nos capítulos anteriores. Esta pode ser uma maneira muito boa de se abrir possibilidades — ao sugerir saídas partindo de seu centro tonal e colorindo seu trabalho. Mas você poderia começar de forma tão fácil quanto por meio de uma progressão de acordes e construir uma melodia a partir dela. Milhares de composições começaram a partir de um senso de movimento harmônico primeiramente, seguido pela melodia.

Eis uma oportunidade para sua Musa entrar em campo. Ou talvez você possa somente colocar suas mãos sobre o piano e ouvir as possibilidades. Para ser bom em composições de acordes, você deve ter um conhecimento forte de acordes. Você deve, no mínimo, ter uma familiaridade de como se trabalha com as seguintes qualidades de acordes em cada tom:

» Maior e Menor

» Sétima Maior e Menor

» Sétima Dominante

» Sexta Maior e Menor

» Quarta Suspensa

» Nona

100    PARTE 3 **Harmonia e Estrutura**

- » Diminuta
- » Aumentada
- » Nona Menor
- » Sétima Menor Quinta Bemol

Não importa em qual tom você esteja, cada um desses acordes específicos vem com sua característica sônica particular, chamada de clima ou qualidade. Logo, caso você saiba construir acordes menores e sente-se no piano e toque alguns deles, provavelmente o som que virá dessa série de acordes é mais próxima do que você está buscando do que apenas se começasse a tocar acordes aleatórios.

Certos acordes expressam certos climas. Depende de você determinar qual tipo de clima deve ser implicado a cada acorde, mas nas seções seguintes nós incluímos uma lista curta de nossas próprias observações, baseadas em pesquisa com estudantes que descreveram as sensações trazidas por estes acordes.

## Maior

Os acordes maiores são "felizes, simples, honestos e ousados".

Para se construir um acorde maior usando tons e semitons, lembre-se: tônica + 4 semitons + 3 semitons (Figura 10-1).

**FIGURA 10-1:** C maior. Acordes maiores são feitos a partir dos tons 1, 3 e 5 da escala maior.

## Menor

Acordes menores são "tristes e sérios".

Para construir um acorde menor usando tons e semitons, lembre-se: tônica + 3 semitons + 4 semitons (Figura 10-2).

CAPÍTULO 10 **Compondo com Acordes** 101

**FIGURA 10-2:** C menor. Acordes menores são feitos a partir dos tons 1, 3 menor e 5 justa da escala maior.

## Sétima maior

Os acordes de sétima maior são "bonitos, delicados, sensíveis e bondosos".

Para construir um acorde de sétima maior usando tons e semitons, lembre-se: tônica + 4 semitons + 3 semitons + 4 semitons (Figura 10-3).

**FIGURA 10-3:** C Maior com sétima maior. Os acordes maiores com sétima são feitos dos tons 1, 3, 5, e 7 da escala maior.

## Sétima menor

Os acordes de sétima menor são "pensativos, climáticos e introspectivos".

Para se construir um acorde de sétima menor usando tons e semitons, lembre-se: tônica + 3 semitons + 4 semitons + 3 semitons (Figura 10-4).

**FIGURA 10-4:** C com sétima menor. Acordes com sétima menor são feitos a partir dos tons 1, 3 menor, 5 e 7 menor da escala maior.

## Sétima dominante

Os acordes de sétima dominante são "ousados, extrovertidos e fortes".

Para construir um acorde com sétima dominante usando tons e semitons, lembre-se: tônica + 4 semitons + 3 semitons + 3 semitons (Figura 10-5).

**FIGURA 10-5:** C com sétima dominante. Os acordes com sétima dominante são feitos a partir dos tons 1, 3, 5 e 7 menor da escala maior.

## Sexta maior

Os acordes com sexta maior são "divertidos".

Para construir um acorde de sexta maior usando tons e semitons, lembre-se: tônica + 4 semitons + 3 semitons + 2 semitons (Figura 10-6).

**FIGURA 10-6:** C maior com sexta. Os acordes maiores com sexta são feitos dos tons 1, 3, 5 e 6 da escala maior.

## Sexta menor

Os acordes com sexta menor são "sombrios, sensuais e problemáticos".

Para construir um acorde com sexta menor usando tons e semitons, lembre-se: tônica + 3 semitons + 4 semitons + 2 semitons (Figura 10-7).

**FIGURA 10-7:** C com sexta menor. Os acordes com sexta menor são feitos a partir dos tons 1, 3 menor, 5 e 6 da escala maior.

## Quarta suspensa

Acordes com a quarta suspensa são "reais e marciais".

Para construir um acorde com quarta suspensa usando tons e semitons, lembre-se: tônica + 5 semitons + 2 semitons (Figura 10-8).

**FIGURA 10-8:** C com quarta suspensa. Os acordes com quarta suspensa são feitos das notas 1, 4 e 5 da escala maior.

## Nona

Acordes com nona são "energéticos e vivazes".

Para construir um acorde com nona usando tons e semitons, lembre-se: tônica + 4 semitons + 3 semitons + 6 semitons. Para construir uma nona menor (ver a Figura 10-9), é tônica + 3 semitons + 4 semitons + 6 semitons.

**FIGURA 10-9:** C com nona. Acordes com nona são feitos dos tons 1, 3, 5 e 9 da escala maior.

## Nona menor

Acordes com nona menor são "tristes, tenros e complexos".

Para construir um acorde com nona menor usando tons e semitons, lembre-se: tônica + 3 semitons + 4 semitons + 6 semitons (Figura 10-10).

**FIGURA 10-10:** C menor com nona. Os acordes menores com nona são feitos dos tons 1, 3 menor, 5 e 9 da escala maior.

## Diminuto

Acordes diminutos são "sombrios, tensos e complexos".

Para construir um acorde diminuto usando semitons e tons, lembre-se: tônica, 3 semitons + 3 semitons (Figura 10-11).

**FIGURA 10-11:** C diminuto. Acordes diminutos são feitos dos tons 1, 3 menor e 5 diminuta da escala maior.

## Aumentado

Acordes aumentados são "antecipadores, cheios de movimento".

Para construir um acorde aumentado usando tons e semitons, lembre-se: tônica + 4 semitons + 4 semitons (Figura 10-12).

**FIGURA 10-12:** C aumentado. Acordes aumentados são feitos dos tons 1, 3 e 5 aumentada da escala maior.

## Sétima menor, quinta bemol/meio diminuto

Existem dois nomes para o mesmo acorde. O acorde é "desesperador, cheio de tristeza, difícil e profundo".

Para construir um acorde com sétima menor e a quinta bemol usando tons e semitons, lembre-se: tônica + 3 semitons + 3 semitons + 4 tons (Figura 10-13).

**FIGURA 10-13:** C com sétima menor e quinta bemol. Os acordes com sétima menor e quinta bemol são feitas dos tons 1, 3 menor, 5 dimuta e 7 menor da escala maior.

**LEMBRE-SE**

Existem muitas, muitas mais configurações de acordes do que somente estas, mas as que decidimos listar são um bom começo. Como dissemos, você tem de decidir por si mesmo como cada desses acordes lhe faz se sentir.

Também é importante perceber que o caráter de um acorde depende fortemente do que o cerca. Por exemplo, um acorde sombrio e dissonante como um de sétima menor e quinta bemol soa sombrio e dissonante sozinho, mas quando ele é usado para passar de um acorde para outro, não produz a mesma sensação (Figuras 10-14 e 10-15).

**FIGURA 10-14:** Um acorde dissonante completamente sozinho.

**FIGURA 10-15:** Um acorde dissonante se movendo na direção de um acorde maior.

# Montando Acordes

Uma vez que você tenha escolhido uma progressão de acordes para uma parte de sua música, pode achar útil experimentar com *voicings* de acordes diferentes, ou seja, todas as maneiras diferentes que um mesmo acorde pode ser montado. Uma simples *tríade* (um acorde com três notas diferentes nele) tem três arranjos diferentes de suas notas dentro de uma oitava.

O voicing de um acorde pode ser arranjado das seguintes maneiras:

- O voicing da tônica usa a tônica como sua nota mais baixa: C (tônica), E, G
- Primeira inversão: E, C, G
- Segunda inversão: G, C, E

Os exemplos das Figuras 10-16 até 10-18 usam o acorde C maior para ilustrar.

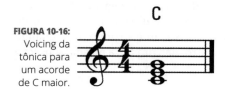

**FIGURA 10-16:** Voicing da tônica para um acorde de C maior.

**FIGURA 10-17:** Primeira inversão para um acorde de C maior.

**FIGURA 10-18:** Segunda inversão para um acorde de C maior.

DICA

Se você já tiver uma melodia, irá achá-la útil para determinar os voicings de seus acordes. Na maior parte das vezes, você vai querer que sua melodia represente as notas mais altas de seus acordes. Isto ditará quais voicings soarão melhores. Caso você ainda não tenha uma melodia, escolher os voicings de seus acordes pode ajudá-lo a escrever uma. Experimente algumas mudanças nos voicings dos acordes e faça sua melodia agarrar as notas altas. Caso você não goste dos resultados, inverta alguns acordes e tente novamente. Não se esqueça de usar algumas notas de passagem enquanto estiver fazendo isso.

# Movimento Rítmico

Ao compor com acordes, determinar um movimento rítmico para suas mudanças de acordes pode ajudar. O que isso significa é que você decidirá com qual frequência e em quais tempos ou acentuações seus acordes geralmente mudarão. Você poderia ter uma mudança de acorde a cada compasso, a cada quatro compassos, a cada dois tempos ou até em cada tempo dentro de um compasso. A escolha é sua, mas lembre-se de que melodias que se movem com velocidade podem soar estranhas, caso os acordes também se movam rápido demais. Uma regra é que mudanças de acorde mais frequentes funcionam com melodias mais lentas, mas isso, como a maioria das regras, pode ser quebrado de tempos em tempos.

108    PARTE 3 **Harmonia e Estrutura**

É claro que o movimento rítmico de suas mudanças de acordes podem variar conforme sua composição se movimenta. Você não precisa manter os acordes mudando na mesma velocidade por meio da seção de sua peça (Figura 10-19).

**FIGURA 10-19:**
Diferentes ritmos melódicos no mesmo trecho musical.

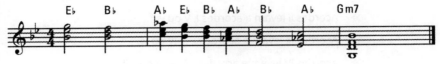

**LEMBRE-SE**

Os acordes que você escreve podem não ser tocados por um violão, um piano ou outro instrumento polifônico. Eles podem ser tocados por um quarteto de cordas, um naipe de metais ou qualquer outra combinação de instrumentos. Escrever mudanças de acordes primeiramente é só uma maneira de criar alguma estrutura que sustente sua composição

Você pode querer encontrar alguns lugares na estrutura rítmica de sua composição que possibilite usar seus acordes num pivô fora do centro tonal. Não é difícil ouvir em sua cabeça onde uma surpresa ou uma mudança harmônica seria bem-vinda.

**DICA**

Apenas não exagere nas surpresas e saídas. Se você estiver dirigindo numa estrada esburacada e passa por outro buraco, ele não significa mais muita coisa. Guie os ouvintes por meio das mudanças. Crie drama, tensão e relaxamento.

# Progressões de Acordes

Uma maneira de construir tensão e relaxamento facilmente em sua música é seguir algumas das regras simples já criadas há centenas de anos para você por pessoas como Christiaan Huygens e Nicola Vicentino. De acordo com eles — e os milhares de músicos que vieram em seguida — certas sequências de acordes, chamadas de *progressões de acordes*, soam melhor do que outras. Através dos tempos, criou-se um consenso sobre as "regras" de progressões de acordes.

Nas seguintes seções, algarismos Romanos maiúsculos indicam acordes maiores e, quando estiverem em minúsculas, indicam os menores. O número em si indica a nota da escala maior sobre a qual o acorde é construído. Por exemplo, no C maior, o I seria um acorde de C maior, o ii seria o D menor, o iii seria o E menor e aí por diante. O símbolo ° indica um acorde diminuto e o símbolo + é usado para acordes aumentados.

## "Regras" para progressões de acordes maiores

» Acordes I podem aparecer em qualquer lugar da progressão.

» Acordes ii levam a acordes I, V ou vii°.

» Acordes iii levam a acordes I, ii, IV ou vi.

» Acordes IV levam a acordes I, ii, iii, V ou vii°.

» Acordes V levam a acordes I ou vi.

» Acordes vi levam a acordes I, ii, iii, IV ou V.

» Acordes vii° levam a acordes I ou iii.

## "Regras" para progressões de acordes menores

» Acordes i podem aparecer em qualquer lugar de uma progressão.

» Acordes ii° ou ii levam a acordes i, iii, V, v, vii° ou VII.

» Acordes III ou III+ levam a acordes i, iv, IV, VI, #vi°, vii° ou VI.

» Acordes iv ou IV levam a acordes i, V, v, vii° ou VII.

» Acordes V ou v levam a acordes i, VI ou #vi°.

» Acordes VI ou #vi° levam a acordes i, III, III+, iv, IV, V, v, vii° ou VII.

» Acordes vii° ou VII levam ao acorde i.

No que diz respeito a estas regras, elas significam somente que (no caso das progressões de acordes maiores) um acorde ii (como o D menor, caso você esteja tocando no tom de C maior) soará mais natural quando ele levar ao I (C maior), V (G maior) ou vii° (B diminuto). No entanto, não há razão em absoluto para que você não possa ir de um acorde ii para um IV, por exemplo — mas, é preciso que se tenha em mente que não será o que os ouvintes esperarão.

Quando se trata de sair das regras, um pouquinho leva ao longe. Você pode ter que pegar mais leve depois de usar algumas mudanças de acordes não convencionais e tocar alguns mais convencionais para satisfazer seu público. A música pop em especial adere às regras referentes a progressões de acordes e é ainda mais didática que a música clássica em relação ao que soa "bem" e o que soa "estranho".

Experimente as progressões de acordes acima com uma sétima adicionada às tríades para ver se elas soam aceitáveis para você. Provavelmente você encontrará algumas que soarão bem — e outras, nem tanto.

# Indo para Casa com Cadências

Uma maneira importante de fazer sua música (e plateia) respirarem é por meio do uso da *cadência*, ou um retorno para o acorde I/i a partir de um acorde iv ou V.

Quanto mais tempo você demorar para chegar a esse ponto de cadência, mais tensão pode criar na sua música.

Uma frase musical pode chegar ao fim simplesmente parando, é claro, mas se aquele ponto de parada não fizer "sentido" para os ouvintes, eles podem não ficar muito contentes com você. Terminar a canção com uma nota ou notas erradas é como terminar uma conversa com uma declaração nonsense, e você pode deixar seus ouvintes um pouco desconfortáveis. Algumas plateias ficam completamente extasiadas em ouvir música que confunde suas expectativas, no entanto, e este pode ser exatamente o público que você esteja tentando atingir.

Esta seção abrange os quatro principais tipos de cadências:

> » Autêntica
>
> » Plagal
>
> » Deceptiva/Interrompida
>
> » Meia cadência

## Cadências perfeitas

*Cadências perfeitas* são aquelas que tem a sonoridade mais óbvia e são logo consideradas as mais fortes. Numa cadência perfeita, o objetivo harmônico da frase é o acorde 5 (V ou v, dependendo se a música estiver num tom maior ou menor). A cadência ocorre quando você vai daquele acorde V/v para um I/i, conforme mostrado na Figura 10-20.

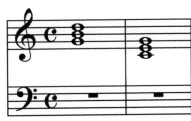

**FIGURA 10-20:** As cadências perfeitas são aquelas com a sonoridade mais óbvia e comum.

CAPÍTULO 10 **Compondo com Acordes** 111

## Cadências plagais

O objetivo harmônico de uma *cadência plagal* é definitivamente o acorde 4 (IV ou iv), com a cadência ocorrendo quando o acorde 4 vai para o acorde 1. As progressões IV-I, iv-i, iv-I e IV-i são todas possíveis. A estrutura plagal surgiu na música da Igreja Medieval, que era em sua maior parte vocal, e era assim frequentemente chamada de *Cadência do Amém*. Caso você esteja familiarizado com canto Gregoriano ou hinos modernos, ouviu então a cadência do Amém em ação. Ela normalmente acontece (sem surpresas aqui) no ponto em que os cantores cantam o "A-mém" de dois acordes.

Apesar do rótulo do "Amém", as cadências plagais são sempre usadas dentro de uma canção para terminar uma frase, e não no final de uma canção, porque elas não soam tão decisivas quanto uma cadência perfeita (Figura 10-21).

**FIGURA 10-21:** As cadências plagais não são tão conclusivas quanto as cadências autênticas.

## Cadências deceptivas ou interrompidas

Uma cadência *deceptiva* ou *interrompida*, essencialmente, atinge um ponto de tensão definitivo num acorde V/v, assim como a cadência perfeita, mas ela é resolvida com algo *diferente* do acorde tônico (I/i) — vem daí o nome *deceptivo*. A cadência deceptiva mais comum encontrada, usada em 99 de cada 100 vezes, é o acorde V/v que sobe para um acorde VI/vi. A frase parece e dá a sensação de que vai chegar ao fim e fechar com o acorde 1, mas em vez disso vai para o 6, conforme mostramos na Figura 10-22.

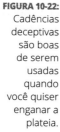 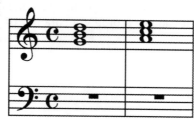

**FIGURA 10-22:** Cadências deceptivas são boas de serem usadas quando você quiser enganar a plateia.

Outras cadências deceptivas/interrompidas incluem o movimento do acorde V para o acorde IV, do acorde V para o acorde ii e do acorde V para V7. Cadências deceptivas são consideradas algumas das mais fracas, porque elas evocam uma sensação de algo incompleto.

## Meias cadências

As meias cadências são um pouco mais confusas. As cadências autênticas, plagais e deceptivas ocorrem todas em frases musicais que se resolvem antes de a frase estar completa. Em outras palavras, nas outras cadências, a frase começa num ponto de pausa (I/i) e se move por meio de uma série de acordes para atingir ou um acorde iv/IV ou v/V. Poderia ser tão fácil quanto o acorde I/i indo direto para o acorde V/v e voltando para o I/i, ou poderia passar 20 horas circulando como um avião tentando pousar entre um daqueles pontos, mas as autênticas, plagais e deceptivas se liberam musicalmente no ponto de repouso: o acorde I/i.

As únicas que não terminam desta maneira são as meias cadências. Com uma meia cadência, a frase musical termina num ponto de tensão — o próprio acorde V/v. Ele basicamente toca para um acorde que não é o I/i e para, resultando numa frase musical que parece inacabada. Exemplos seriam uma progressão V–IV, uma progressão V–vi, uma progressão V–ii e uma progressão V–V7. Ela é chamada de meia cadência pois a sensação dada é a de que ela não acabou ainda.

# Juntando Acordes e Melodias

Normalmente, quando você está trabalhando somente com uma melodia, a harmonia básica que a acompanha já está em seu subconsciente. A melodia se empresta para uma harmonia tão obviamente, que acompanhar a linha melódica é a parte mais fácil de se escrever a música. Você pode estar ciente de que nota em sua melodia representa a tônica de imediato e até mesmo de movimentos de acordes bastante específicos que estão gritando para você a partir de sua melodia.

Da mesma forma, aquela progressão de acordes legal que você criou na noite passada quer lhe dar os *tons estruturais* (às vezes também chamados de *tons dos acordes*) a partir dos quais uma melodia pode magicamente emergir (ver Capítulo 8 para mais informações sobre tons estruturais).

CAPÍTULO 10 **Compondo com Acordes**

# Extraindo harmonia a partir da melodia

Caso você pegue uma simples escala maior e considere somente o acorde I (também chamado de *tônica*), o acorde IV (o *subdominante*) e o acorde V (o *dominante*), consegue escutar sugestões relativamente simples e óbvias de relações entre as notas em um dado tom que possa ser usado para as acompanhar.

Existem, é claro, muitas outras possibilidades e substituições, mas aqui nós nos prendemos aos acordes I, IV e V no exemplo mostrado na Figura 10-23.

**FIGURA 10-23:** Vendo a escala nos acordes I, IV e V.

Você pode usar os tons de dentro dos acordes (chamados, como mencionamos, de tons de acordes) e conectá-los de diversas maneiras usando *tons não cordais*. Algumas das técnicas usadas para juntar melodias com notas diferentes são abordadas no Capítulo 8. Aqui nós cobrimos mais algumas técnicas.

Primeiramente, vamos dar um exemplo de uma progressão simples de acordes, a qual poderemos usar para extrair alguns tons estruturais (Figura 10-24).

**FIGURA 10-24:** Ver tons estruturais em uma simples progressão de acordes.

Agora nós extraímos uma melodia a partir destes acordes, usando somente notas de dentro de cada acorde — os tons dos acordes (Figura 10-25).

**FIGURA 10-25:** Extrair tons dos acordes a partir de uma progressão de acordes.

PARTE 3 **Harmonia e Estrutura**

Agora, vamos adicionar algumas notas de passagem. Lembre-se de que *notas de passagem* fecham as lacunas entre notas estruturais. Eles transformam melodias *desconectadas* em coisas mais *coesas*. As notas de passagem vão em tons e acabam indo direto para o nota estrutural seguinte (Figura 10-26).

**FIGURA 10-26:** Adicionando notas de passagem para preencher os tons estruturais.

Se você se distanciar do tom antes de voltar a ele, é o chamado *tom vizinho* (Figura 10-27).

**FIGURA 10-27:** Dando uma visitada nos tons vizinhos.

## Usando mudanças de acordes

Uma mudança de acorde é algo poderoso. É difícil não levar a sério uma mudança de acordes. É por isso que você precisa ser exigente em relação às escolhas que você fizer em relação ao lugar onde os acordes vão mudar no ritmo de sua música.

DICA

Caso seus acordes mudem a cada compasso no tempo um, aquela batida será fortalecida. Se, em vez disso, você colocar as mudanças de acordes nos tempos quatro *e* um, ambas ganharão uma gravidade. Uma mudança de acorde traz atenção a qualquer subdivisão rítmica. É uma boa ideia colocar mudanças de acordes estrategicamente para enfatizar a sensação rítmica, ou groove, de sua música.

Frequentemente, sua música se beneficiará da adição de mais acordes entre os estruturais com os quais você começou. Para isso, precisará voltar a suas notas de fora do acorde, conforme mostramos anteriormente neste capítulo. Algumas das notas de fora do acorde que você colocou enquanto juntava as notas de seu acorde podem dar acentuações rítmicas. Ou, talvez, você apenas goste destas notas e queira que a atenção dos ouvintes se foque nelas. Então, por que não colocar mudanças de acordes nestes momentos? Vamos chamá-los de *acordes de passagem*.

A Figura 10-28 mostra novamente o exemplo com vários tipos de notas de fora do acorde adicionadas.

**FIGURA 10-28:** Adicionando todos as notas de fora do acorde.

Agora, vamos adicionar alguns acordes de passagem para irem junto das notas de fora do acorde (Figura 10-29).

**FIGURA 10-29:** Adicionando notas de passagem novamente.

Isso torna a frase mais rica e colorida, não é mesmo? As possibilidades são infinitas. Você poderia ter uma mudança de acordes a cada tempo, a cada meio tempo ou como melhor se adequar às suas intenções. Este seria um bom momento para voltar e estudar a tabela que nós lhe demos anteriormente no capítulo, em relação a progressões de acordes. Saber quais acordes fluem rumo a quais pode ser bastante útil aqui. E não se esqueça sobre os climas que você evoca com suas escolhas. Um estudo de jazz pode lhe dar algumas ideias sobre substituições de acordes também.

Por outro lado, existem momentos em que uma mudança de acordes distrai e tira o foco do mantra hipnótico e parecido com um transe de seu groove. Como um exemplo, o *Boléro*, de Ravel (que foi escrito propositalmente como uma peça sem desenvolvimento estrutural) nos leva ao longo dele e nos mergulha cada vez mais fundo em seu sentimento. Quando Ravel exaure o teto da dinâmica de sua orquestra, ele nos surpreende e nos acorda para um novo reino, mudando o acorde e a tonalidade todos de uma vez só, perto do final. Isto nos alerta de que o clímax está a caminho (ele também coloca a orquestra numa faixa em que existe alguma força adicional de dinâmica para ser usada). É totalmente inesperado e meio desconcertante, mas ele teve que criar um final de alguma maneira.

CUIDADO

Você estará muito bem quando puder usar uma mudança de acorde inesperada para acordar de forma tão poderosa quanto Ravel, mas nesse meio tempo seja cuidadoso para não perder a atenção do seu ouvinte com muitas mudanças de acordes caso tenha uma boa levada em andamento.

LEMBRE-SE

Você pode ter mais do que uma ideia musical em andamento no mesmo momento na mesma música. Três ou mais sejam talvez muita coisa, porque fica confuso e o ouvinte não sabe para onde olhar. Você sempre quer manter um senso de foco, mesmo quando sua música fica caótica.

Você pode ter mudanças em seus acordes em um padrão rítmico e fazer a melodia ir rumo a outro padrão. A mistura de tudo pode resultar em duas declarações rítmicas. Você pode pensar nisso como mantendo os tons de fora do acorde e a estrutura de acordes, e jogando fora alguns dos tons do acorde estruturais em sua música.

A Figura 10-30 mostra um exemplo com um pouco de polimento.

FIGURA 10-30: Melodia e harmonia juntos em perfeita... bem, harmonia.

DICA

A partir do que discutimos neste capítulo até agora, deve ser fácil o bastante reverter estes processos, caso você tenha uma melodia para começar e esteja procurando pelos acordes certos para prosseguir com ela. Você precisa decidir quais notas em sua melodia são estruturais, como discutimos no Capítulo 8. É possível então que você determine o tom de sua música e onde sente a necessidade de acentuar sua melodia com acordes. O desafio aqui é estar ciente das muitas possibilidades harmônicas que estão disponíveis para que você possa harmonizar sua melodia.

## JONATHAN SEGEL, DO CAMPER VAN BEETHOVEN

Muito do que eu faço quando estou ensinando as pessoas a tocar instrumentos é mostrá-las os relacionamentos entre as notas e como elas se identificam. Por exemplo, caso você esteja mostrando a alguém como tocar uma canção, digamos na guitarra, você mostra quais acordes elas precisam tocar e depois você pergunta, "Ok, quais são as notas comuns nestes acordes e qual a ligação entre elas? Quais as mudanças de notas que você precisa para levar este acorde para o seguinte?" E, então, a melodia, você sabe, a melodia consiste em notas que também estão nos acordes. Então, as pessoas, na verdade, aprendem como todas as notas numa canção estão ligadas umas as outras.

**LEMBRE-SE**

Existem mais possibilidades harmônicas numa única nota do que possibilidades melódicas num acorde.

# Exercícios

**1.** Harmonize uma quinta ascendente (no sentido do relógio, um nome de letra na sequência do Círculo de Quintas).

Encontre acordes que se encaixem com uma nota D sustentada por dois tempos seguida por uma nota lá acima, sustentada por dois tempos. Ideias:

Comece com um acorde de D maior.

Comece com um acorde de B bemol maior.

Comece com um acorde de E com sétima menor e quinta diminuta.

Comece com um acorde de G maior.

**2.** Experimente progressões de acordes aleatoriamente.

Escreva os nomes de aproximadamente uma dúzia de acordes em pedacinhos de papel. Não se esqueça de colocar alguns dos que soam estranhos para você. Você pode usar qualquer acorde em qualquer tom. Coloque-os num chapéu e os misture. Escolha quatro ou cinco deles e os escreva em um papel pautado na ordem que você os tirar. Componha uma melodia que faça com que essa progressão de acordes faça sentido. Você pode colocar alguns acordes de passagem, caso deseje.

3. Leve o Exercício 2 a uma cadência perfeita.

   Coloque acordes e melodias onde for necessário. Escolha um tom.

4. Escolha quaisquer duas notas e explore as combinações de acordes disponíveis.

5. Escolha quaisquer dois acordes e explore as possibilidades melódicas entre eles.

6. Escute alguma música familiar e veja se consegue identificar os tons fora do acorde de ouvido.

7. Escreva uma progressão de acordes e extraia os tons estruturais.

8. Veja quantas notas fora dos acordes você consegue colocar e determine quais funcionam bem para seu estilo de composição.

9. Invente uma melodia completamente nova removendo alguns das notas estruturais originais e deixando as notas que não fazem parte do acorde.

120    PARTE 3  **Harmonia e Estrutura**

> **NESTE CAPÍTULO**
>
> Fazendo música a partir do movimento cotidiano ao seu redor
>
> Checando os oito diferentes formatos de esforço
>
> Usando os formatos de esforço para compor música
>
> Exercitando seu conhecimento sobre formatos de esforço

Capítulo 11

# Compondo a Partir do Vácuo

Chegará um momento em sua vida em que você vai querer desesperadamente sentar-se e escrever uma canção ou trecho instrumental, mas se dará conta de que não conseguirá criar coisa alguma. Nada. Zero. Um caso completo e aparentemente insuperável de bloqueio de compositor. Então, isso quer dizer que você deva admitir que não tem mais nada para oferecer e desistir? De jeito nenhum!

**LEMBRE-SE**

Nunca desista, *em tempo algum*.

Uma das chaves de se tornar um músico bem-sucedido e prolífico é atravessar essas fases de seca criativa e sair delas ou com uma música pronta, algumas letras e uma melodia, ou até mesmo apenas um início, meio ou fim sólido, com que você possa trabalhar adiante. Existem muitas maneiras de estimular sua criatividade a não se esconder, inclusive bater sua cabeça no piano muitas vezes, como Guy Smiley, da *Vila Sésamo*.

Neste capítulo, discutimos duas maneiras de tirar sangue de um nabo: usar seu entorno e uma ciência estranha chamada formatos de esforço.

# Compondo Usando o Movimento ao Seu Redor

Muitos músicos, em especial pianistas, têm uma arma secreta em seu arsenal de composição que quase nunca discutem com os não músicos, porque parece muito tolo ou casual. Quando eles passam por períodos "mortos", sem inspiração, trabalham escrevendo minitrilhas sonoras para as atividades que acontecem ao seu redor. Por exemplo, um gato entra na sala. Qual som fariam as pegadas do gato caso você estivesse tentando capturar a imagem de forma musical? E a voz do gato? Vamos chamar de Parte A da trilha sonora do gato.

Agora, e se o gato seguisse para a cozinha, onde sua mãe, seu irmão ou uma dona de casa da década de 1950 estivessem lavando louças? Qual seria a trilha sonora? E se quem lavasse a louça fosse seu colega de quarto cansado e de cara feia, bastante infeliz em desempenhar a tarefa? Como soaria sua música? Como qualquer uma dessas pessoas reagiria em relação ao gato? Lá estão sua Parte B (o lavador de pratos) e C (o lavador de pratos e o gato) — praticamente uma composição inteira esperando-o neste cenário.

DICA

Ouça e veja o que acontece ao seu redor. O que você fez na noite passada, nesta manhã, quem você viu, quais histórias lhe contaram? O que aconteceu em seu sonho? Quase qualquer coisa pode servir como ponto de partida para algum tipo de trilha sonora. Faça um filme em sua cabeça a partir da ação em sua vida, e depois faça uma trilha sonora dele.

Sua trilha sonora pode ser uma simples linha melódica que habilmente edite e condense cada personagem — ou pode ser uma melodia completa com acompanhamento. Capturar a essência das atividades ao seu redor de forma musical pode, na verdade, resultar em composições completas. Por outro lado, eles podem terminar como músicas que nunca serão usadas no mundo real. O objetivo dessa ideia, no entanto, é fazer com que você *recomece* a tocar e escrever música, e supere seu bloqueio de compositor. Além disso, é divertido também, e fazer música por diversão é uma ótima maneira de fazer sua mente relaxar e se abrir para novas possibilidades musicais.

Caso você ache que tudo isso soe bobo demais para experimentar, tente compreender isso: grande parte da famosa orquestração de Pyotr (Peter) Ilych Tchaikovsky para a *Suíte Quebra-nozes* foi composta *depois* de o balé ter sido coreografado. Ele chegou depois de toda a dança ter sido feita e escreveu a música para acompanhar os movimentos físicos dos dançarinos. Os dançarinos eram seu "filme", e ele escreveu sua trilha sonora.

Por mais útil que essa ideia da trilha sonora do cotidiano possa ser, tem uma abordagem mais sistemática disponível para você: os formatos de esforço.

# Apresentando os Formatos de Esforço

Uma maneira mais útil e precisa para se descrever movimentos além de apenas caminhar e lavar louças é por meio da linguagem dos formatos de esforço (também conhecidos como a Análise de Movimentos Laban ou Eukinética). Um *formato de esforço* é um estilo de movimento que incorpora usos específicos de peso, tempo, controle e espaço. Quando usamos formato de esforço para compor música, estamos tentando capturar as emoções e sensações daqueles movimentos na própria música.

Formatos de esforço têm sido usados por coreógrafos desde a década de 1930, depois que o coreógrafo Rudolf Von Laban publicou seu tratado *Kinetografia Laban*, em 1928, que detalhava um sistema de notação para a dança que acabou conhecido como *Labanotação*. A labanotação ainda é usada como um dos principais sistemas de notação de movimentos usados na dança.

Durante a II Guerra Mundial, Laban foi da Alemanha para a Inglaterra. O governo inglês o contratou para observar trabalhadores de fábricas e fazendas, analisar seus movimentos e desenvolver procedimentos mais eficientes para que eles seguissem, visando a um aumento na produtividade. Laban dividiu os movimentos humanos em oito formatos de esforço. Usados como uma ferramenta por dançarinos, atletas e terapeutas físicos e ocupacionais, é um dos sistemas de análise dos movimentos humanos usados mais amplamente. Seus oito formatos de esforços também são usados por professores de teatro para ajudar atores a definirem os comportamentos das caracterizações que eles visem a desempenhar, e na área de análise comportamental.

*Esforço*, ou o que Laban descrevia às vezes como *dinâmica*, é um sistema para compreender as características mais sutis sobre a maneira que um movimento é desempenhado com respeito à sua intenção interna. A diferença entre socar alguém com raiva e alcançar um copo é leve em termos de organização corporal — ambos dependem da extensão do braço. No entanto, a atenção à força, ao controle e ao tempo do movimento são bastante diferentes.

O esforço tem quatro subcategorias, cada uma tem dois polos opostos:

- » **Peso:** Pesado e leve
- » **Tempo:** Prolongado e curto
- » **Fluência:** Controlada e liberta
- » **Espaço:** Direto e indireto

**PAPO DE ESPECIALISTA**

Laban batizou a combinação das três primeiras categorias (espaço, peso e tempo) de *ações de esforço* ou *direção da ação*. Fluência, por outro lado, é responsabilidade pela continuidade ou permanência dos movimentos. Sem que haja algum esforço de fluência, o movimento deve ser contido numa única iniciativa e ação, que é o porquê de haver nomes específicos para configurações de esforço de ações sem fluência. De um modo geral, é muito difícil remover a fluência de muitos dos movimentos e, assim, uma análise completa do esforço precisa tipicamente ir além das ações de esforço.

Então, o que tudo isso tem a ver com compor música? Continue lendo.

## Peso: pesado versus leve

As ideias de *peso* e de *leveza* são fáceis o bastante de serem traduzidas em termos musicais. Às vezes, leve é algo tocado de maneira gentil ou suave. Frequentemente leves, as frases melódicas são tocadas por instrumentos com amplitude de tons mais alta, mas nem sempre. Uma trompa pode ser tocada levemente ou de forma pesada em seu registro mais baixo, por exemplo.

Leve e pesado referem-se também a alto e suave. Você pode ter a impressão de que uma melodia menor num tempo lento seja leve por natureza, mas as músicas lentas em tons menores podem ter qualidades ou leve ou pesadas. Estamos falando sobre leve ou pesado — não claro ou escuro. Com cordas, leve e pesado podem se comunicar por meio do ataque dos arcos. As articulações específicas dos outros instrumentos evocam leveza e peso também.

O leve e pesado também podem ser expressos por meio das escolhas de instrumentações. Um violino ou flauta são inerentemente mais leves do que um saxofone ou um trompete. Um quarteto de cordas pode ser mais leve do que um naipe de metais. Obviamente, o compositor pode controlar uma ampla gama de pesos dentro de quaisquer um destes instrumentos ou grupos de instrumentos.

## Tempo: prolongado e staccato

Os termos de Laban, *prolongado* e *staccato*, significam quase as mesmas coisas que os termos musicais *legato* e *staccato*, mas os termos musicais referem-se mais precisamente à percepção geral do fluxo de uma melodia. As notas podem não ser escritas exatamente com indicações para legato e staccato na partitura. Pode ser apenas que elas transpareçam mais ou menos calmas e conectadas ou separadas e rápidas. Escrever dicas na partitura funciona também, mas nem sempre você precisa chegar a esse ponto para transmitir suas ideias.

Quando o staccato for leve e direto ele pode resultar no *Pontuar*, e quando ficar pesado e controlado, pode virar um *Socar*. Se a energia for indireta, o staccato leve se torna uma *Sacudida* e o pesado se torna *Chicotear*. (Mais a respeito desses termos adiante neste capítulo.)

# Fluência: controlada e liberta

Controlada e liberta são mais difíceis de serem compreendidas. Uma melodia que é *controlada* deve ser aquela que tem bem poucos trinados ou outros ornamentos. Deve ser bastante direcionada e ser tocada por mais de um instrumento em uníssono, um instrumento "ligando" o outro na tarefa de fazer melodia.

Uma melodia *liberta* é aquela que tem a construção um pouco mais solta. Não quer dizer que ela salte por toda parte (isso a tornaria liberta *e* indireta), mas deve fazer mais uso das capacidades virtuosísticas de um único instrumento, e não ser tão apta a manter um curso regular e estreito. Uma melodia controlada pode parecer deliberada e pesada, enquanto uma melodia liberta sobe e desce com facilidade e despreocupação. De certa maneira, a energia controlada não comunica a felicidade da mesma forma que a energia liberta o faz. A energia controlada frequentemente evoca tristeza, orgulho e determinação. Alguns instrumentos são mais controlados ou livres no geral: o clarinete e o piano são capazes de passagens libertas, mas o saxofone barítono e o contrabaixo são mais controlados por natureza.

# Espaço: direto e indireto

Uma melodia *direta* não muda de trajetória ou para no meio de seu caminho até a conclusão. Ela pode ser apimentada com *trinados* (tocar duas notas adjacentes de uma escala rapidamente), *mordentes* (tocar três notas adjacentes de uma escala rapidamente) e todos os tipos de nuances ou ela pode se mover direta e simplesmente, mas está destinada a ir do começo ao fim sem mudar de curso ou se confundir. Ela não fica de enrolação. Se eu quiser que você me dê uma carona para casa, posso dizer: "Você acha que pode me dar uma carona até em casa?" Ou eu poderia dizer: "Eu me pergunto como vou fazer para chegar em casa hoje. Pode ser que eu pegue um táxi ou caminhe. Será que tem um ônibus mais tarde?" Esta é a diferença entre o direto e o indireto. Eventualmente eu vou chegar em casa, mas o exemplo do indireto é uma jornada indireta para pedir uma carona.

Muitos compositores se esforçam para garantir que suas melodias sejam sempre um pouco indiretas. Béla Bartók foi um grande exemplo disso. Mozart era bastante direto, por outro lado. Num momento em que os ouvintes exigiam que suas expectativas musicais fossem atendidas, era difícil para os compositores escrever muitas melodias indiretas. Escolhas melódicas diretas são sempre aquelas que grudam em sua cabeça. As escolhas melódicas indiretas exigem sua atenção e são interessantes, mas muitas vezes logo são esquecidas — ou mais, são lembradas indiretamente. Você se lembra da *sensação* causada por elas, mas não das notas exatas.

Agora que você tem alguma ideia do que significam formatos de esforço, vamos conectá-los de forma mais direta com a composição musical.

CAPÍTULO 11 **Compondo a Partir do Vácuo** 125

# Compondo Utilizando Formatos de Esforço

Basicamente, conforme tentamos determinar, os formatos de esforço são estilos de movimentos naturais humanos e transmitem climas e emoções. Eles são a linguagem corporal. Qualquer frase ou passagem musical pode ser dividida nos quatro componentes de Laban e resolvidas em seus oito formatos de esforços.

Os oito formatos de esforços foram batizados e aqui tentamos descrever cada um deles de uma forma musical. Na maioria das vezes, o nome do formato de esforço fala por si só. Também é fácil de ver como você pode usar estes nomes como o guia para compor música que evoca certos climas.

## Pontuar

*Pontuar* é um movimento leve, direto, curto e liberto.

Imagine que você está encostando em algo com um pincel ou a ponta de um pano de prato. Quando você faz isso, não está fazendo com força e não está esguichando diretamente. Você está pincelando gentil e rapidamente.

Quando você quer capturar a sensação de pontuação em sua música, você vai tocá-la leve e rapidamente — como se você estivesse cutucando leve e rapidamente o mesmo centro de uma tecla de um piano. Você tem uma ideia musical que quer levar rapidamente a seus ouvintes e não vai saracotear em torno dela para transmitir seu recado. Mas você também não está tentando bater com ela na cabeça de seus ouvintes.

Mozart escreveu muita música desse modo, assim como compositores contemporâneos como Toog, Momus, Henry Purcell, Mr. Wright e Belle & Sebastian.

## Sacudir

*Sacudir* é um movimento leve, indireto, curto e controlado.

Imagine que você está dando o peteleco num cílio na bochecha de alguém com seu dedo. Você não está agarrando aquele pelinho solto para o remover — em vez disto, está mirando na direção dele, de forma geral, escovando contra a bochecha da pessoa e da área em torno do cílio também. Quando você está tentando capturar a sensação de sacudir em sua música, toca as notas que deseja rapidamente e de forma gentil, mas também está usando as notas em torno de sua ideia musical central.

Serialismo e contraponto de fuga usam esse conceito em sua construção e também artistas como J.S. Bach, Elf Power, Philip Glass e Can.

## Deslizar

*Deslizar* é leve, direto, prolongado e controlado.

Imagine um pássaro planando e faça sua música levar esse som. Quando você está escrevendo música que desliza, não se esqueça de que está tentando compor algo que levante voo, feito aquele pássaro.

*A Valsa das Flores*, do *Quebra-nozes*, de Tchaikovsky, as atmosféricas de Brian Eno e Arvo Päart, todos conseguem evocar esta emoção.

## Pressionar

*Pressionar* é pesado, direto, prolongado e controlado.

A música pressionada faz somente isso — aperta o ouvinte com força. Este é você, compositor, esmagando com força a mosca que pousou em seu teclado, lentamente e com muita vontade. Não existe uma forma de interpretar errado seu conceito musical quando compõe desta forma, o que é o motivo pelo qual quase toda a música gótica e pesada e o slowcore se enquadram nesta definição.

Wagner, Low, Nick Cave, Sonic Youth, o artista folk Canadense Hayden, This Mortal Coil, Mogwai, Popol Vuh e Joy Division, todos gostam de trabalhar assim.

## Flutuar

*Flutuar* é leve, indireto, prolongado e liberto.

Flutuar é bem parecido com deslizar, exceto pelo fato de ser menos direto.

Pense em Claude Debussy e Stereolab.

## Socar

*Socar* é pesado, direto, curto e controlado.

Esta é a música mais direta e de sonoridade agressiva de toda a lista. Quando você escreve música com socar, está dizendo a seu público que tem uma mensagem e quer que eles a escutem agora mesmo. Você está socando as notas em seu instrumento — caso esteja tocando piano, está tocando as teclas diretamente e com força.

Música com socar inclui Stravinsky, The Ramones, Sir Mix-a-Lot, P.J. Harvey — e basicamente, por este motivo, a maior parte do rap e do rock.

## Chicotear

*Chicotear* é pesado, indireto, curto e liberto.

Chicotear é bem parecido com socar, a não ser pelo fato de a mensagem e o som não serem tão martelados na plateia. Você está brincando um pouco com eles, colocando-os quase no limite e os surpreendendo com suas escolhas musicais e rítmicas.

Pense em Stravinsky, The Swans, David Bowie (na era *Ziggy Stardust*), Jarboe e Akron/Family.

## Torcer

*Torcer* é pesado, indireto, prolongado e controlado.

Pense em torcer um pano de chão e você tem uma ideia básica por trás do que está tentando fazer com sua plateia quando usa esse formato de esforço. Você está lentamente torcendo-os emocionalmente enquanto vai caminhando rumo a seu clímax musical, potencialmente os cansando com o mero esforço de chegar ao fim da música ou de determinada parte dela.

Pense em Holst, Bartok, Legendary Pink Dots, The Swans, Throbbing Gristle, Popol Vuh e Godspeed You Black Emperor.

## Moldando a história e o clima ao combinar os formatos de esforços

Sua composição conta uma história. Usando os formatos de esforços, você pode decidir os climas de sua história e a ordem na qual vai querer apresentá-las e, em seguida, poderá escrever de maneira pesada, leve, direta, indireta e aí por diante, para transmitir os climas a seus ouvintes. Você pode usar uma mudança de formato de esforço para desenvolver ou reafirmar um motivo ou frase melódica.

Assim como existem muitas maneiras de se dizer "Eu te amo", existem também muitas maneiras de se apresentar qualquer ideia melódica. Uma única frase pode ser arranjada de maneira a soar prolongada ou curta. Você pode pegar qualquer ideia musical e emoldurá-la num formato de esforço com surpreendentemente pouca dificuldade usando escolhas de orquestração, tempo, a oitava na qual a melodia é tocada ou quase tudo o mais que gostar. Os formatos de esforço só lhe dão combinações úteis e pré-organizadas de ingredientes para que você consiga transmitir sua mensagem.

Uma boa maneira de entender a composição é ouvir esses formatos de esforços na música dos outros. Eles estão por toda parte. Embora os compositores não os utilizem normalmente de forma consciente, é difícil de encontrar um único momento na música que não possa ser associado a um ou dois formatos de esforços. A maioria das composições se move para frente e para trás entre alguns formatos de esforços. E algumas composições atravessam por quase por todas elas. Isto é verdade para a música tonal, atonal, popular, clássica, hip-hop, jazz, metal e aí por diante. Alguns gêneros musicais são quase completamente caracterizados por formatos de esforço únicos. Existe bastante soco e pontuação no hip-hop, bastante chicoteada no metal e pressão no rock and roll. O jazz usa bastante a energia do deslizar, do flutuar e do sacudir.

Leve em consideração *Jupiter*, parte de *The Planets* (op.32) de Gustav Holst. Para conseguir acompanhá-la, pode ser que você precise conseguir uma gravação desta suíte orquestral. Mas se você ainda não a tem, deve fazê-lo. Em outros lugares deste livro nós mencionamos que muitos dos compositores modernos de trilhas de filmes parecem ter sido influenciados por esta composição. Talvez um motivo para sua influência é o fato de que Holst nos atravessa por diversos climas — ou formatos de esforços.

A entrada de cordas é sacudida, com uma pequena sugestão de chicoteada. Os metais entram com uma pontuada pesada, seguida de um soco. Alguns socos mais, depois mais pontuada, uma pequena chicoteada e torcida levando a outro soco, e estamos de volta à pontuada e soco. Mais pontuadas levando a um soco seguido pela pressionada quando a melodia se acalma. Aí ela acelera rumo a uma chicoteada e soco, e segura um pouco como uma torcida mais leve. A melodia principal que entra depois nas cordas baixas é pressionada. Esta melodia é (tudo junto agora!) pesada, direta, prolongada e controlada. Depois disso, voltamos a pontuada e sacudida até chegarmos ao soco novamente. Você pode ir a partir disso.

Perceba que mais de um formato de esforço pode acontecer ao mesmo tempo. As cordas podem tocar sacudidas e chicoteadas ou torcidas, enquanto os metais tocam uma melodia pressionada/pontuada.

Não se esqueça de ouvir "Neptune" para ouvir o contraste com o que você ouviu em "Jupiter". "Neptune" flutua bastante e tem alguma energia do deslizar, misturada com uma pequena torcida aqui e acolá.

Caso você queira ouvir uma composição com energias óbvias de chicoteada e soco, escute *O Rito da Primavera*, de Stravinsky.

Climas humanos são exprimidos por meio da linguagem corporal e os estilos de movimento são definidos pelos formatos de esforço. A música expressa os climas por meio de seus movimentos através do tempo e do espaço e através de seus ritmos e melodias. Os formatos de esforço codificam os movimentos e nos dão as ferramentas para traduzir movimentos físicos e humanos e linguagem corporal em música.

Quando começamos este capítulo, sugerimos que você observasse sua vida diária como um filme. E ao compor para um filme, é importante observarmos as relações entre estilos de movimentos, formatos culturais e socioeconômicos e a música que você compõe. Pode ser uma esticada perigosa usar sons e estilos contemporâneos para fazer a trilha de um filme, digamos, sobre a Inglaterra Elisabetiana.

Lembre-se de que você mesmo se move com uma certa combinação de peso, velocidade, objetividade e aí por diante. Esta combinação pode influenciar no que você gosta ou não, até mesmo em seu estilo de compor. Está tudo certo com isso, mas você não deveria ser limitado por sua própria combinação natural. Caso você queira ter um sucesso contínuo como compositor musical, vai ter de aprender a abraçar uma variedade mais ampla de estilos de movimentos (veja *The Planets*, de Holst). Caso você dê sorte, poderá se tornar mais bem-sucedido em virtude de suas limitações de estilo — só perceba que, caso faça isso, pode limitar o espectro da variedade que poderá trazer adiante.

## OS MODS PONTUAM E OS ROCKERS PRESSIONAM

Durante a década de 1960, durante o que os musicólogos contemporâneos gostam de chamar da "Primeira Invasão Britânica", a juventude Britânica formou duas culturas. Estas duas culturas jovens eram conhecidas como os *rockers* e os *mods*. Os rockers podiam gostar da música dos Rolling Stones ou The Animals, e os mods podiam preferir os Beatles ou Herman's Hermits. As culturas se chocavam na verdade era no interesse por música, roupas, uso de drogas e álcool preferidos até certo ponto e suas atitudes gerais. Existiam guerras ocasionais, como as de gangues entre os dois grupos, conforme retratado no filme clássico *Quadrophenia*. Até certo ponto, uma divisão semelhante existia entre os jovens das cidades grandes nos Estados Unidos (como os *Foamies* e os *Potsuckers* na Costa Leste na década de 1960).

É interessante se observar que a maioria da música que interessava aos mods possa ser classificada como pontuada/deslizante, mas os rockers preferiam aquela com pressão e soco. É claro, havia música que cruzava essas linhas divisórias, e outros formatos de esforços podem ser observados nas músicas curtidas por estes dois grupos, mas as implicações sociais desta divisão clara entre estes grupos sugerem que certos tipos de pessoas possam ser atraídos por certos tipos de movimento em sua música. Além disso, certos tipos de movimentos na música podem parecer se encaixar com certos tipos de moldes culturais.

Em 1967, os Rolling Stones, numa tentativa de fazer um álbum que falasse à influência psicodélica de bandas como os Beatles, gravaram *Their Satanic Majesties Request*. A maioria dos fãs rockers dos Rolling Stones não gostou do disco, mas ele atingiu a um outro público, por meio de uma tênue aceitação por muitos dos mods. As pessoas esperavam o rock and roll cheio de soco e pressão dos Stones e receberam música deslizante, flutuante e pontuada. Foi o disco de menos sucesso dos Rolling Stones, e tiveram que se redimir no disco seguinte.

# Exercícios

1. Escolha cinco de suas músicas preferidas e determine seus formatos de esforço.

   Quais formatos de esforços do Exercício 1 aparecem mais em suas seleções musicais ao vivo?

2. Vasculhe sua coleção musical em busca de formatos de esforço que estejam faltando em sua lista do Exercício 1.

3. Componha uma melodia de oito a dezesseis compassos usando cada um dos formatos de esforço que faltam no Exercício 2.

4. Caso você tenha já composto alguma música, determine os formatos de esforço que você usou.

5. Escolha quaisquer dois formatos de esforço e tente escrever uma transição de 16 compassos entre os dois.

6. Tente escrever uma introdução musical curta usando cada um dos oito formatos de esforço.

7. Faça a mesma coisa que no Exercício 6, mas escreva finais.

> **NESTE CAPÍTULO**
>
> Discutindo a importância da forma
>
> Começando uma música
>
> Experimentando no meio
>
> Terminando com resolução

Capítulo 12

# Inícios, Meios e Finais

O fato de que uma boa composição é como uma boa história, com começo, meio e fim, é fácil o bastante para ser contado numa canção com letra. Isso é especialmente verdadeiro na música folk, em especial nas baladas do estilo, que são na maioria das vezes compostas para contar uma história. Considere "Puff the Magic Dragon", de Peter, Paul and Mary, que, caso seja levada ao pé da letra, conta aos ouvintes sobre o relacionamento entre um garoto e seu dragão.

DICA

Esta propriedade narrativa da música é universal e extremamente importante na composição.

Mesmo canções instrumentais podem — e devem — contar uma história também. Numa canção instrumental, você tem um começo definido claramente, que prende sua atenção e estabelece o tom geral da canção, um meio que conta sua história e um final projetado para fechar a história e concluir na cadência. Isso pode soar simplista, mas é assim que a maioria da música é estruturada, seja ela uma sonata, uma balada folk ou um hino punk.

Muitas vezes, canções instrumentais são encaixadas em um poema ou um conjunto de letras. No fim, as palavras são simplesmente removidas pelo compositor com o objetivo de que o significado geral da letra seja ainda transmitido somente pela própria música. Muitos compositores clássicos compunham música desta maneira, incluindo Johannes Brahms e Ludwig van Beethoven. Brahms, na verdade, deixava as letras em muitas de suas composições, apenas para as tocar, na maior parte das vezes, de forma instrumental.

# Uma Palavra sobre Forma

Embora a ideia de compor dentro de uma *forma* possa parecer claustrofóbica e não criativa para alguns músicos ao examinar isso, é a tal forma quem amarra uma canção e impede que ela se torne um vagar musical. Resumindo, a forma é o começo, o meio e o fim. É um mapa a ser seguido ao tentar compor uma canção. Toda arte é composta a partir de forma, e a música não é exceção.

Por exemplo, se você quiser escrever um blues, é necessário que componha dentro das restrições da forma que o estilo requer. Mais uma vez, aqui é onde sentar com um instrumento e brincar com as progressões de acordes funciona maravilhosamente para a criatividade. Assoviar por alguns compassos de I-I-V-V/I é metade do trabalho na composição de um blues sólido. É assim que funciona com a música pop — existe uma fórmula convencional para isso, conhecida como a forma *Intro ABACBCB*, como você pode ver no Capítulo 13. Só de brincar em torno das restrições de uma forma pode lhe dar algumas ideias básicas ótimas de como você vai querer compor sua música.

Quando se está trabalhando com canções pop, mesmo as instrumentais como as tocadas por bandas como Tortoise e Trans Am, você trabalha para arranjar a canção sob alguma versão da forma pop, como (Intro ABACBCB) ou um ou outro dos padrões tradicionais da composição no gênero pop.

Muitas formas clássicas são, na verdade, várias formas musicais coladas, assim como sinfonias, rondós e sonatas. Nestas formas é quase como se você estivesse com várias músicas mais curtas e as colocasse numa grande canção. Em uma canção, lembre-se de que você pode até ter diferentes tempos e tons. Nestes tipos de música clássica, ter uma sequência de abertura marcante é ainda mais importante, porque o começo e o final são ainda mais responsáveis do que em outros tipos de música, por amarrar a música inteira, formando um todo coerente.

# Inícios

Imagine alguém indo ouvir de maneira cética um CD novo. Ele coloca o CD no player e aperta play. Em três segundos, já torceu o nariz e passou para a faixa seguinte. Cinco segundos depois, expira e passa para a faixa seguinte.

134   PARTE 3 **Harmonia e Estrutura**

Este cenário ilustra o quão crucial o começo de sua música é. Mas, mesmo antes do início, existe o título.

## O poder de batizar

Fale com qualquer banda punk — por exemplo, falamos com os caras do Dillinger 4 para este livro — e eles lhe dirão "tudo o que você precisa fazer é compor uma canção com um bom título." Muitas e muitas sessões de brainstoming com bandas de rock em geral são consumidas com discussões em busca do título perfeito para uma canção nova. Centenas de títulos podem ser lançados durante essas sessões, até que um título maravilhoso — como "Kim Gordon's Panties" (Steve Albini), "When I Win the Lottery", de Camper Van Beethoven ou teoricamente se Maurice Ravel fosse uma banda pop e não um compositor clássico, "Pavanne for a Dead Princess" — teria peso o bastante para se transformar numa canção.

Isso pode soar bobo, mas a ideia de criar o título para uma canção que não existe é dar o pontapé inicial na criatividade e levá-lo a escrever música, na verdade. Muitos compositores fazem a mesma coisa ao sentar-se para escrever um poema, crônica ou até um romance — eles criam um título para um projeto e sentam-se, tentando criar uma história, poema ou romance que funcione sob aquele título.

Uma vez que você tenha o título da canção, pare e comece a pensar no que ele lhe significa, como faz se sentir e, eventualmente, qual o tipo de música e letras que combinariam com esse título.

Por exemplo, caso você escute a frase "starry, starry night" (noite estrelada, estrelada), pensará em música alta, barulhenta e rápida — ou algo quieto, lento e sentimental? Muitas pessoas optariam pela última possibilidade. E a palavra "hoedown" (o nome de uma dança bastante agitada)? Algo espirituoso, dançante e possivelmente irônico seria o caso.

DICA

As palavras têm um poder incrível de trazer à tona uma panóplia de imagens, ao serem faladas ou lidas, e trabalhar com títulos é uma maneira rápida de o colocar no estado mental correto para se compor.

## Começando uma música

O começo de uma música deve fazer uma ou mais dessas coisas:

- » Estabelecer o clima da música
- » Introduzir uma ideia musical
- » Prender a atenção do ouvinte

Em muitos casos, a primeiríssima sequência de acordes ou notas é a parte mais importante da canção. A sua frase musical de abertura é como a frase de abertura de um bom livro ou de histórias, e você deve buscar sugar instantaneamente seu ouvinte para dentro da canção, com uma abertura memorável.

Pense em "Clair de Lune", de Debussy, a abertura de *Guilherme Tell*, de Gioachino Rossini (imortalizada no filme *A Laranja Mecânica*, de Stanley Kubrick e no programa de televisão *O Cavaleiro Solitário*) ou a Quinta Sinfonia, de Beethoven. Todas elas possuem introduções que todos no mundo Ocidental conhecem. E, embora seja extremamente raro para um músico ou compositor conseguir colocar algo com um impacto tão duradouro numa canção, é o que devemos buscar ao escrever música e letras.

## Progressões de acordes

Apenas brincar com progressões de acordes (ver o Capítulo 10) pode ser o bastante para construir a fundação básica da canção e perceber como é que você irá começá-la musicalmente, independentemente de qual gênero. Você pode começar muitas canções somente ao sentar-se com seu instrumento e tocar quatro ou cinco compassos de acordes I-V-I repetidas vezes, como C maior, G maior, C maior ou A maior, E maior, A maior.

Tente sentar e assoviar em cima dessas progressões de acordes por um tempo e ver se você consegue criar sua própria canção, ou ouvir a canção muito familiar de alguém surgir.

LEMBRE-SE

As maiores composições são muitas vezes surpreendentemente simples em sua estrutura.

# Meios

Já foi dito que as pessoas se lembram do começo e do fim de sua música, mas se esquecem completamente do meio. Apesar disso, é normalmente a maior parte de uma composição e merece atenção e desenvolvimento.

Assim como num trabalho de ficção escrita, o meio é onde você desenvolve os argumentos apresentados em seu início. Se você apresentar um problema nas letras, como em *Don Giovanni*, de Mozart, em que o personagem principal lamenta que está sempre "cumprindo tarefas, nunca livre... esta não é a vida para mim" (traduzida do italiano, para o prazer de sua leitura), então no meio da canção você revelaria ou descreveria os planos do personagem de viver uma vida completamente diferente — que, no caso de Don Giovanni, tem consequências desastrosas.

Em muitas das canções de Hank Williams, o meio é usado para descrever exatamente quanta agonia o personagem principal está sentindo, desenvolvendo a partir da ideia apresentada no começo da música. "Your Cheatin' Heart", "Ramblin' Man" e "Cold, Cold Heart" são apenas três das canções de Hank Williams que seguem este padrão exato. Aqui poderíamos especular facilmente que o Sr. Williams criou um título memorável, brincou com alguns acordes básicos e teve uma ideia para uma canção que combinasse com eles, e desenvolveu o meio da canção baseada na ideia de desenvolver a ideia de um "coração traidor" (cheatin' heart). Soa simples, não?

Na música clássica, a seção do meio serve como um contrabalanço do começo. O meio é onde você muda o tom e/ou tempo, definindo uma pausa nítida da seção de abertura de sua peça. Caso uma peça clássica tenha um início alto e forte, normalmente a seção do meio é mais quieta e tranquila para dar um contraste nítido em relação ao início. Considere a *Sinfonia dos Salmos*, de Igor Stravinsky. Ao mesmo tempo, se a música começar de forma lenta e simples, uma boa maneira de apresentar contraste então é — adivinhe? — ter uma parte no meio forte e complicada, como no Estudo em A menor, de Frederic Chopin (op.25, no.11).

LEMBRE-SE

Assim como ao se contar uma história — e basicamente qualquer tipo de narrativa, de contos de fada a filmes de Hollywood — o início estabelece uma situação base; o meio nos leva numa jornada para longe da história base, empregando mudança e aventura; e o final nos traz de volta a uma outra situação base, que normalmente é ao menos um pouco diferente do início.

# Finais

Mesmo os jingles de televisão têm começo, meio e fim. O fim de qualquer coisa deve ser uma conclusão satisfatória de uma peça. Musicalmente, você provavelmente irá querer que suas composições terminem em *cadência*, ou resolvendo o acorde I (como discutimos no Capítulo 10) apenas porque é um modo sonoramente satisfatório de acabar uma música. Em termos de letras, você quer tentar ou responder algumas das questões feitas em seu começo, resolver a situação (ou situações) desenvolvida(s) em seu meio até mesmo fazer o narrador da canção ou personagem principal desistir e ir para alguma outra situação. É como na literatura — no final da história, *algo* terá sido resolvido.

# FAZENDO SUA MÚSICA "RESPIRAR"

O início, meio e final de uma música devem todos ser vistos como suas seções, e estas devem ser vistas como compostas por frases musicais.

*Períodos* são pensamentos musicais completos, que também têm um início, meio e fim, e são o que molda a música. As frases normalmente são curtas, tendo de dois a oito compassos. Elas se combinam para formarem períodos, que geralmente terminam em cadências. *Cadências* dão um tipo de pausa musical na canção, dando a sensação de que a música está *respirando*, conforme a tensão aumenta e diminui entre pontos de cadência — falamos muito mais sobre a construção de frases musicais no Capítulo 7.

Ao ouvir música, caso você tenha dificuldade em dizer onde uma frase ou período começa e outro acaba, não se desespere. Música que contém somente períodos muito nítidos muitas vezes soa quadrada, simples e, francamente, chata. Logo, os compositores estão sempre em busca de maneiras de disfarçar os inícios ou finais dos períodos, para que um se integre ao outro suavemente e leve o ouvinte junto. Muitas vezes, uma parte da música (por exemplo, a melodia) vem ao fim de um período enquanto outra parte da música (por exemplo, o acompanhamento) já começou a parte seguinte. Esta é uma maneira de "embaçar" os períodos. As cadências podem ser consideradas como qualquer método de completar um pensamento musical e chegar a um momento de pausa antes da entrada de outro pensamento musical.

De um modo geral, o tamanho total de uma música depende da capacidade de manter a atenção do ouvinte durante a mesma. As composições envolvendo ideias relativamente simples devem ser de curta duração — você não pode repetir um tema ou motivo infinitamente e esperar que seu ouvinte permaneça acordado. As composições com muitas ideias complexas devem naturalmente ser mais longas e desenvolvidas para que o ouvinte fique satisfeito que a peça está completa.

# Exercícios

**1.** Crie uma afirmação simples, como Eu te amo, A vida é um mistério ou Este emprego é uma droga. Escreva uma melodia que caiba nelas.

**2.** Desenvolva sua ideia a partir do Exercício 1.

Por exemplo: caso você tenha escrito *Este emprego é uma droga*, pode escrever algo do tipo *A impressora não funcionou a semana toda*. Detalhe um pouco sua afirmação original e siga a partir daí. Musique essa nova ideia.

**3.** Escreva algo que contraste ou que saia levemente de seu tema original, assim como Eu espero que ainda tenhamos e-mail.

**4.** Escreva um final para os dois exercícios precedentes. Por exemplo, Eu mandei um memorando para meu chefe dizendo "Te vejo em Cancun". Musique esta ideia.

**5.** Escreva uma frase melódica curta, sem letra, com cerca de quatro compassos. Deixe o final em suspenso. Em outras palavras, não resolva voltando para o acorde I.

**6.** Escreva sua frase do exercício 4 novamente, mas desta vez, resolva o final com uma cadência.

Caso você queira, pode mudar algumas notas ou a direção do movimento melódico um pouco, mas certifique-se de que ela seja basicamente a mesma frase do Exercício 5.

**7.** Tente escrever uma frase musical complementar ou contrastante como uma saída do Exercício 6.

Por exemplo, talvez suba o acorde que está sustentando o trecho uma quarta acima.

**8.** Ache uma maneira de reforçar sua frase original como um final, resolvendo a música de volta ao acorde I no final.

**9.** Analise a forma de três de suas músicas preferidas, escrevendo as letras das partes (A, B, C e aí por diante) em uma folha de papel em branco, enquanto você escuta.

CAPÍTULO 12 **Inícios, Meios e Finais** 139

140    PARTE 3  **Harmonia e Estrutura**

**NESTE CAPÍTULO**

**Dividindo a música em partes**

**Observando algumas formas clássicas**

**Checando formas populares: blues, country e rock**

**Saindo rumo à música atonal**

# Capítulo 13
# Formas Musicais

Quando falamos sobre *forma musical*, estamos falando obviamente do modelo usado para criar um tipo específico de música. Por exemplo, caso você queira criar um minueto, existe um modelo muito específico que você precisa seguir para criar uma peça que outros músicos e ouvintes interpretariam como um *minueto*. Você pode escrever um blues e *chamá-lo* de "Minueto em B" ou "Minueto Triste" — mas não seria um minueto de verdade. Continuaria sendo blues.

Existem muitas formas musicais diferentes e cada uma é composta de partes diferentes que se juntam para definir o todo.

# Combinando Partes em Formas

A divisão de música em *partes* é conveniente quando sua composição, assim como a maioria delas, requerer a repetição de vários elementos similares. As partes diferentes normalmente compartilham um grande ponto de foco harmônico, linhas melódicas similares, estrutura rítmica e podem ter outras semelhanças. Partes podem ser ligadas ainda para criar *formas* musicais identificáveis (blues, rock e aí por diante).

A teoria musical convencional dá nomes alfabéticos às partes musicais dentro de uma composição: A, B, C e aí por diante. Caso uma parte seja repetida numa canção, a letra é repetida. Por exemplo, ABA é familiar na música clássica, com um tema de abertura (A) que leva a uma ponte ou refrão (B) e é repetida no final da peça (A novamente).

## Forma de uma parte: A

A *forma de uma parte* — diagramada como A ou AA ou AAA, dependendo da duração de uma canção — é a estrutura de canção mais primitiva, e chamada às vezes de forma *aria* ou *balada*. Em uma forma de uma parte, uma melodia é repetida somente com poucas leves variações (caso haja alguma) em cada verso sucessivo da volta para acomodar o ritmo da canção que muda, assim como em "Parabéns para Você" ou "The Hokey Pokey".

## Forma binária: AB

A forma *binária* consiste de duas seções contrastantes que funcionam como uma declaração e uma contradeclaração. Pode ser simples como AB, vide "My Country 'Tis of Thee". Pode ser um pouco mais expandido — AABB — como em "Greensleeves", com o segundo A sendo uma variação do primeiro A (confirme exibido na Figura 13-1).

**FIGURA 13-1:** "Greensleeves" tem a forma binária AABB.

## Forma de canção: ABA

A estrutura de *canção* frequentemente se baseia na forma ABA, também chamada de forma de três partes ou de forma ternária/terciária. Uma das maneiras mais simples de se escrever nesta forma é simplesmente variar e repetir a melodia, como em "Twinkle, Twinkle, Little Star" (Figura 13-2).

Utilizações mais complicadas da ABA aparecem em formas clássicas.

**FIGURA 13-2:** "Twinkle, Twinkle Little Star" tem forma de canção (ABA).

Veja se você consegue encontrar as seções A e B na Figura 13-2. Vá em frente, nós esperamos.

(Caso você tenha dito que os quatro primeiros compassos sejam a parte A, os quatro compassos da sequência forem a parte B e os últimos quatro compassos forem a parte A novamente, você estava certo. Caso contrário, você provavelmente deva recomeçar este capítulo.)

Outra variação da forma ABA é a forma AABA, que é usada no blues (mais sobre isso neste capítulo) e em canções populares, como "Over the Rainbow", com a seção B funcionando como a ponte ligando os dois trechos de A.

### Forma de arco: ABCBA

A música composta em forma de *arco* consiste em partes chamadas de A, B e C. Na forma de arco, o A, B e C são tocados sequencialmente — e depois, a seção B é tocada pela segunda vez, seguida pelo A para terminar a canção. Fica assim: ABCBA.

O compositor húngaro do século XX, Béla Bartók usou a forma de arco para muitas de suas composições, assim como em seu Concerto de Piano No.2 e Concerto de Violino No.2.

## Formas Clássicas

Antes do período da Renascença, a maioria da música Ocidental era composta por motivos religiosos ou para fazer as pessoas dançarem, e como as pessoas não queriam sempre aprender uma dança nova que combinasse com um novo estilo musical, o ritmo e as ideias por trás da música folclórica se mantiveram bastante constantes e sem alterações. O conceito de forma não era realmente reconhecido até o auge da era clássica — entre 1700 e 1850, aproximadamente — quando os compositores começaram ativamente a tentar criar outras formas de quebrar as convenções e impressionar a concorrência e plateias do mesmo jeito.

A música clássica é lotada de formas. Não temos espaço para estudarmos todas, mas aqui vamos observar algumas delas.

## Sonata

A *sonata* (também chamada de forma *sonata-allegro*) foi a forma mais popular usada pelos compositores instrumentais do meio dos anos 1700 até o início do século XX. A sonata é considerada como a primeira saída da música de Igreja que marcou os ouvidos da música Ocidental dos períodos Medieval ao Barroco. Ludwig van Beethoven e J.S. Bach são dois dos compositores mais populares a usar este formato, com Beethoven tendo escrito literalmente dúzias de peças musicais no estilo sonata.

As sonatas são baseadas na forma de canção, ou ABA. O primeiro A é a *exposição*, que apresenta o principal tema da canção, assim como os dois ou outros temas menores. Um bom exemplo de forma sonata é a Sonata de Piano No.14 em C sustenido menor de Beethoven, também conhecida como a "Sonata ao Luar" (Figura 13-3).

**FIGURA 13-3:** O início da "Sonata ao Luar" de Beethoven se dá por meio da parte A.

A segunda parte, ou parte B, de uma sonata é chamada de *desenvolvimento*. O desenvolvimento normalmente soa como se ele fizesse parte de uma peça musical totalmente diferente — costuma ser num outro tom e pode ter um tempo diferente do que a exposição (Figura 13-4).

**FIGURA 13-4:** O desenvolvimento da "Sonata ao Luar", de Beethoven, começa a parte B.

Observe o tom e tempo diferentes usados na parte B mostrados na Figura 13-4, comparados com a parte A na Figura 13-3.

A terceira parte da sonata, é claro, é o retorno ao tema ou temas explorados na primeira seção A. É a chamada *recapitulação*.

Assim como muitas formas musicais, a sonata tem suas raízes na linguagem — neste caso, o *soneto*. Num soneto, a primeira *quadra* (verso de quatro linhas) consiste em duas séries de pares que rimam (na música, poderia ser uma parte A), enquanto o segundo verso consiste de dois pares que rimam de forma completamente diferente (uma parte B). O terceiro verso retorna ao esquema de rimas da parte A, a quarta segue o esquema de rimas da seção B e aí por diante. Shakespeare, obviamente, era/é o rei dos sonetos.

## Rondó

Num rondó, a ideia de conectar partes musicais de sonoridades completamente diferentes é levada ainda mais longe do que na sonata. A fórmula para um rondó é ABACA para o rondó de cinco partes e ABACADA para o rondó de sete partes — os dois principais tipos de rondó. Isso significa, é claro, que a seção A, às vezes chamada de *refrão*, é a única coisa que realmente amarra essa peça musical, e as partes B, C e D (às vezes chamadas de *episódios*) podem ser em quase qualquer tom ou tempo que você quiser. Mozart era um belo exemplo de um compositor que utilizava o rondó, assim como no movimento final de sua Sonata em A maior, a seção *Ronda alla Turca*.

O rondó também tem suas raízes na poesia. Na França do século XIII, o *rondeau* era uma forma incrivelmente popular de poesia de rua e era frequentemente musicada. Num *rondeau*, cada nova instância tem um esquema de rimas, estrutura rítmica e até duração da instância completamente diferente daquela que veio anteriormente, com a exceção do esquema de rima de abertura (A) que retorna no começo de cada nova instância.

## Concerto

Num *concerto*, um compositor explora contrastes — entre ter um grande grupo de músicos tocando uma seção de música e depois ter um solista ou um grupo bem menor representando a mesma seção de música ou algo bastante similar. É com esse tipo de arranjo que nós temos nossos superstars da música clássica, como o pianista Lang Lang e os violinistas Itzhak Perlman e Alban Berg. Os solistas muitas vezes são tão importantes quanto os compositores mortos há muitos anos.

## Sinfonia

Uma *sinfonia* é uma mistura de várias formas musicais e é sempre tocada com uma orquestra. Existem tradicionalmente quatro movimentos numa sinfonia:

- » Sonata Allegro
- » Movimento mais lento
- » Minueto ou scherzo
- » Combinação de sonata e rondó, uma repetição temática do primeiro movimento

Esta é apenas uma configuração somente. A ideia real por trás de uma sinfonia é que ela combine várias formas musicais diferentes em uma peça musical de forma harmônica. A Quinta Sinfonia de Beethoven talvez seja a sinfonia mais reconhecida universalmente de todos os tempos.

## Fuga

A *fuga* foi a primeira forma musical a usar completamente a mão esquerda do pianista. Nesta forma, a clave de sol e a clave de fá se revezam ao representar a linha melódica da música. Bach, que era canhoto, utilizou bastante a técnica do *contraponto*, que levou ao desenvolvimento da fuga.

## Divertimento

*Divertimento* é uma forma curta e leve de música de câmara instrumental, tendo vários movimentos curtos. Como seu nome implica, os compositores escreveram peças neste estilo principalmente pelo valor de entretenimento.

## Minimalismo

A música *minimalista* é uma forma musical moderna marcada pela simplificação extrema de ritmos, padrões e harmonias, repetições cordais ou melódicas prolongadas e frequentemente soando como um transe. A música minimalista pode ser diagramada da forma AAAAA..., em que cada novo A é apenas levemente diferente do anterior. Philip Glass é um dois compositores mais bem conhecidos que usam a forma minimalista.

## Integralmente composta

A música integralmente composta é uma estrutura de canção que apresenta material novo em cada seção da composição, sem repetição de temas. Cada verso de uma composição deste tipo tem sua própria melodia, que pode ser num tom diferente ou até mesmo em outro tom. Os compositores clássicos da escola integralmente composta incluem Nicholae Breatan e Schubert, enquanto exemplos mais modernos podem ser encontrados em óperas de Andrew Lloyd Webber e na música de Tenacious D.

# Formas Populares

Discutir *formas* ao se falar de música popular é complicado, porque simplesmente quando consideramos que a música popular só existe há cerca de 100 anos, com as inovações de estilo mais recentes no rock tendo apenas 20. Assim como uma lei deve ser primeiramente introduzida como um projeto, e a maioria deles nunca se torna uma, toda forma começa como um *gênero*. Geralmente, uma quantidade significativa de tempo tem de passar para que vejamos se um gênero terá o poder ou influência significativa o bastante para que surja uma verdadeira forma.

Pode haver alguma discussão se o blues, country ou rock são formas ou gêneros. Nós damos a todos o benefício da dúvida e dizemos que, para nossos objetivos no livro, são formas.

## Blues

O blues é uma das primeiras formas de música originais Americanas, combinando elementos do que era vociferado nos campos, gospel e percussão Africana. O blues é escrito em forma de canção (ternária/terciária) e segue como um padrão AABA de acordes I, IV e V em uma determinada escala, com a parte B servindo como a ponte.

LEMBRE-SE

Todo o blues se desdobra entre os acordes I/i, IV/iv e V/v.

### Blues de 12 compassos

O tipo de blues mais comum é o de 12 compassos, que é normalmente construído da seguinte maneira:

| I  | I  | I | I              |
|----|----|---|----------------|
| IV | IV | I | I              |
| V  | IV | I | V/I (turnaround) |

O *turnaround* é a parte da canção em que você ou a termina no acorde I ou toca o acorde V em vez disso e volta para o início dela para outra estrofe.

Caso você estiver tocando o blues de 12 compassos num tom menor, poderia escrevê-lo da seguinte forma:

| i  | IV | i | v              |
|----|----|---|----------------|
| IV | IV | i | VI             |
| ii | v  | i | v/i (turnaround) |

Outra maneira que você poderia usar para escrever o blues de 12 compassos num tom menor é a seguinte:

| | | | |
|---|---|---|---|
| i | i | i | i |
| iv | iv | i | i |
| V | iv | i | V/i |

## Blues de 8 compassos

O blues de 8 compassos é bastante parecido com o de 12 compassos — ele só tem estrofes mais curtas. A seguir, uma das possíveis construções do blues de 8 compassos:

| | | | |
|---|---|---|---|
| I | IV | I | VI |
| ii | V | I | V/I (turnaround) |

## Blues de 16 compassos

O blues de 16 compassos — que é, obviamente, 4 compassos mais longo do que o de 12 compassos — segue os padrões de acordes do blues de 12 compassos, com o nono e décimo compassos repetidos frequentemente três vezes, desta forma:

| | | | |
|---|---|---|---|
| I | I | I | I |
| IV | IV | I | I |
| V | IV | V | IV |
| V | IV | I | V/I (turnaround) |

## Blues de 24 compassos

A progressão de blues de 24 compassos é bem similar à forma de 12 compassos, exceto que o tempo que cada progressão de acorde tocada é dobrado, da seguinte maneira:

| | | | |
|---|---|---|---|
| I | I | I | I |
| I | I | I | I |
| IV | IV | IV | IV |
| I | I | I | I |
| V | V | IV | IV |
| I | I | I | V/I (turnaround) |

CAPÍTULO 13 **Formas Musicais** 149

# Blues de 32 compassos e country

O blues de 32 compassos é o link direto entre o blues, o rock e o jazz. Este tipo de blues tem a estrutura AABA que foi adotada na sequência pelas bandas de rock na década de 1960 (ver na próxima seção).

Embora esta forma não tenha funcionado tão bem para o blues quanto para as formas mais curtas, simplesmente pelo fato de não casar tanto com o tipo de lirismo no qual ele foi construído (pergunta e resposta), funcionou muito bem para a música country dos primórdios. Hank Williams usou essa forma em músicas como "Your Cheatin' Heart" e Freddy Fender a usou em "Wasted Days and Wasted Nights". Adiante, esta forma foi popularizada pelos músicos do mainstream e pode ser ouvida em canções como "Frosty and the Snowman".

# Rock

Na década de 1960, os Beach Boys usaram a forma do blues de 32 compassos para canções como "Good Vibrations" e "Surfer Girl" (AABA). O Led Zeppelin a usou em "Whole Lotta Love".

## AABA Composta

Outras bandas pegaram o blues de 32 compassos e o transformaram na forma de *blues de 32 compassos compcsta*, ou forma *AABA composta* — parece o nome de algo para remover verrugas, mas não é. Na forma AABA composta, depois de você tocar os primeiros 32 compassos, vai para uma segunda ponte e depois repete os 32 primeiros compassos novamente. "Every Breath You Take", do The Police e "More Than a Feeling", do Boston são dois exemplos que seguem este padrão.

## Estrofe Refrão

Hoje em dia, a forma usada mais amplamente na música pop é a forma de estrofe refrão. As canções pop de estrofe refrão são construídas da seguinte forma: Intro ABACBCB.

>> **Introdução:** Ela é normalmente instrumental e estabelece o clima da canção. Pode ser um trecho curto falado, como em "Let's Go Crazy", do Prince.

>> **A (estrofe):** Começa a história da canção.

>> **B (refrão):** O *gancho* da canção, em termos de letra e música. Deve ser a parte mais memorável dela, como um hino. Normalmente é o título da música também.

>> **A (estrofe):** Parte dois da história.

150    PARTE 3 **Harmonia e Estrutura**

> **B (refrão):** Reforçando o gancho por meio da repetição. Esta é uma razão pela qual ele é tão memorável.

> **C (ponte):** A ponte pode ser instrumental ou cantada e tem uma sonoridade diferente das estrofes e refrão.

> **B (refrão final):** Repita o refrão até o fade ou pare no acorde I (cadência) depois de uma vez inteira.

DICA

Da próxima vez em que você estiver com o rádio ligado, veja quantas canções pop seguem esta fórmula exata. Talvez a coisa mais incrível que você vai descobrir não é que tantas músicas são construídas exatamente da mesma maneira, mas o quão diferentes elas soam umas das outras, *apesar de* serem construídas de forma igual.

Até aqui, nós analisamos a maioria das formas maiores da música Ocidental. Mas, além das escalas e modos familiares — além do mundo do dó, ré, mi — existe um outro planeta de possibilidades. Fora dos limites dos tons e de todas as outras convenções da música tonal (tradicional) existe um vasto universo, limitado somente pelas restrições de tempo, imaginação, técnica e dos doze semitons, ou meio tons, nos quais a oitava Ocidental é dividida. É um universo recheado de acidentes e experimentações, absurdos e sutilezas, algumas coisas que funcionam — e outras que não.

# Jazz

O real espírito do jazz sempre foi a improvisação, o que torna difícil chamá-lo de "forma". O objetivo no jazz é de criar uma nova interpretação de uma peça conhecida (chamada de standard) — ou construir a partir de uma destas músicas mudando sua melodia, harmonias ou até o tempo.

A coisa mais próxima de definir a forma de jazz é pegar a ideia básica por trás das vocalizações de blues — os vocais pergunta e resposta — e substituir as vozes com os vários instrumentos que formam o cânone do jazz: metais, sopros, instrumentos percussivos e baixos. No Dixieland jazz, por exemplo, os músicos se revezam tocando a melodia principal em seus instrumentos, enquanto os ouros improvisam contramelodias.

O único elemento previsível de uma canção no jazz — com a exceção do free jazz — é o ritmo. Todo o jazz, com exceção do free jazz, usa a métrica regular e clara e ritmos de pulso forte que podem ser ouvidos por meio da música.

# Música Atonal

Para o ouvinte ainda não iniciado, a música *atonal* pode soar como barulho caótico e aleatório. No entanto, uma vez que você perceber a quantidade de conhecimento, habilidade e experiência técnica que é necessária para a compor ou tocar, você pode "mudar o disco", digamos.

Na verdade, bem pouca música é de natureza completamente tonal e a maioria da música atonal chega e sai da tonalidade às vezes, durante seu curso. A *atonalidade* é uma condição musical em que sua construção não vive dentro dos limites de um determinado tom ou escala (fora a escala cromática). Não são empregados modos específicos.

Quando se fala de música atonal, o instrutor de composição Mike Bogke gosta de, brincando, chamar os "88 modos da escala cromática". Seria difícil chamar a maior parte da música atonal de "maior" ou "menor". Estes termos se aplicam ao reino da tonalidade.

Na música tonal, uma nota funciona como um tipo de centro de gravidade e as outras pertencentes à escala cromática são "atraídas" a ela em graus variantes de força. Não é bem assim em se tratando de música atonal. Não existe gravidade. Você pode usar qualquer um dos doze tons na escala cromática de qualquer maneira que quiser. Mas como é que você consegue compreender uma forma com essa quantidade toda de liberdade?

## Atonalidade e forma

Em 1908, o pianista Arnold Schoenberg tornou-se o primeiro compositor conhecido a escrever uma composição puramente atonal. "*Du lehnest wider eine Silberweide*" ("Você pode se debruçar contra um salgueiro prateado") foi a décima terceira canção em sua coleção musical chamada *Das Buch der Hängenden Gärten* (*O Livro dos Jardins Suspensos*), op.15. Foi durante esse período que ele primeiramente definiu um sistema de composição de 12 tons, que substituía a tonalidade como uma ferramenta organizacional. A atonalidade é um dos movimentos mais importantes na música do século XX.

Neste sistema de 12 tons, Schoenberg acreditava que nenhum deles deveria ser mais importante do que outro numa composição musical. Todos eles deveriam ser introduzidos em uma ordem escolhida pelo compositor. Através da composição, estes mesmos tons são recorrentes na mesma ordem em acordes ou notas. Nenhum pode aparecer de novo antes dos onze outros na série terem recorrido.

Foram aceitas algumas modificações a esta regra. Por exemplo, você poderia subir todos os tons para cima ou para baixo, por meio de um determinado intervalo, retendo o relacionamento de intervalo da série original. Você poderia até ir ao contrário (retrógrado).

Este foi também o princípio da música *serial*, ou do *serialismo*, um tipo de composição musical baseada numa sequência particular de notas, ritmos, dinâmicas ou quaisquer outros elementos musicais que sejam repetidos infinitamente dentro da composição.

Você não tem de usar o sistema de 12 notas de Schoenberg para compor música atonal nem para escrever música serial, mas pode ser útil ter algum formato além do centro tonal para o ajudar.

## A realidade dos instrumentos e atonalidade

Uma boa ideia na composição de uma música é escrever para um instrumento ou instrumentos sobre os quais você tenha um grande conhecimento técnico — é muito mais fácil escrever para um violino caso saiba o que o instrumento é capaz de fazer.

Ao compor música tonal, a melodia e o centro tonal são as âncoras. A música atonal pode trazer a tona o virtuosismo de um músico fantástico *caso* ele saiba as possibilidades e limitações de seu instrumento. Certos saltos de intervalos, duração de frases, velocidade de articulação e amplitude e expressão musical são possíveis em um instrumento e impossíveis em outro. Um violoncelista pode tocar uma longa frase ligada por inúmeros compassos sem pausa; um trombonista precisa respirar aqui e ali. O trombonista pode dar expressão por meio de força e dinâmica; o violoncelista faz isso por meio de variações das técnicas do arco.

Por mais estranho que pareça, o *timbre* dos instrumentos provavelmente é algo mais importante a ser considerado ao se escrever música atonal. A música atonal não dá ao ouvinte um caminho fácil por meio de uma série de expectativas confortáveis. Cada nova nota pode ser uma nova declaração, desenvolvimento ou resolução. Caso você queira curtir a música atonal, terá de prestar atenção total. Não é algo que funcione como música ambiente. Você nunca vai ouvir música atonal num elevador ou no supermercado.

Caso seja cuidadoso em relação a qual música você espera, de quais instrumentos, em sua composição, poderá escrever atonalmente, usando o improviso como sua fonte de composição. Você pode gravar seus improvisos e depois transcrevê-los, ou, melhor ainda, tocá-los num programa de sequenciamento, como o Logic Pro ou Finale e deixar com que ele gere uma partitura (veja o Capítulo 2 para saber mais). Desta forma, você pode preservar algumas de suas faíscas espontâneas de intuição, mas limpa a bagunça antes de imprimir tudo. Ao improvisar atonalmente, lembre-se de respeitar a natureza do instrumento em particular que você imagina que interpretará a parte na sequência. É claro que você poderia testar os sons de diversas escolhas de instrumentos mais tarde, caso use algum destes programas de sequenciamento MIDI. O que pode não funcionar na guitarra, de repente acaba sendo uma ótima parte de clarinete.

# Música atonal e você

Você pode usar muitas das ferramentas de composição que funcionem em sua música tonal, enquanto trabalha atonalmente. Pode se começar com algumas notas estruturais, depois colocar algumas notas de passagem e aí por diante. Você pode decidir se quer que sua melodia suba ou desça. Também pode escolher o movimento melódico em termos de tons ou saltos. Suas notas podem ser preenchidas ao redor de frases rítmicas. Suas ideias melódicas podem ser extraídas a partir da linguagem e da natureza — afinal, a maioria dos sons no mundo a nosso redor são atonais.

Que tal transformar uma melodia tonal numa joia atonal? Para ilustrar isso, a Figura 13-5 mostra "Mary Had a Little Lamb" com algumas mudanças que a tornam atonal.

**FIGURA 13-5:**
O carneirinho da Mary era louco e perturbado.

Daqui em diante, você pode expandir a peça se fazendo algumas perguntas: Como o acompanhamento disso soaria? Os acordes existem na terra da música atonal? É claro que existem. Lembre-se de que um acorde é apenas uma combinação de notas tocadas junto.

PAPO DE ESPECIALISTA

Às vezes, descobrir como chamar um determinado acorde pode ser um desafio, ao se trabalhar no reino atonal, pois muitas vezes uma única combinação de notas tocadas juntas podem ter mais de um nome de acorde possível. Por exemplo, existem somente três combinações separadas de quatro notas necessárias para se formar todos os doze acordes diminutos. As notas de um acorde C diminuto são as mesmas notas de um acorde E bemol (D sustenido), F sustenido (G bemol) e A diminuto. Elas são apenas inversões diferentes (Figura 13-6).

**FIGURA 13-6:**
As notas compartilhadas no acordes C, E bemol, F sustenido e A, diminutos — as mesmas notas, inversões diferentes.

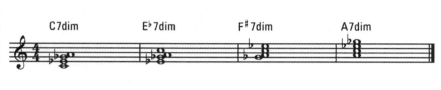

154 PARTE 3 **Harmonia e Estrutura**

Caso você precise anotar tabelas de acordes para composições atonais, deve tentar determinar se está na vizinhança de algum movimento tonal que possa sugerir como chamar o acorde. Lembre-se de que música puramente atonal é rara e frequentemente resolve de forma tonal em determinados momentos. Você poderia usar também a nota mais baixa sendo tocada em determinado momento (caso haja uma) como a raiz que batizará seu acorde. Ou, pode determinar qual nome de acorde faz mais sentido em termos de movimento entre o acorde anterior e o acorde seguinte àquele em questão. Você pode também apenas escolher o que parecer ser o mais simples dos nomes para ele. Isso é especialmente útil quando se está escrevendo mapas de acordes para guitarristas, pois eles raramente conseguem tocar todas as notas dentro de um acorde complexo de qualquer maneira, e terminam tocando somente uma parte destes acordes que possam ter nomes mais simples.

## Ouvindo a atonalidade

Alguns compositores conseguem ouvir melodias atonais em suas cabeças tão facilmente quanto escutam as tonais. Este tipo de imaginação musical é meio rara, mas caso você a tenha, ótimo! Não tenha medo de a registrar. Você pode gravá-la, escrevê-la, guardá-la num pote. Caso você ache que ela soe bem e que você possa comunicá-la para que outros possam ouvi-la, pode ter seu lugar no mundo — independentemente do quão estranha possa soar para seus parentes.

Para ouvir música atonal, sugerimos que você escute quaisquer dos quartetos de cordas do Béla Bartók ou a Sinfonia No.4, de Charles Ives. Estas peças têm momentos tonais, bitonais e atonais nelas.

Não tenha medo de experimentar um pouco de atonalidade em suas composições tonais para colocar um pouco de tempero na mistura.

# Exercícios

1. Crie uma linha melódica curta e experimente escrever uma canção com forma de uma parte. Repita sua parte A três vezes e modifique cada novo verso só um pouquinho.

2. Pegue uma linha melódica diferente que você compôs em algum outro capítulo e chame-a de B. Tente escrever uma canção de forma binária (ABAB) usando sua estrofe A do exercício anterior e esta nova estrofe B.

3. Encontre mais uma linha melódica de uma parte anterior do livro ou componha uma nova, e chame-a de C. Escreva uma composição em forma de arco com suas estrofes A, B e C (ABCBA).

**4.** Escreva uma canção curta, um blues de 8 compassos seguindo o mapa da progressão de acordes acima. Agora expanda estes 8 compassos para 12.

Que tal 16? Dê um título a ela e veja se você consegue criar letras.

**5.** Faça algo atonal.

Veja se você consegue escrever variações atonais de algumas melodias conhecidas, como "Old McDonald", "Yankee Doodle" ou "Noite Feliz".

**6.** Use acordes de forma atonal.

Desenvolva o Exercício 1 co ocando acordes.

**7.** Fique aleatório.

Tente escrever notas aleatórias baseadas num padrão rítmico. Use acidentes.

**8.** Use imagens.

Escreva notas aleatórias baseadas no horizonte de uma cidade ou numa paisagem. Use acidentes.

**9.** Seja abrangente.

Escreva uma melodia usando todos os doze semitons, sem repetir nenhum deles.

**10.** Varie.

Escreva uma melodia diferente com as notas na mesma série que usou no exercício 9.

# 4

# Orquestração e Arranjo

## NESTA PARTE . . .

Nós discutimos algumas das técnicas usadas por compositores para colorir uma música, incluindo o uso de múltiplos instrumentos e contraponto. Também dividimos com você informações sobre como adentrar o mundo da composição de música comercial, escrever música eletrônica e experimental e algumas dicas sobre como escrever ótimas canções com letras.

## NESTE CAPÍTULO

**Discutindo transposição**

**Explorando os alcances dos instrumentos transpositores**

**Checando os alcances dos instrumentos não transpositores**

**Fazendo com que os instrumentos produzam o som que você deseja**

# Capítulo 14
# Compondo para a Orquestra Padrão

Não seria ótimo ter uma banda ao vivo inteira à mão, a todos os momentos, para que pudesse tocar suas partes na composição enquanto você a escreve? Bem, muito provavelmente isso não acontecerá. Na maioria das vezes (caso não seja em todas) em que a inspiração vier, você estará completamente sozinho e terá de descobrir desta maneira quais partes de sua composição os violinos ou metais devam tocar ou se deverá limitar sua composição a apenas um ou dois instrumentos.

Músicos que trabalham com sintetizadores e MIDI como suas principais ferramentas de composição podem facilmente cair na armadilha de acreditar que o que estão tocando no teclado é facilmente reproduzível em instrumentos reais, ou com os vocais de um cantor de verdade. Você precisa levar em conta tudo isso ao escrever para múltiplos instrumentos reais e seus músicos — assim como dar tempo para os músicos do naipe de metais respirarem entre as frases, pensar na velocidade das mãos do guitarrista ou baixista, o alcance da voz de um cantor — e se você não levar estes fatores em conta, vai terminar com um grupo muito frustrado de músicos.

# Afinação de Concerto e Transposição

Existe um motivo pelo qual o piano é uma ferramenta de composição tão amada. Não só suas 88 teclas contêm virtualmente todas as notas de que você precisará para criar uma base sólida de uma peça orquestral completa, mas o piano inteiro é afinado no que é chamado de afinação de concerto. *Afinação de concerto* significa simplesmente que, quando você toca um C nele, está na verdade tocando um C. Caso você queira segurar um afinador de guitarra perto do piano quando toca a tecla, ele lerá um C. Fim. De acordo com os padrões correntes, o C do meio (C4) do piano é um tom que vibra em 261.63 Hz. A4, o A acima do C do meio, marca 440 Hz.

No entanto, se você fosse tocar um C ou D no que é chamado de *instrumento transpositor*, ouviria uma nota totalmente diferente, e é aí que as coisas poderiam ficar confusas. Por exemplo, se você fosse tocar um clarinete em B bemol e a nota na partitura fosse notada um C, estaria na verdade tocando um B bemol. Caso você fosse tocar um C escrito num sax-alto em E bemol, tocaria na verdade um E bemol.

A resposta fácil de por que os instrumentos transpositores são como são tem tanto a ver com a conveniência dos músicos quanto com a tradição histórica. A maioria dos instrumentos é pequena demais para conter as 88 notas de um piano, então a maioria dos quais você lidará como compositor terá apenas uma fração dos tons do piano disponíveis para uso. Os metais e instrumentos de sopro são construídos de forma que, ao apertar ou soltar determinadas válvulas sequenciais, o músico ou sobe ou desce para a nota seguinte da escala. A escala é lida como a escala de C quando o músico está tocando sozinho, mesmo se o instrumento estiver afinado na verdade em B bemol, E bemol ou qualquer outra escala.

Todos os instrumentos da família dos metais ou sopros são projetados desta maneira e, por causa disso, um clarinetista pode teoricamente pegar um saxofone pela primeira vez e, caso consiga soprar forte o bastante para fazer a transição funcionar, logo tocar uma canção que for familiar no clarinete. O mesmo músico pode pegar um oboé, flugelhorn ou qualquer outro instrumento de metal ou sopro e fazer uma transição tão fácil. Dependendo do instrumento, podem haver um ou dois botões a mais ou menos no corpo do instrumento, mas as notas principais — A, B, C, D, E, F e G — estarão lá.

No passado, os projetistas de instrumentos tinham duas opções: criar uma série de instrumentos com o mesmo formato e som afinados no mesmo tom, mas com digitações diferentes, ou criar a mesma série com afinações diferentes, mas mantendo o mesmo arranjo de digitação. Quando você considera a física básica da questão, pode ver que não tem como um clarinete ter o mesmo padrão de válvulas de um oboé e soar igual, simplesmente porque um é muito menor do que o outro. Assim, o instrumento menor naturalmente tem uma afinação mais alta que o outro. É a diferença entre o som de tom alto que vem do ar sendo

160    PARTE 4 **Orquestração e Arranjo**

forçado através de uma mangueira curta e o som de afinação mais baixa que é produzido por uma mangueira maior.

Quando um solista em um destes instrumentos toca sozinho, não existem muitos conflitos de afinação para se preocupar. No entanto, quando você tem dois ou mais tipos de metais no mesmo espaço, as diferenças nas afinações estabelecidas nos instrumentos se tornam bem óbvias. A fim de tocarem juntos, cada músico tem de *transpor*, ou partir para um tom diferente, para cima ou para baixo nos tons necessários, para que todos os instrumentos no espaço toquem o mesmo C.

No passado, quando papel pautado e especialmente partituras eram caros, os membros de um grupo trabalhavam todos a partir do mesmo material, e os músicos individualmente tinham de fazer suas transposições necessárias em suas cabeças. Hoje em dia, no entanto, a maioria das partituras para orquestras é feita sob medida para representar as partes que cada músico vai tocar. O fardo da transposição agora é carregado somente pelo compositor/arranjador que escreve partes individuais para cada músico/instrumento no tom e afinação correspondentes.

# Alcance de Tons dos Instrumentos Transpositores

Nesta parte, discutimos alguns dos instrumentos transpositores usados de maneira mais comum e como podemos lançar mão deles em nossas composições. Existem instrumentos muito, muito mais obscuros e personalizados por aí que se encaixam nesta categoria transpositora também, mas vamos nos prender somente àqueles com os quais você provavelmente trabalhará.

Muitos teclados eletrônicos modernos levam em consideração o alcance dos tons do instrumento natural. Como mencionamos, nem todos os instrumentos conseguem tocar todas as notas disponíveis num teclado de 88 notas, ou até mesmo as de seu teclado menor, de 49 notas. Isto não foi levado em consideração nos primeiros samplers e teclados MIDI. Logo, o músico que compunha no sintetizador foi apresentado ao conceito de ter um piccolo soando quatro oitavas mais baixo do que o possível, ou tímpanos soando sete oitavas mais altos do que o disponível no instrumento real. Essas possibilidades são excitantes caso você esteja planejando compor somente para sintetizador, mas se pensar em usar os instrumentos reais em algum ponto, é preciso ser familiarizado com o alcance físico dele.

Além disso, você não pode se esquecer das capacidades físicas dos músicos com quem trabalha. "Fats" Waller pode ter sido capaz de tocar um acorde de uma oitava e meia de alcance regularmente, mas a maioria dos pianistas precisaria

CAPÍTULO 14 **Compondo para a Orquestra Padrão** 161

de duas mãos para fazer o que ele facilmente tocaria com uma. Maynard Ferguson pode ter sido capaz de tocar aquelas notas de registro mais altas e fazer com que soassem fáceis, mas um trompetista normal provavelmente romperia seu lábio superior tentando replicar sua técnica.

Os instrumentos transpositores são aqueles para os quais você terá de pensar mais nas partes ao escrever música, então comecemos por eles. Mas, primeiramente, uma palavra sobre notação. A primeira nota encontrada à extrema esquerda de um teclado de 88 notas é chamada de A0, o C acima dele é o C1, enquanto o C do meio — encontrado três oitavas acima — é chamado de C4. Isso significa que é o quarto C ao subir no teclado. O G abaixo do C do meio é chamado de G3. A nota mais alta do teclado é o C8. Nós usamos essas notações além de ilustrações para discutir o alcance dos tons dos instrumentos neste capítulo. (Alguns fabricantes numeram as oitavas um número abaixo, então o A mais baixo é o A1, o C do meio é o C3 etc.)

# Flauta alto

Esta é a única flauta que é um instrumento transpositor. Embora todas as outras flautas estejam na *afinação de concerto,* ou no tom de C, a flauta alto é afinada num G natural. Isso significa que, a fim de compor música para a flauta alto, é necessário que seja transposto um quarto acima da afinação de concerto. Para ouvir um C de concerto, por exemplo, seu flautista vai ter que ver um F em sua partitura.

O motivo pelo qual as pessoas escolhem uma flauta alto para começar é parcialmente porque ela é um instrumento um pouco mais tranquilo, podendo tocar notas muito mais baixas do que a flauta de concerto e, em parte, porque seu formato muito legal é irresistível aos conhecedores de instrumentos — flautas alto (e flautas baixo) são aquelas cujo final parece ter sido torcido pelo Super-homem.

Os tons das flautas são de caráter doce e se misturam bem com outros instrumentos. O timbre da flauta (a qualidade distinta de seu som), afinação e ataques (o quão rápido um instrumento soa depois de ser tocada uma tecla, corda ou coisa que o valha) são flexíveis, permitindo um grau muito alto de controle de expressão instantâneo. Isso também torna a flauta uma grande "voz principal" num grupo, pois é capaz de seguir as linhas principais que você escreve, de forma rápida e distinta.

O alcance da flauta alto é G4 (o G abaixo do C médio) até o C 7.

| Para ouvir | Escrever |
| --- | --- |
| C | F |
| C♯/D♭ | F♯/G♭ |
| D | G |

| | |
|---|---|
| D♯/E♭ | G♯/A♭ |
| E | A |
| F | A♯/B♭ |
| F♯/G♭ | B |
| G | C |
| G♯/A♭ | C♯/D♭ |
| A | D |
| A♯/B♭ | D♯/E♭ |
| B | E |

# Trompete em B bemol

Quando você está compondo partes para um trompete em B bemol, precisa transpor a música um tom inteiro em relação à afinação de concerto. Então, se o compositor quiser que o trompete toque um C real na afinação de concerto, ele tem de escrever a parte do trompetista como D. Isso é verdadeiro para todos os instrumentos transpositores em B bemol. É só lembrar-se de escrever um tom acima do que gostaria de ouvir. Mas, para referência fácil, observe a seguinte tabela:

| *Para ouvir* | *Escrever* |
|---|---|
| C | D |
| C♯/D♭ | D♯/E♭ |
| D | E |
| D♯/E♭ | F |
| E | F♯/G♭ |
| F | G |
| F♯/G♭ | G♯/A♭ |
| G | A |
| G♯/A♭ | A♯/B♭ |
| A | B |
| A♯/B♭ | C |
| B | C♯/D♭ |

CAPÍTULO 14 **Compondo para a Orquestra Padrão** 163

A região prática e confortável para a maioria dos trompetistas em B bemol tocarem é entre o B♭ abaixo do C médio e o D duas oitavas acima dele, conforme visto na Figura 14-1.

**FIGURA 14-1:** O alcance do trompete em B bemol, transposto para a afinação de concerto.

Como você pode ver na Figura 14-1, existem outras notas certamente que estão disponíveis para o músico que toca o trompete em B♭ usar acima e abaixo do alcance mais eficaz, mas a não ser que esteja muito familiarizado com as capacidades dos músicos que você vai usar para tocar suas composições, para a maioria dos trompetistas é melhor se ater à região que funciona melhor. O alcance escrito para o trompete em B♭ é de F#3 até E6.

O trompete em B♭ é um instrumento alto em termos de volume e notas, ótimo para tocar linhas melódicas rápidas, o que o torna um favorito como instrumento solo em um grupo. Ele é o instrumento "mais metálico" dentre os metais.

## Clarinete em B bemol

O clarinete talvez seja um dos instrumentos mais mal entendidos e mal utilizados de uma orquestra. Muita gente começa no clarinete na orquestra da escola e larga-o o mais rápido possível, simplesmente porque não tem ideia do potencial do instrumento. Embora muitas outras culturas musicais tenham abraçado o instrumento como ponto focal de suas orquestras — especialmente klezmer e a música folclórica Búlgara — a maioria das pessoas no mundo Ocidental pensa em Benny Goodman e em Lawrence Welk quando pensa em clarinete. Pegue qualquer trabalho de Naftule Bradwein ou, num contexto mais moderno, Sex Mob ou John Zorn para ouvir como esse instrumento soa impressionante.

O clarinete pode soar extremamente versátil. Tem um grande alcance, é construído para ser tocado rápido e é incrivelmente expressivo. Tem quase que exatamente o mesmo alcance musical de uma guitarra (Figura 14-2), então é muito fácil tocar solos escritos para a guitarra no clarinete e vice-versa.

O clarinete em B♭ é, obviamente, um instrumento transpositor afinado em B♭. Para compor para ele, você precisa transpor a partitura um tom acima em relação à afinação de concerto. O alcance escrito para o clarinete em B♭ é de E3 a A6.

| Para ouvir | Escrever |
|---|---|
| C | D |
| C#/Db | D#/Eb |
| D | E |
| D#/Eb | F |
| E | F#/Gb |
| F | G |
| F#/Gb | G#/Ab |
| G | A |
| G#/Ab | A#/Bb |
| A | B |
| A#/Bb | C |
| B | C#/Db |

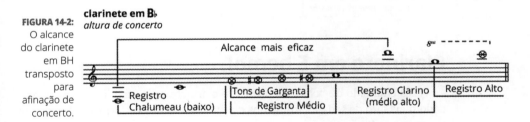

**FIGURA 14-2:** O alcance do clarinete em BH transposto para afinação de concerto.

## Clarinete baixo em B bemol

O clarinete baixo em B bemol é afinado como o clarinete em B bemol, mas é tocado uma oitava abaixo. Para escrever música para um clarinete baixo, é necessário se transpor sua partitura uma oitava acima mais um tom. A altura escrita vai de E2 até E5 (Figura 14-3).

| Para ouvir | Escrever |
|---|---|
| C | D |
| C#/Db | D#/Eb |
| D | E |

| | |
|---|---|
| D#/Eb | F |
| E | F#/Gb |
| F | G |
| F#/Gb | G#/Ab |
| G | A |
| G#/Ab | A#/Bb |
| A | B |
| A#/Bb | C |
| B | C#/Db |

**FIGURA 14-3:** O alcance do clarinete baixo em Bb, transposto para a afinação de concerto.

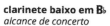
clarinete baixo em Bb
*alcance de concerto*

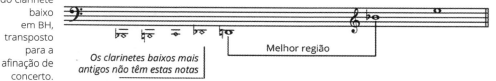

*Os clarinetes baixos mais antigos não têm estas notas*

Melhor região

## Clarinete em E bemol

Às vezes chamado de "clarinete bebê", o clarinete em Eb é o instrumento afinado mais alto de toda a família dos clarinetes. É o único clarinete afinado em Eb em vez de Bb.

Para escrever música para um clarinete em Eb, você precisa primeiramente transpor a música uma sexta diatônica (seis graus da escala) para cima e depois uma oitava abaixo — ou abaixo uma terça menor. Seu alcance escrito vai de E3 a E6 (Figura 14-4).

| *Para ouvir* | *Escrever* |
|---|---|
| C | A |
| C#/Db | A#/Bb |
| D | B |
| D#/Eb | C |
| E | C#/Db |

166 PARTE 4 **Orquestração e Arranjo**

| | |
|---|---|
| F | D |
| F#/Gb | D#/Eb |
| G | E |
| G#/Ab | F |
| A | F#/Gb |
| A#/Bb | G |
| B | G#/Ab |

**FIGURA 14-4:** O alcance do clarinete em EH, transposto para afinação de concerto.

## Corne inglês

O corne inglês (do francês, *cor anglais*) é um primo próximo do oboé, mas é um terço maior. Assim como o oboé, é um instrumento de palheta dupla e, como é mais longo, seu alcance se estende uma quinta completa acima do oboé. Seu sino levemente alargado dá um timbre um pouco mais nasal que o do oboé, criando um som como se fosse 4/5 oboé e 1/5 trompete.

O corne inglês é um instrumento transpositor construído no tom de F. A fim de escrever música para ele, você vai precisar transpor sua música uma quinta diatônica acima (5 graus da escala) a partir da afinação de concerto — para ouvir um C de concerto, a partitura deve conter o G. Seu alcance escrito vai de B3 ao G6 (Figura 14-5).

| Para ouvir | Escrever |
|---|---|
| C | G |
| C#/Db | G#/Ab |
| D | A |
| D#/Eb | A#/Bb |
| E | B |
| F | C |

| | |
|---|---|
| F#/G♭ | C#/D♭ |
| G | D |
| G#/A♭ | D#/E♭ |
| A | E |
| A#/B♭ | F |
| B | F#/G♭ |

**FIGURA 14-5:**
O alcance do corne inglês, transposta para a afinação de concerto.

**corne inglês**
*alcance de concerto*

Região mais eficiente

Região prática

# Flugelhorn

Você já viu uma caça à raposa no cinema ou na TV? Talvez você já tenha participado de uma autêntica caça à raposa em pessoa — em qualquer um dos casos, você já ouviu o chamado melancólico do flugelhorn em ação. Ele é construído de modo muito parecido com uma corneta, mas como o sino é um funil mais profundo, o som que sai dele é muito mais rico e num tom mais baixo que seu primo ligeiramente mais metálico. O flugelhorn é mais doce e de tom mais baixo que o trompete, como se fosse uma viola em comparação a um violino.

O flugelhorn é outro instrumento transpositor em B♭, com seu alcance fácil de tocar de F#3 ao E6 (Figura 14-6). Mais uma vez, um compositor precisaria transpor as seções musicais escritas para o flugelhorn um tom acima em relação ao concerto.

| *Para ouvir* | *Escrever* |
|---|---|
| C | D |
| C#/D♭ | D#/E♭ |
| D | E |
| D#/E♭ | F |
| E | F#/G♭ |
| F | G |

| | |
|---|---|
| F#/G♭ | G#/A♭ |
| G | A |
| G#/A♭ | A#/B♭ |
| A | B |
| A#/B♭ | C |
| B | C#/D♭ |

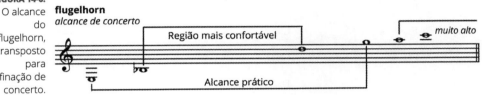

FIGURA 14-6: O alcance do flugelhorn, transposto para afinação de concerto.

# Trompa

As trompas são belíssimas de serem observadas e quase todo mundo que escreve para instrumentos de sopro quer usar uma delas, em algum momento, provavelmente por causa da ideia visual de colocar um destes belos instrumentos — que tem mais curvas que um balde de espaguete de metal — no arranjo. Uma ideia tentadora demais para se resistir.

Outra coisa legal sobre a trompa é que, graças a todas as curvas em suas tubulações, tem sua capacidade de tocar música suavemente, por meio de três oitavas, enquanto a maioria dos instrumentos de um naipe de metais não possui um alcance maior do que duas oitavas.

CUIDADO

Embora seja possível tocar muito mais notas na trompa do que em outros instrumentos de sopro, ela não é feita para a velocidade. Ao compor para a trompa, tente não usar muita ornamentação ou partes rápidas para o músico.

No lado bom, a trompa é um instrumento que tem um som tão lindo e puro que não há nada que não combine com ela. A trompa pode se encaixar num naipe de metais ou com outros sopros. Ela é um instrumento transpositor no tom de F, o que quer dizer que, para escrever música para trompa, você precisa transpor a música uma quinta justa acima da afinação de concerto (Figura 14-7).

DICA

No papel, isso é fabulosamente fácil. Lembre-se apenas de que as quintas justas localizam-se exatamente duas linhas ou dois espaços acima na partitura acima (ou abaixo) da nota original. Se você está escrevendo música para a trompa num instrumento diferente, como o piano, lembre-se apenas de que as quintas justas são separadas por sete semitons (teclas pretas e brancas) ou três tons e um semitom.

| Para ouvir | Escrever |
|---|---|
| C | G |
| C#/Db | G#/Ab |
| D | A |
| D#/Eb | A#/Bb |
| E | B |
| F | C |
| F#/Gb | C#/Db |
| G | D |
| G#/Ab | D#/Eb |
| A | E |
| A#/Bb | F |
| B | F#/Gb |

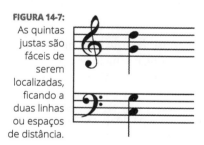

**FIGURA 14-7:** As quintas justas são fáceis de serem localizadas, ficando a duas linhas ou espaços de distância.

O alcance da trompa vai de F#3 a C6 (ver a Figura 14-8).

**FIGURA 14-8:** O alcance da trompa, transposta para a afinação de concerto.

170　PARTE 4 **Orquestração e Arranjo**

# Trompete piccolo

O trompete piccolo é menor e capaz de notas mais altas e brilhantes que o trompete em B bemol. Logo, ele é usado para seções musicais mais alegres. Também é (normalmente) um instrumento transpositor em B bemol, com as notas soando uma oitava acima do trompete em B bemol.

Ao compor para o trompete piccolo, você deve levar duas coisas em consideração: primeiramente, transponha a partitura para o instrumento uma oitava acima do concerto. E, também, toda a música será tocada uma oitava acima do C médio.

O alcance escrito do trompete piccolo é de F#3 a C6 (Figura 14-9).

| Para ouvir | Escrever |
|---|---|
| C | D |
| C#/Db | D#/Eb |
| D | E |
| D#/Eb | F |
| E | F#/Gb |
| F | G |
| F#/Gb | G#/Ab |
| G | A |
| G#/Ab | A#/Bb |
| A | B |
| A#/Bb | C |
| B | C#/Db |

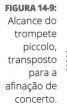
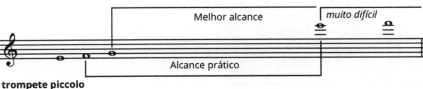

**FIGURA 14-9:** Alcance do trompete piccolo, transposto para a afinação de concerto.

# Instrumentos Não Transpositores

Com instrumentos não transpositores, o que você escreve no papel é a nota que ouvirá. Muito bem! A única coisa que precisa levar em consideração é o alcance real do instrumento para o qual estará compondo — isso e as capacidades físicas dos músicos que estarão o tocando.

## Flauta de concerto

Normalmente reservada para os solos, pois é um dos instrumentos mais silenciosos da orquestra, a flauta de concerto é um instrumento de afinação alta, com um tom lindo e feminino que é imediatamente destacado de qualquer outro. Ela é fácil de tocar para a maioria dos flautistas, o que a torna uma das preferidas pelos estudantes iniciantes de bandas, que querem achar um instrumento no qual possam dominar o básico rapidamente.

O alcance escrito da flauta é de C4 a C7 (Figura 14-10).

**FIGURA 14-10:** Alcance da flauta de concerto. *O B grave não existe nas flautas de estilo mais antigo*

## Flauta baixo

A flauta baixo parece idêntica a uma flauta de concerto, exceto pelo fato de o tubo ser um pouco mais largo — o bastante para deixar as notas tocadas caírem uma oitava abaixo. Quando os compositores escrevem para a flauta baixo, normalmente usam a clave de sol, uma oitava completa acima do que será tocado (Figura 14-11).

**FIGURA 14-11:** Alcance da flauta baixo.

# Fagote

Você pode ver de cara que o fagote não é um instrumento agudo e barulhento. Não, o fagote é a bela buzina para navios do poço da orquestra.

CUIDADO

Fagotes são normalmente difíceis de tocar, então seja calmo e gentil ao fazer os arranjos para o instrumento. É preciso forçar muito ar através do pequeno tubo de metal que faz a embocadura do instrumento, e tocar o fagote é como tentar encher uma grande bola de praia com uma pequenina válvula de borracha.

O alcance escrito do fagote é B♭1 a E♭5 (Figura 14-12).

**FIGURA 14-12:** Alcance do fagote.

# Contrabaixo

O contrabaixo é o instrumento de arco com o som de afinação mais baixa da orquestra. É como se ele pertencesse à família de instrumentos do violino (violino, viola, violoncelo) mas, na verdade, é considerado como sendo o único sobrevivente da família da *viola de gamba*. Nos membros da família do violino, suas cordas ficam a uma quinta de distância, mas cada corda do contrabaixo é afinada a uma quarta somente.

O próprio formato do instrumento é diferente do violino/viola/violoncelo — seus "ombros" são comprimidos em vez de arredondados, e seu corpo é mais longo e estreito, de um modo geral, do que os outros três instrumentos. Assim como o baixo no rock, o contrabaixo é o pivô da orquestra e seu objetivo básico é o de segurar as partes mais baixas da composição.

O alcance do contrabaixo é de E2 a G5 (Figura 14-13).

**FIGURA 14-13:** Alcance do contrabaixo.

## Oboé

O oboé de palheta dupla é considerado o instrumento de sopro mais antigo da família. Instrumentos de palheta dupla bastante parecidos com o oboé moderno já eram usados na Grécia há quase 3.000 anos atrás, levados pelos Egípcios, que usavam instrumentos de palheta dupla até mil anos antes disso. O ancestral direto do oboé é chamado de *shawm*, que provavelmente fora trazido à Europa durante as Cruzadas, quando os exércitos Sarracenos invadiram e usavam este instrumento para a guerra, assim como para a dança. O furo do shawm é cônico e largo, assim como a palheta dupla. O corpo é construído a partir de um único pedaço de madeira com buracos para os dedos.

O oboé é considerado um instrumento muito especial por muitos compositores, que o temperam com seu sabor profundo, rico e distinto e a maneira como ele se mistura ao restante dos instrumentos de sopro da orquestra. Toda a orquestra usa o A do oboé para se afinar, porque não existe uma maneira prática de se afinar um oboé.

Os oboés modernos ainda são feitos de pau-preto africano (grenadilla) em três partes. Os oboés ainda são feitos à mão por artesãos especialistas, que guardam muito segredo sobre as dimensões e o tamanho das aberturas usadas em sua construção. A palheta dupla é feita especialmente para oboés a partir da cana que cresce na costa Leste da Espanha ou no Sul da França, e seca e envelhecida por muitos anos antes de ser enviada para sua loja de música local. Existem, obviamente, palhetas sintéticas feitas para oboés hoje, que provavelmente funcionariam tão bem quanto e muito mais baratas, mas muitos perfeccionistas ainda defendem as feitas à mão na Europa.

O alcance escrito do oboé vai de B♭3 ao A6 (Figura 14-14).

**FIGURA 14-14:** Alcance do oboé.

## Harpa orquestral

As pessoas têm tocado alguma versão da harpa há milhares de anos. Os gregos pré-helênicos (neolíticos) deixaram para trás dúzias de figuras de pequenos *kouros* de mármore tocando harpas para os futuros arqueólogos especularem, enquanto os artistas Egípcios pintavam murais floridos mostrando harpistas tocando para a corte real.

As notas do alcance da harpa vão do C1 até o G7, com cada uma das cordas sendo uma nota separada. A harpa é afinada na escala de C, com cada corda F colorida de preto ou azul e cada corda C colorida de vermelho ou laranja para facilitar a navegação do instrumento.

O alcance escrito da harpa é de C♭1 até G♯7 (Figura 14-15).

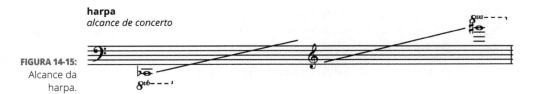

**FIGURA 14-15:** Alcance da harpa.

## Trombone de vara tenor

O trombone de vara tenor é outro instrumento com uma aparência muito legal. É aquele com uma barra presa à sua lateral, que permite com que o músico vá suavemente de uma nota para outra (ou rapidamente, dependendo da música ou do músico). O trombone é mais poderoso e com um som mais metálico do que a trompa, mas seu tom não é tão rico.

Devido à sua vara, é possível para um trombonista tocar os tons e semitons possíveis no piano, assim como um espectro de notas *entre* elas. No entanto, a maioria dos trombonistas não se aventura por estes *microtons* pelo simples fato de que a maioria dos compositores escreverem em partituras padrão, que não os permitem.

O alcance do trombone tenor vai de E2 a F5 (Figura 14-16).

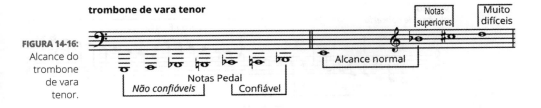

**FIGURA 14-16:** Alcance do trombone de vara tenor.

## Viola

A viola era o instrumento preferido de Johann Sebastian Bach, que gostava do fato de seu alcance ser mais extenso para baixo do que o do violino, e mais alto do que o do cello. Todos os três instrumentos parecem quase idênticos, com o

CAPÍTULO 14 **Compondo para a Orquestra Padrão** 175

tamanho sendo a principal diferença, obviamente. A viola é colocada no ombro e tocada com um arco, assim como o violino. Alguns o chamam de *grande violino*.

Antes do século XVIII, a viola era o membro mais proeminente da família de instrumentos de cordas. Mas foi suplantada pelo violino, quando as plateias começaram a mostrar uma preferência pelo som mais brilhante do instrumento de afinação mais alta.

DICA

A corda mais alta da viola pode soar um pouco ruidosa e nasal, então a maioria dos compositores tenta compor somente para registros mais baixos ao compor para violas.

O alcance da viola vai do C3 ao A6 (Figura 14-17).

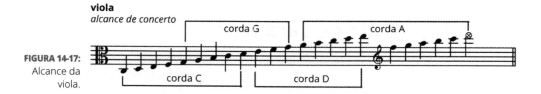

FIGURA 14-17: Alcance da viola.

## Violino

Este é um instrumento que dispensa apresentações. Devido a seus tons incrivelmente doces e capacidade de velocidade e expressão, este instrumento de cordas é quase sempre um instrumento solo na orquestra. Os violinos soam maravilhosos sendo usados para solos ou tocados na massa de instrumentos.

O alcance do violino vai de G3 a B7 (Figura 14-18).

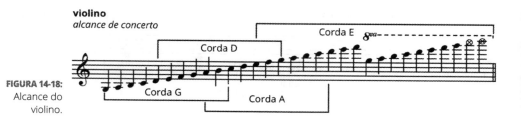

FIGURA 14-18: Alcance do violino.

## Cello

O cello, também chamado de *violoncelo*, é o maior instrumento da família do violino e também o de sonoridade mais baixa. Ele é grande e pesado demais para ficar nos ombros, então fica entre os joelhos do músico. (Você nunca vê uma pessoa sem teto com um violoncelo — o que significa que os violoncelistas são alguns dos instrumentistas mais bem pagos por aí ou que não vale a pena carregar esse trambolho na rua por uns trocados por dia.)

O cello pode abranger todo o alcance da voz humana e, consequentemente, muitas partes "falantes" dos solos são compostas para ele, em que o instrumento parece interpretar a parte lírica de uma canção em vez de um cantor real. Como a voz do baixo num quarteto de cordas, o cello é uma força que sustenta o que poderia ser uma formação aguda e metálica.

O alcance do cello vai de C2 a E6 (Figura 14-19).

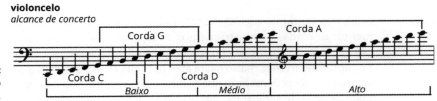

**FIGURA 14-19:** Alcance do cello.

## Onde estão todos eles no piano

Como existe uma grande chance de você estar compondo toda a sua música orquestral no piano, na Figura 14-20 nós daremos uma tabela útil para lhe mostrar onde estas vozes orquestrais estão colocadas no teclado.

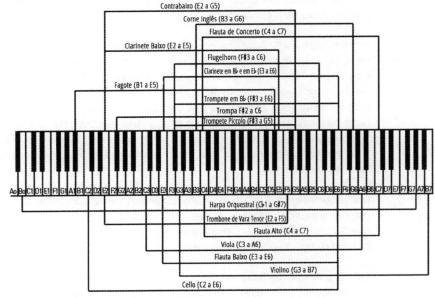

**FIGURA 14-20:** Onde as alturas dos instrumentos estão no teclado do piano.

CAPÍTULO 14 **Compondo para a Orquestra Padrão**   177

# Conseguindo os Sons que Você Deseja

Obter os sons que você deseja vai além de escolher as notas e os instrumentos certos. Como dissemos em outros lugares deste livro, cada instrumento tem uma gama única de cores tonais e expressões dinâmicas disponíveis a ele. Tocar um instrumento por meio de uma embocadura dá possibilidades e limitações diferentes, por exemplo, do que tocar um instrumento com uma palheta ou arco. Embora alguns símbolos como as marcações das dinâmicas e as próprias notas sejam comuns a todos os instrumentos, cada família de instrumentos também tem sua própria linguagem adicional simbólica para expressão.

Aqui, apresentamos alguns desses símbolos e suas explicações para os instrumentos de cordas e os instrumentos de sopro e metais. Muitas outras informações podem ser adquiridas por meio do estudo dos arranjos instrumentais. Não nos aprofundaremos muito nesta área por falta de espaço, mas a composição e o arranjo se sobrepõem tanto que a linha que os separa não é muito nítida — isso quando ela pode ser vista. A melodia que você ouve em sua cabeça sendo tocada pela trompa provavelmente já tenha um formato dinâmico e uma qualidade tonal antes de ser escrita. De qualquer forma, quanto mais especificamente você puder indicar o que quer ouvir dos instrumentos, mais efetivamente será capaz de comunicar sua música a suas plateias.

## DICAS SOBRE TRANSPOSIÇÃO

Eis alguns atalhos que podem ajudá-lo a lembrar-se de como fazer suas transposições mais comuns:

Instrumentos em E♭: Ache a menor relativa, transforme-a em maior e aí escreva nesse tom. Isto significa que, se você estivesse compondo uma música no tom de C e quisesse escrever uma parte para um instrumento em E♭, teria primeiramente de encontrar a menor relativa do C maior (A menor), depois fazer a notação para o instrumento em A maior — ou seja, com três sustenidos no seu tom. Todas as notas na música sobem então uma quarta, ou três espaços e linhas, a partir de suas posições originais. Alguns exemplos de instrumentos em E♭ são o clarinete contralto, o clarinete alto, o clarinete em E♭, o saxofone alto, o saxofone barítono, a trompa tenor e a tuba em E♭.

Instrumentos em F: É só adicionar um sustenido ou diminuir um bemol do tom e escrever a música no tom resultante. Toda a notação sobe uma quinta justa em relação a onde foi escrita originalmente. Alguns exemplos de instrumentos em F incluem o corne inglês, o clarinete tenor e o saxofone alto em F.

Instrumentos em B♭: Suba tudo um tom inteiro. Alguns exemplos de instrumentos em B♭ incluem o clarinete em B♭ (soprano e baixo), o saxofone soprano e tenor, o trompete, a corneta, o flugelhorn, o eufônio e o trombone tenor.

178     PARTE 4 **Orquestração e Arranjo**

## Instrumentos de cordas

Como o arco (ou no caso da guitarra, a palheta) é um componente tão importante para se tocar um instrumento de cordas, e como existem tantas variações de expressão produzidas pelas diferentes técnicas de arcos, foi desenvolvida uma série de símbolos instruindo o músico sobre quais as técnicas devem ser usadas.

Por exemplo, um *down-bow* (movimento com o arco para baixo) pode produzir uma expressão mais agressiva do que um *up-bow* (movimento com o arco para cima). Isso é igualmente verdadeiro com o sentido das palhetadas na guitarra, e os símbolos de notação para guitarra são emprestados dos símbolos das cordas (*downstrokes* e *upstrokes*). Perceba na Figura 14-21 que o down-bow parece um retrato do final do arco e o up-bow parece a ponta.

FIGURA 14-21: Notação para instrumentos de arco ou palheta: down-bows e up-bows.

Qualquer guitarrista sabe que tocar várias palhetadas para baixo em seguida soa totalmente diferente de palhetar alternadamente (Figura 14-22).

FIGURA 14-22: A notação para guitarra: palhetadas para baixo.

A mesma coisa se aplica para o violino, mas com ele e outros membros de sua família, um único toque do arco pode produzir toda uma série de notas. Isso se indicaria por um *ligado* (Figura 14-23).

FIGURA 14-23: Um ligado no violino mostra em que sentido usar o arco durante o movimento.

Na Figura 14-24, todas as quatro notas na primeira metade do primeiro compasso são tocadas com um único up-bow, as duas notas seguintes são para baixo, as duas seguintes para cima e termina no tempo fraco do compasso seguinte com um down-bow forte.

**FIGURA 14-24:** Arcos com ligado no violino.

A ligação indica um estilo em que todas as notas são conectadas. Você poderia tocar a mesma primeira série de quatro notas num único toque do arco, mas as separarndor levemente. Isto se chama *louré* (Figura 14-25).

**FIGURA 14-25:** Os tracinhos que parecem hifens indicam *louré*.

*Spiccato* é um staccato rápido e leve produzido quicando o arco na corda (Figura 14-26).

**FIGURA 14-26:** Spiccato no violino parece uma pequena metralhadora atirando as notas.

Quicando um grupo de notas num único movimento de up ou down-bow é chamado de *jetè* (Figura 14-27).

**FIGURA 14-27:** *Jetè* (stacatto com ligado) junta as notas num único movimento do arco.

Existem muitas outras indicações para os músicos que tocam instrumentos de cordas. *Collegno* significa tocar com o lado do arco feito de madeira; *Pizzicato* (às vezes chamado de *Pizz*) é uma indicação para tocar as cordas com os dedos; *Arco* significa usar o movimento normal.

Para mais informações sobre a notação de instrumentos de cordas, procure os muitos bons livros que estão disponíveis no mercado.

## Instrumentos de sopro e metais

O instrutor do McNally-Smith College of Music e nomeado ao Grammy Award Mike Bogle gentilmente nos deu instruções simples sobre as anotações para instrumentos de sopro e metais, que reproduzimos aqui como as Figuras 14-28 e 14-29.

FIGURA 14-28: Notação específica para saxofones.

Esta frase vai soar bastante "quente" no saxofone tenor devido à "tessitura" mais alta em comparação ao alcance geral do instrumento. No saxofone alto, a mesma frase soará mais "confortável" e possivelmente menos "excitante".

FIGURA 14-29: Notação específica para trompete e trombone.

O alcance do trompete e do trombone são bem similares, exceto pelo trompete tocar uma oitava acima e transpor um tom inteiro.

CAPÍTULO 14 **Compondo para a Orquestra Padrão**  181

Lembre-se que sem algum tipo de indicação de como você quer que uma parte seja tocada, vai gastar muito tempo (e possivelmente dinheiro) definindo com os músicos. E nada pode abalar sua confiança mais do que a sensação de que você não tem a linguagem correta para comunicar suas ideias a eles.

**NESTE CAPÍTULO**

Chegando ao fundo com os baixos

Dedilhando com as guitarras

Espremendo informações com os instrumentos de palheta livre

# Capítulo 15

# Compondo para Orquestra Não Tradicional

A não ser que você tenha excelentes conexões filarmônicas, existe uma grande chance de que não estará compondo música para oboés e harpas gigantes douradas em breve. Mesmo que você tenha essas boas conexões filarmônicas, ainda estará mais interessado em compor música pop ou jazz. Os instrumentos aparentemente mais lentos, e de sonoridade sombria, numa orquestra não vão aparecer em sua música.

Neste caso, os instrumentos para os quais você vai querer saber os alcances e características serão aqueles na "orquestra não padrão". Este grupo inclui baixos (vertical, acústico e elétrico), guitarras e violões e a família das palhetas livres (acordeão, concertinas e gaitas).

Para sua vantagem, como compositor, entretanto, todos os seguintes instrumentos usados na orquestra não convencional são incrivelmente "rápidos" e expressivos. Uma boa linha de solo de guitarra pode ser tão importante quanto um violino, enquanto um baixo funciona tão bem como o chão de sua música quanto um baixo vertical ou um oboé, mas também tem a capacidade de trazer linhas musicais rápidas e complicadas que nenhum instrumento clássico consegue executar. Além disso, todos os instrumentos a seguir, com exceção da gaita e da concertina, têm um grande alcance, então você pode tocar qualquer música escrita para orquestra com algumas guitarras e baixos.

Logo, ao compor música para qualquer um dos instrumentos discutidos neste capítulo, você não precisa levar em consideração tanta coisa quanto em relação aos instrumentos de uma orquestra. Você não precisa se preocupar se a linha que está compondo é "rápida" demais para um baixo, guitarra ou teclado executar, porque todos estes instrumentos são muito velozes e expressivos. Alcance é outro fator que se torna menos importante, pois a maioria destes instrumentos tem um alcance tão amplo quanto qualquer coisa numa orquestra tradicional. A única coisa sobre a qual você precisa pensar é no som do próprio instrumento.

(É claro que muito mais instrumentos do que estes nos quais estamos nos concentrando neste capítulo serão encontrados em formações populares, e a maioria dele está coberta no Capítulo 14.)

# O Baixo

O baixo tem uma posição muito importante em qualquer formação da qual ele faça parte. Num ambiente orquestral, o *baixo* — inclui-se aí o cello, violoncelo e contrabaixo — é geralmente a parte de sonoridade mais baixa da orquestra, servindo como contrapeso em relação aos instrumentos de afinação mais alta. Ele preenche uma performance que, sem ele, poderia soar de tom alto e metálico, dando um "fundo" sólido para a composição.

Num grupo pop ou de jazz, o baixo serve como o *ponto de apoio* que sustenta a banda toda. Ele é tão responsável por levar o pulso ou batida da música quanto a seção de percussão. Como o instrumento que normalmente toca a tônica ou quinta de qualquer acorde que esteja sendo tocado, ele também é responsável por manter o tom em que o resto da banda está tocando. Quando é hora de uma mudança de acorde numa canção pop, normalmente é na linha de baixo em que essa mudança de tom fica mais aparente.

## Baixo vertical

Na década de 1950, o baixo vertical — também conhecido como contrabaixo — tornou-se um padrão nos primórdios do rock and roll e até os dias de hoje, no rockabilly. Na década de 1960, os artistas folk se prenderam à ideia de ter este instrumento gigantesco em suas formações, pela estética visual do instrumento clássico, assim como pelo som belo e profundo que você nunca teria do corpo pequeno, em comparação a um violão normal ou um baixo elétrico.

No pop e no jazz, as cordas dos instrumentos são tocadas com os dedos, não com um arco, o que faz uma diferença grande na sonoridade do instrumento. Ele ainda tem o mesmo alcance do instrumento observado no Capítulo 14, mas, em vez de soar profundo e sonoro, você tem um vibrato vívido que o balança dos pés a cabeça.

Quando você o toca bastante rápido, como no rockabilly e no bluegrass, pode soar bastante como se estivesse estalando elásticos de som alto e musical (especialmente nas mãos de um amador). Coloque um baixo vertical nas mãos de um músico realmente capaz, como, por exemplo, Reid Anderson, do The Bad Plus, e você tem um som que combina os tons profundos e ressonantes do contrabaixo clássico com a velocidade e flexibilidade tonal de um baixo elétrico.

## Baixo elétrico

O baixo elétrico moderno é o descendente menor e mais prático da família dos grandes baixos orquestrais. Em 1951, inspirado pelo sucesso da guitarra elétrica, Leo Fender construiu o primeiro baixo elétrico comercialmente disponível.

Como ele foi projetado para ser amplificado eletronicamente, não havia mais a necessidade de ter um gigante corpo oco para amplificar seu som, o que significava que um corpo sólido semelhante ao de uma guitarra poderia soar tão grave e alto quanto um contrabaixo. Modificações adicionais aos captadores eletrônicos — bobina única, passivos, ativos, híbridos e duplos — levaram à possibilidade de criar tons, indo do rock e pop mais sujo e barulhento até as notas completamente puras e limpas, tudo num mesmo instrumento.

Geralmente, as quatro cordas do baixo (elétrico, acústico e vertical) são afinadas em E–A–D–G uma oitava abaixo das quatro cordas mais graves da guitarra de seis cordas. Ela vai do E2 ao G5 (do segundo E do piano ao quinto G). Baixos de cinco e seis cordas têm afinações idênticas aos baixos de quatro cordas, mas estendem o alcance do instrumento nas notas mais baixas com uma corda B ou aumentam suas capacidades de solo nas partes altas com uma corda C alta.

No entanto, como se trata de um instrumento de cordas, as possibilidades de se criar notas mais altas e baixas com a utilização de afinações alternativas, à la Richard Thompson ou Nick Drake, são consideráveis.

## Baixo acústico

O baixo acústico é o primo tranquilo do baixo elétrico e, tendo nascido na década de 1970, é o membro mais novo da família dos baixos. O famoso Ernie Ball — conhecido por aqueles que compram cordas e acessórios de guitarra e baixos — o inventou na Califórnia, depois de ouvir o *guitarrón* usado pelas bandas mariachi.

Em nenhum lugar a diferença entre um instrumento acústico e elétrico é tão aparente quanto na comparação entre os baixos elétrico e acústico. O baixo acústico não tem a força de conduzir uma banda com força, simplesmente porque as notas mais baixas do instrumento não tem o punch suficiente para levar adequadamente a pulsação de uma canção acima dos outros instrumentos. Ele também não tem o estalo perverso do baixo elétrico, que caracteriza muito do rock e do funk. Mesmo tendo um captador elétrico no lugar para amplificar o som, um baixo acústico fracassa miseravelmente com força como um instrumento pop.

Ele é muito bom, na verdade, para acompanhar a principal linha de uma música. Neste ambiente, o som rico de um baixo acústico serve para dar um belo grave às notas altas de uma formação acústica. Usado em conjunto com uma guitarra elétrica, um baixo acústico amplificado ajuda a preencher a magreza de uma Danelectro ou Rickenbacker clássica. Num ambiente acústico, o baixo acústico dá uma sensação de peso e volume a uma formação.

# O Violão

Com quase todos os instrumentos da família do violão — exceto por aqueles com afinações alternativas e customizadas — as cordas são afinadas em E, A, D, G, B e E (com o E mais baixo afinado como o segundo E abaixo do C médio e E4 sendo o E acima do C médio no teclado de um piano).

Instrumentos semelhantes ao violão existem desde a antiguidade, com um precursor do projeto moderno sendo uma versão de duas cordas usadas pelos Hititas, na Síria, em torno de 1500 a.C. Os primeiros violões "de verdade" apareceram em torno do século XIV na Espanha. Eles tinham sete cordas em vez de seis, com as seis primeiras afinadas em pares (cada um dos três pares de cordas sendo afinado com a mesma nota) e a sétima corda em sua própria nota. (Não havia uma afinação padrão naqueles dias despreocupados antes da teoria rígida do violão, então os músicos eram, na verdade, livres para afinar suas cordas do jeito que bem entendessem.)

Através dos três séculos seguintes, cordas foram adicionadas, removidas e dobradas, conforme o violão começou a tomar sua forma moderna. No final do século XVIII, os cursos duplos de cordas tornaram-se cordas simples, e seis cordas afinadas de maneiras diferentes se tornaram o padrão para o instrumento. Os fabricantes de violões no século XIX ampliaram o corpo, aumentaram a curva na sua cintura, afinaram a barriga e mudaram o suporte interno, enquanto as tarraxas de madeira foram substituídas por outras modernas de materiais que durariam mais.

Como um instrumento da música clássica, o violão tornou-se proeminente. Muito disso é devido ao trabalho do compositor espanhol Francisco Tarrega e do virtuoso do violão Andrés Segovia, do mesmo país.

Usando a afinação convencional, com as cordas afinadas em EADGBE, o alcance de um violão vai de E3 a E6, embora ele soe uma oitava mais baixo do que é escrito. Isso significa que o violonista lê as notas que você escreveu, mas o som que sai é, na verdade, uma oitava abaixo.

Como o violão tem um alcance de ampla tocabilidade e é veloz o bastante para render frases melódicas complicadas nele, é frequentemente usado como um instrumento solo numa formação, em especial do pop ou rock.

## Violão acústico

Como o violão não é amplificado eletricamente, uma de suas características mais importantes é a madeira da qual foi feito. O corpo de um violão precisa especialmente ser feito de uma madeira de alta qualidade, para garantir o melhor som possível.

Isso sem querer dizer que seu violão normal e barato feito de compensado seja ruim, mas não tem a qualidade necessária para um concerto. Quando o corpo do violão é feito de compensado ou material laminado, ele tem uma grande durabilidade e pode funcionar muito bem como instrumento para estudo ou tocar em bandas de bar, mas não tem a ressonância ou amplificação natural que um corpo feito de uma madeira boa daria a um violão. Por exemplo, uma caixa de abeto dá ao violão um som nítido, de alta qualidade e com um grave alto, tendo o som geral sendo muito mais cheio, alto e maior como um todo, do que qualquer outro tipo de corpo de violão. Um corpo de cedro ou pau-brasil dá a um violão um tom lindo e com bastante ressonância. Um corpo feito de mogno dá uma qualidade doce, encorpada e macia. Corpos feitos de koa têm um médio realmente forte, com agudos e graves de sonoridade espessa e quentes.

É claro que, uma vez que você coloque um captador elétrico num violão ou um microfone em sua frente, seu som natural vai ser alterado, de acordo com a qualidade do equipamento usado para o amplificar. Procure captadores e microfones que amplifiquem o violão com o mínimo de coloração eletrônica.

## Guitarra elétrica

Embora tenham existido homens do blues criativos que experimentaram eletrificar seus primeiros esboços do instrumento — como Blind Willie Johnson e One String Sam — Adolph Rickenbacker é creditado como tendo inventado a primeira guitarra de corpo sólido na década de 1930. Les Paul aperfeiçoou seu projeto na década de 1940 e a guitarra elétrica dos dias de hoje, como conhecemos e amamos, tinha nascido.

A guitarra elétrica foi construída inicialmente pelo volume, para que pudesse ser ouvida acima de outros instrumentos e grupos de pessoas barulhentas. Como o corpo de uma guitarra elétrica é completamente sólido e normalmente feito de madeira, frequentemente não há uma câmara de madeira oca por onde o som das cordas possa ser amplificado. Logo, quando ela está desligada, o melhor som que você conseguirá dela tem o volume de uma colmeia. Ligue a guitarra, no entanto, e você tem um instrumento que pode ser tocado ainda mais rápido e mais facilmente do que o violão, devido à ação mais baixa (as cordas são mais próximas ao braço da guitarra).

LEMBRE-SE

Uma grande variedade de tipos de música pode ser tocada na guitarra, devido aos captadores e amplificadores que podem distorcer o som natural da guitarra até ao som estalado de uma guitarra surf ou reproduzi-lo de maneira tão limpa que pareça com um violão amplificado — tudo em um mesmo instrumento.

## Violão de doze cordas

Um violão de doze cordas é bastante parecido com um violão de seis cordas, com uma exceção óbvia — ele tem doze cordas em vez das seis. Quando você está afinando um violão de doze cordas, a melhor maneira de o fazer é pensar que são seis pares de cordas, em vez de doze cordas individuais.

As primeiras (mais altas) duas cordas são afinadas em *uníssono*, em E; a segunda dupla de cordas também está em uníssono e afinada em B. O terceiro par de cordas G pode ser ou uníssono ou com uma oitava de distância, dependendo da preferência. Para os três pares mais baixos, D, A e E, cada par é afinado a uma oitava de distância.

O efeito desta afinação dá ao violão de doze cordas uma ressonância bela, cheia e brilhante, enquanto as cordas agudas dobradas soam mais cheias e ricas do que num violão de seis cordas. Isto se dá pois os uníssonos não são exatamente uníssonos e as oitavas não são precisamente oitavas, o que dá ao instrumento um efeito que parece um chorus natural — o som mais cheio que vem da interferência leve entre tons similares, mas não exatamente idênticos.

## Steel guitar

Muitas guitarras têm bastante metal brilhante nelas, ou por reforço estrutural, amplificação ou decoração, mas o que qualifica de verdade uma guitarra de aço como uma *steel guitar* é que elas são tocadas usando um dedal de metal ao longo do braço, enquanto a outra mão, palheta. O efeito causado por isso é que as notas soam como sendo flexionadas de um tom a outro, de modo muito suave e anasalado, como as coisas pelas quais o crooner havaiano Don Ho se tornou famoso.

Existem muitos tipos de steel guitars, mas as mais populares são o *lap steel* (ou guitarra havaiana), o *Dobro* e o *pedal steel*.

O lap steel é tocado em seu colo — assim como o nome implica — com uma mão movendo o aço, um mecanismo deslizante, para cima e para baixo no braço, e a outra mão tocando as cordas, seja com a palheta ou com o dedo.

O Dobro é bem parecido com um violão normal, exceto por o braço ser bem mais grosso e forte e o uso de cordas de um calibre muito mais grosso no instrumento, para amplificar ainda mais seu som, que já é bastante alto.

O pedal steel é montado num pedestal e parece com um ou dois braços de guitarra, sem o corpo, montados numa caixa. O pedal steel pode ter até dez cordas por braço.

As steel guitars também não são afinadas como as guitarras tradicionais e cada tipo delas tem sua própria afinação, que pode variar de músico para músico. Os acordes são formados com um slide de aço sólido em vez de sua mão, logo as steel guitars são normalmente afinadas em relação a um acorde aberto, assim como um G aberto (D, G, D, G, B, D, da corda mais baixa para a mais alta), um A aberto (E, C♯, E, A, C♯, E), um G alto (G, B, D, G, B, D), um A alto (A, C♯, E, A, C♯, E), um C6 (C, E, G, E, C, A) e aí por diante.

CUIDADO

Experimentar com afinações mais altas como essas pode realmente estragar o braço de uma guitarra comum (e estourar algumas cordas). É por isso que os braços são reforçados e calibres de corda mais alto são usados nas steel guitars.

# Instrumentos de Palhetas Livres

A família de *palhetas livres* consiste de acordeões, concertinas e gaitas. De acordo com a lenda Chinesa, o primeiro instrumento conhecido de palhetas livres, o *cheng*, foi criado por volta do ano 3000 a.C., quando um estudioso chamado Ling Lun desapareceu pelas montanhas da China em busca da fênix. Quando ele voltou, não havia capturado a Fênix em si, mas *sim* sua canção para a humanidade.

O cheng, que ainda tem uma utilização muito limitada hoje em grupos de música tradicional Chinesa, tem o formato que lembra o de uma fênix e tem entre 13 e 24 tubos de bambu, uma pequena cabaça que serve como uma caixa de ressonância e câmara de ar e um bocal. É o primeiro instrumento de que se tem notícia a demonstrar o princípio das palhetas livres, que basicamente significa que o vento se move através de uma série de palhetas, em ambas as direções, para criar um tom específico.

Instrumentos de palhetas livres são diferentes daqueles de sopro e certos metais, que também possuem palhetas e usam do ar pressurizado para produzir barulho, mas somente geram um som puro quando o ar é soprado pela embocadura. Você não suga por meio de uma embocadura do clarinete para tocar música, mas você pode fazer isso numa gaita ou num acordeão, para produzir notas que soam tão bem quanto aquelas de quando você sopra o ar para fora. (Através dos séculos, o cheng evoluiu para o *sheng*, que é pequeno e parece uma caixa, ou o órgão de boca Chinês, que foi a inspiração direta para o órgão de boca europeu ou gaita.)

# A gaita

Existem dois tipos de gaita (ou harmônica), um que pertence à família dos instrumentos de palhetas livres, e outro que não. O que não pertence foi o primeiro a ter o nome de *harmônica*. Ninguém mais ninguém menos do que Benjamin Franklin inventou a *harmônica de vidro*, que era uma versão muito mais complicada das bacias de vidro graduadas e copos de champagne que a pessoa passava o dedo molhado ao longo da borda para produzir um som claro e sonoro. A harmônica de Franklin era uma série de bacias vazias de tamanhos diferentes presas num eixo que rodava continuamente. Para produzir música, a pessoa molhava o dedo e tocava a bacia correspondente à nota que desejasse ouvir.

A gaita que nós conhecemos e gostamos hoje em dia não é este instrumento volumoso e possivelmente perigoso. A gaita de palhetas livres foi inventada originalmente na Alemanha e na Inglaterra quase simultaneamente, na década de 1820. Sons sucessivamente na escala cada vez mais altos são produzidos de modo alternado soprando ou sugando ar por meio da embocadura.

O alcance da gaita é limitado de acordo com seu tamanho (indo de pequeníssimos instrumentos de 6 notas até harmônicas orquestrais, que podem ser fabricadas de acordo com as especificações do músico), simplesmente porque o instrumento é bastante pequeno. Geralmente, no entanto, a maioria das gaitas são projetadas para tocar 19 notas consecutivas na escala, com cada tipo de gaita afinada de acordo com uma escala específica.

# O acordeão

A primeira versão do acordeão foi um modelo de 1820 chamado de Handäoline, inventado na Alemanha. Nove anos depois, o primeiro acordeão de verdade, com dez botões de melodia e dois de baixo, foi patenteado por Cyril Demian, em Viena. Em seguida, mais botões foram somados, possibilitando com que os músicos produzissem uma maior gama de notas e acordes. O *acordeão piano*, chamado assim por ter um teclado de piano de um de seus lados e uma série de botões do outro, foi desenvolvido durante a década de 1850.

O acordeão piano é reconhecido quase que universalmente como um dos melhores sistemas de aprendizagem de qualquer instrumento. O *sistema de baixo stradella* (os botões), combinados com o teclado do piano, requer que os músicos desenvolvam um conhecimento da sequência cromática das notas como no teclado de um piano, e ao mesmo tempo da relação entre os acordes e tipos de acordes, arranjados em quintas nos botões. Isto o torna único entre todos

190    PARTE 4 **Orquestração e Arranjo**

os instrumentos musicais, tendo notas soltas e acordes formados previamente disponíveis no mesmo momento.

O instrumento é tocado enchendo (esticando) e esvaziando (comprimindo) o *fole*, fazendo com que o ar passe através das palhetas de metal. Este fluxo de ar faz com que elas vibrem, o que produz notas diferentes.

# A concertina

A concertina foi desenvolvida inicialmente em 1830 por Sir Charles Wheatstone, após vários anos construindo protótipos, alguns dos quais ainda existem, como o *symphonium*. Seu alcance completamente cromático era adequado a peças clássicas (foi extremamente popular por um tempo), com sua ação rápida o tornando perfeito para "músicas festivas" como "O Voo do Besouro". Hoje em dia, existem dois principais tipos de concertina: o Inglês e o Anglo.

Uma típica concertina inglesa tem 48 botões, e cada um deles é designado à mesma nota, independentemente da direção que os foles estiverem indo. A concertina inglesa é a preferida para peças com acompanhamento vocal.

A concertina anglo vem principalmente em variedades de 20 e 30 botões e, assim como na gaita, cada botão pode produzir duas notas diferentes, dependendo se o ar está sendo soprado ou sugado. O anglo de 20 botões é mais ou menos confinado a tocar em somente dois tons, tipicamente C e G. O modelo de 30 botões traz acidentes, capacitando o músico a se aventurar por outros tons, como o D ou F. O anglo é popular na música folk, especialmente a música tradicional irlandesa.

O alcance do acordeão e da concertina depende de alguns fatores: de seu tamanho, de seu tom e de quantos botões estão presentes. Um acordeão piano completo, assim como um Wurlitzer tradicional, tem um alcance em torno de seis oitavas.

> **NESTE CAPÍTULO**
>
> **Contando histórias por meio da música**
>
> **Escrevendo partes harmônicas paralelas**
>
> **Lidando com vozes independentes**
>
> **Dissecando os elementos de tons musicais**
>
> **Vendo o que se deve ou não fazer**
>
> **Exercitando sua composição para múltiplas vozes**

Capítulo 16

# Compondo para Vozes Múltiplas

Nem sempre é suficiente apenas escrever uma boa melodia e ter alguns acordes tocando por trás dela como acompanhamento. Às vezes, você pode criar mais interesse numa música tendo mais do que um som somente se movimentando numa maneira melódica por vez.

O que queremos dizer é que, além daquela melodia de flauta e dos arpejos de harpa por trás dela, você pode sentir-se inclinado a adicionar uma forma de acompanhamento melódico de um outro instrumento. Talvez seja outra flauta, ou poderia ser um vocal, um clarinete ou o que quer que funcione para você. A ideia de múltiplas vozes melódicas abre muitos territórios criativos e apresentam novos desafios por si só.

# Enredos e Instrumentação

Um dos territórios criativos que você abre, ao considerar mais do que uma voz melódica em sua composição, é a capacidade de usar escolhas instrumentais como caracterizações em sua música. Nesta composição orquestral bem conhecida, *Pedro e o Lobo*, Sergei Prokofiev usa instrumentos para representar especificamente personagens de sua história. Por exemplo, o pato é um oboé, o pássaro é uma flauta, o gato é um clarinete e o lobo são três trompas de sonoridade assustadora.

O uso de instrumentos específicos tocando certos motivos para indicar certas ideias e personagens é bem comum. Outra maneira de caracterização específica (às vezes, chamados de *fios condutores*) pode ser encontrada na composição musical "Tubby the Tuba", de Paul Tripp e George Keinsinger. Nesta composição, vários instrumentos adquirem personalidades enquanto a Tuba busca por algo melodicamente mais expressivo do que o usual oom-pah, oom-pah.

LEMBRE-SE

Você não tem que ser tão direto e literal quanto Prokofiev ou Tripp-Keisinger com suas caracterizações, mas você pode definitivamente escolher um instrumento específico para transmitir humor, produzir diálogos, criar contraste e, geralmente, contar uma história emocional. A história não precisa ter personagens específicos anexados a instrumentos definidos.

Ao escrever para múltiplos instrumentos, independentemente de contar uma história específica ou ser completamente abstrato, você está sempre estabelecendo e desenvolvendo relacionamentos dentro de sua música. Assim como numa conversa, as vozes melódicas múltiplas numa composição musical podem representar duas forças diferentes em sua música. Por exemplo, um diálogo musical entre instrumentos aleatórios podem transmitir os seguintes sentimentos:

» Concordância
» Discurso
» Discussão
» Alegria
» Conflito
» Confusão
» Caos

Um enredo pode ser formado na imaginação de cada ouvinte. Você não tem de dar nada além de música.

# Escrevendo Linhas de Harmonia Múltiplas

Uma maneira de fazer com que duas ou mais vozes funcionem juntas é mantê-las alinhadas harmônica e ritmicamente. Esta técnica chama-se *harmonia paralela*, mas o termo pode ser ilusório. Existem momentos em que as vozes harmonizadas em paralelo não se movem exatamente juntas num movimento perfeitamente sincronizado. A ideia, em vez disso, é ficar dentro da *tonalidade* da peça e observar o mesmo fraseado rítmico, sem que as partes se choquem, se distanciem ou se atropelem.

Perceba como as últimas três notas na segunda parte da Figura 16-1 não se movem paralelamente à primeira parte. Caso elas fizessem assim, perderíamos o relacionamento tonal entre as duas partes.

**FIGURA 16-1:** Linhas de harmonias paralelas nem sempre são completamente paralelas.

Outra ideia pode ser uma voz se movimentar e a outra ficar um pouco mais parada. Isto é conhecido como *harmonia em bloco*. Na Figura 16-2, ainda estamos usando as mesmas frases rítmicas para ambas as vozes. (Iremos nos libertar disso mais tarde.)

**FIGURA 16-2:** Na harmonia em bloco, uma voz se movimenta entre as notas mais do que a outra.

Você também pode escolher harmonizar a segunda voz, movendo-a de forma oblíqua ou numa direção oposta (Figura 16-3).

CAPÍTULO 16 **Compondo para Vozes Múltiplas** 195

**FIGURA 16-3:** Duas linhas harmônicas podem também se mover em direções totalmente diferentes.

Ideias como essas podem funcionar bem, caso sua intenção seja transmitir a *inter*dependência rítmica e tonal entre as duas vozes. Nestes exemplos, as vozes são basicamente casadas pelas frases rítmicas que compartilham. Mesmo quando se movem em direções opostas, ainda sentem-se conectadas de forma próxima.

Ao escrever partes como essa, a mistura tonal dos instrumentos que você escolhe é crítica. Caso os instrumentos tenham uma qualidade tonal independente forte demais, a combinação deles pode estragar o casamento apresentado pela composição musical, a não ser que toquem em uníssono, em oitavas ou em seções instrumentais maiores.

# Vozes Independentes

Às vezes, a sensação que você quer transmitir em sua música é uma de duas ideias melódicas relacionadas em termos de tom, mas ritmicamente independentes. No caso em que você possa construir duas melodias inteiramente diferentes juntas — ou a mesma melodia em momentos diferentes. Você pode usar instrumentos com tonalidades contrastantes ou outros que se integrem bem neste tipo de coisa.

Uma maneira de criar este senso de independência é fazer com que ambas as vozes toquem variações da mesma melodia, mas surpreendam nos pontos de início. Isto cria um efeito entrelaçado, como uma trama, conforme visto na Figura 16-4.

**FIGURA 16-4:** As mesmas linhas melódicas, com diferentes pontos de partida.

Um dos desafios desse tipo de abordagem "escalonada" é o perigo de ficar esperançoso demais de que sua melodia inteira sustentará o exame harmônico quando ela se cruzar. Você pode achar que existem algumas dissonâncias a serem resolvidas por meio da alteração de algumas notas em uma ou outra linha melódica de tempos em tempos.

Por falar nisso, o exemplo na Figura 16-6 tem alguns "pecados" em termos de tonalidade, sobre os quais falaremos adiante neste capítulo.

O exemplo mostrado na Figura 16-5 baseia-se na ideia de sobrepor melodias, mas a voz 2 foi reescrita para reter a mesma sensação e formato da voz 1, sem se comprometer a tantos erros de harmonia e composição. Você perceberá, caso toque esta peça, que as escolhas harmônicas têm alguns momentos diferentes e inesperados. Alguns acidentes são fortuitos.

**FIGURA 16-5:** Melodias sobrepostas são limpas desta vez pelo bem da tonalidade.

DICA

A ideia não é se acomodar com escolhas harmônicas pobres só porque elas são fáceis. Um momento caprichado e dissonante pode ser uma curiosidade charmosa que você queira defender, porque é um pouco diferente. Mas não tenha medo de usar um pouco a cabeça nestes momentos antes de decidir guardá-los ou não.

Você pode também usar a mesma melodia ou similar para a segunda voz, mas mudá-la ritmicamente. Talvez tocá-la mais lentamente e esticá-la ao longo de mais compassos do que a melodia da primeira voz. Todas as ferramentas e técnicas encontradas nos capítulos de composição melódica estão disponíveis para você usar em qualquer uma ou em todas as suas vozes melódicas múltiplas. Você precisa somente estar ciente das relações harmônicas e rítmicas que existem entre as partes.

Caso você consiga perceber quais são suas harmonias e melodias estruturais por trás, deve ser capaz de resolver os momentos em que suas melodias entram em atrito de forma desconfortável. Aprenda a trabalhar duro o bastante para transformar caos e dissonâncias indesejados em algo que faça sentido. Você pode ter de pensar um pouco nisso e experimentar algumas ideias — mas, ei, isso é composição musical.

Por outro lado, às vezes as surpresas acidentais geradas pelas sobreposições de linhas melódicas dão oportunidades únicas para o desenvolvimento harmônico. A dissonância nem sempre é algo ruim. Só não jogue aleatoriamente as coisas sem as considerar. Lembre-se de que surpresas e saídas do esperado podem se tornar eixos de sua composição, que podem levar a novas modulações de tom e interações melódicas. Às vezes a coisa mais difícil de se fazer é achar algum lugar para sua composição "ir". Existem algumas transições mais eficientes e de sonoridade mais natural do que aquelas que surgem da interação de suas melodias entre elas.

# Contraponto

Falando estritamente, nós já estivemos trabalhando com contraponto nos últimos exemplos. *Contraponto* é quando duas ou mais melodias com frases rítmicas diferentes ocorrem ao mesmo tempo. Quando e caso se esbarrarem, compartilham a tonalidade. As fugas são belos exemplos de contrapontos. As invenções de duas ou três partes de J.S. Bach valem a pena serem ouvidas também. Antes de Bach, a maior parte da música dos séculos XV e XVI era contrapontal e contramelódica. A música tonal não dominou até bem mais tarde.

Ao trabalhar com contraponto, você não precisa se restringir a um único motivo sendo trabalhado em momentos e lugares diferentes em várias vozes. Você pode introduzir melodias inteiramente diferentes para cada voz. Mais à frente, você pode trocá-las ou desenvolvê-las de qualquer maneira que quiser.

Uma escala de pensamento musical funciona a partir da premissa de que na música *só existem melodias*. O que chamamos de acordes são apenas grupos de notas de melodias que, por acaso, foram tocadas juntas. Esta pode ser uma boa abordagem composicional. Você pode apenas escrever várias melodias que funcionem juntas. Em lugares onde diversas melodias soarem juntas, sua música vai chegar a alguma definição tonal que possa ser chamada de acorde, mas não é necessário que se pense em termos de acordes.

A Figura 16-6 mostra um exemplo de duas melodias diferentes funcionando juntas para criar um sentido bem definido de tonalidade. Você pode ouvir a progressão de acordes por baixo, embora nunca haja mais do que duas notas soando juntas ao mesmo tempo.

No século XVII, o compositor Henry Purcell escreveu várias músicas chamadas de *catches*, que eram basicamente "rondós" estendidos. A maioria delas eram canções para bebedeiras e suas letras eram sempre sobre sexo, beber e/ou música ("sexo, drogas e rock and roll" existe há muito mais tempo do que você possa imaginar). Os catches começavam com uma voz cantando uma melodia. Depois de oito ou dezesseis compassos, outra voz começava a partir do início da música, enquanto a primeira voz seguia. Depois de mais oito ou dezesseis compassos, uma terceira voz entrava. A melodia na verdade continuaria mudando por meio de toda a música e sua tonalidade permanecia a mesma, mesmo quando a melodia se sobrepunha.

**FIGURA 16-6:** Duas melodias independentes e diferentes podem definir a tonalidade somente com duas notas tocando por vez.

Outra maneira de expressar essa ideia é somente escrever acordes e derivar suas melodias a partir deles, como fizemos no Capítulo 8, com tons fora do acorde. Não existe motivo pelo qual você não poderia tirar uma melodia do tom mais alto do acorde, outra a partir do tom do meio do acorde e aí por diante. Não é necessário que tenham o mesmo fraseado rítmico.

Ao combinar vozes, é importante realmente considerar a maneira pela qual cada tom se combina com o outro. Então, vamos dar uma caminhada por meio dos tons musicais.

# Os Cinco Elementos de um Tom Musical

Não importa qual som você esteja usando em sua composição, existem cinco ingredientes que dão sua identidade. Não importa se você está usando sintetizadores, instrumentos orquestrais ou folk ou encontrou sons — os cinco ingredientes estão sempre lá.

Conhecer estes ingredientes pode ajudá-lo a decidir quais sons para os quais vai querer escrever, ou pode ajudá-lo a encontrar ou criar os sons apropriados de sintetizador para sua música. Os cinco elementos de uma nota musical são os seguintes:

» Altura

» Duração

» Intensidade

» Timbre

» Sonância

## Altura

*Altura* refere-se à nota em particular que está sendo tocada. As diferenças de altura são causadas pelas diferenças nas *frequências,* ou quantas vezes por segundo uma corda vibra para frente e para trás. Nos EUA, *440 hertz* (vibrações por segundo) são iguais à nota que chamamos de A. Existem outros A também, é claro. O A que está a uma oitava abaixo tem 220 hertz, uma oitava acima é 880 hertz, duas oitavas acima têm 1760 hertz e aí por diante. A altura é indicada pela posição das notas na partitura.

## Duração

*Duração* é o tempo que uma nota soa, ou quanto tempo seu som dura. Uma mínima tem uma duração maior do que uma semínima. A duração de uma nota pode ser afetada pela acústica de um lugar. Caso ele tenha muita reverberação, a duração das notas aumentará. Elas vão ecoar pelo ar por um tempo depois de o músico ter parado de as tocar.

200    PARTE 4 **Orquestração e Arranjo**

# Intensidade

Mudanças na *intensidade* são indicadas na música com marcações dinâmicas como *pp*, *mf*, *f* e aí por diante. A intensidade nem sempre é a mesma coisa que o volume ou força da música. Algo pode ser cantado ou tocado com intensidade e não ser necessariamente alto, embora os dois conceitos estejam conectados.

# Timbre

O *timbre* é o conteúdo harmônico ou cor do tom que a nota musical terá. Ela é causada pelas combinações dos *harmônicos* que naturalmente soam em paralelo com o tom *fundamental* que foi escrito para o instrumentista tocar. Estas combinações de harmônicos — também conhecidas como *sobretons* ou *parciais* — dão as "impressões digitais" de cada instrumento diferente. A razão pela qual uma flauta soa diferente de um oboé, embora ambos estejam tocando a mesma nota, é que cada um destes instrumentos tem uma mistura diferente de harmônicos e conteúdo, inerentes a seu som.

Na verdade, a diferença entre o som das vogais "Ah" e "Oh" não é nada além de uma diferença de conteúdo harmônico ou timbre (o resto sendo igual, é claro). A maioria dos instrumentos tem uma *palheta timbral* que inclui muitas nuances de cor para a nota. Parte do estudo de tocar um instrumento é aprender a controlar e desenhar a partir desta palheta. A voz tem a variedade controlada de forma mais intuitiva de todos os instrumentos, em termos de timbre.

# Sonância

Estamos acostumados a pensar na *ressonância* (re-sonância) como algo que continua a soar (re-soar), então podemos pensar em *sonância* como um som que está ali e depois desaparece, soando apenas uma vez. Estes breves sons são também chamados de *transientes*. Um exemplo de sonância poderia ser o barulho que uma palheta de guitarra faz ao atacar uma corda, ou o pequeno som causado pelo cuspe no início de uma nota de trompete. Os martelos de um piano, o arranhado do arco numa viola, as consoantes e o som da respiração de um cantor são mais exemplos de sonância. Sem estes barulhos, os instrumentos soariam muito diferente, na verdade. Embora a sonância não tenha uma nota, é fácil de vê-la como um componente da música.

Ao escrever para vozes múltiplas, tenha sempre estes elementos em mente. Estes cinco elementos são tudo o que temos para trabalhar no universo da música. Caso consiga controlar estes elementos em suas composições, encontrará um quintal enorme para explorar. Você será mais capaz de escolher quais instrumentos vai querer usar para tocar quais partes, e terá também uma melhor ideia de como substituir sons do sintetizador por outros reais.

Caso você projete seus sons do sintetizador para substituir as características de altura, duração, intensidade, timbre e sonância de um instrumento orquestral, em vez de tentar imitá-lo diretamente, criará alguns sons bastante interessantes.

# O que Fazer e o que Não Fazer

Como você pode ter percebido, gostamos de encorajá-lo a quebrar regras de tempos em tempos, mas é possível que deixe de se irritar bastante e evite soar como um amador caso aprenda ao menos a observar algumas regras quando for compor para vozes múltiplas.

## Não escreva mais do que três melodias independentes a cada vez

Caso sua intenção seja criar uma sensação de caos e deixar seus ouvintes confusos, então vá adiante — mas é quase impossível para um ouvinte acompanhar quatro linhas melódicas completamente independentes. Mesmo em quartetos de cordas é comum que alguns instrumentos toquem harmonias paralelas ou em bloco enquanto outros se movem independentemente. Normalmente um instrumento vai pausar por um número de compassos (*tacet*, termo que vem do latim) enquanto os outros continuarão sua conversa complicada.

## Não cruze as linhas melódicas

Isto quase nunca é uma boa ideia, especialmente quando você está compondo múltiplas vozes para o mesmo instrumento, como dois ou mais cantores. Esta regra introduz o conceito da *voz principal*. A boa voz principal garante que suas melodias, inversões de acordes e movimentos harmônicos mantenham uma relação lógica. A introdução de elementos não administráveis à tonalidade de sua peça podem atrapalhar completamente a mistura e o equilíbrio de composição. Caso você queira aprender mais sobre a voz principal, escolha qualquer bom livro sobre arranjos.

## Seja deliberado no uso das oitavas e uníssonos

Muitas vezes, quando você está compondo para vozes múltiplas, descobrirá que deu a mesma nota a duas vozes por acidente, no meio de alguma harmonia. Pisar momentaneamente na mesma nota pode enfraquecer o movimento harmônico que você estava desenvolvendo antes daquele ponto. Por outro lado, uníssonos e oitavas têm seus próprios pontos fortes. Seja observador e proposital. Esta é uma área em que jovens compositores erram normalmente.

## Considere a tessitura

*Tessitura* é um termo usado para descrever o alcance médio de uma parte ou peça musical. Também é usada para descrever o alcance de um instrumento. Caso uma parte seja escrita numa tessitura *alta* para um vocal ou instrumento de sopro, a parte vai ter um outro nível de energia. Escrever numa tessitura *mais baixa* gera uma atitude mais relaxada, com menor amplitude dinâmica. Ao escrever para múltiplas vozes, as amplitudes dinâmicas, na verdade, variarão bastante, caso as partes dos instrumentos não forem colocadas nos lugares certos da tessitura dos instrumentos.

# Exercícios

Para os seguintes exercícios, e de modo geral, pode ser uma boa ideia ter algum aparelho de gravação que seja pequeno, fácil de usar e conveniente. A qualidade não é tão importante. Um gravador de CD pode funcionar. Gravar uma melodia e tocar ou cantar uma segunda melodia em cima dela, enquanto você a ouve, pode ser muito útil. Caso você tenha um programa de gravação de música em seu computador, pode fazer um loop com sua melodia enquanto experimenta coisas diferentes.

**1.** Escreva uma melodia curta de quatro a dezesseis compassos usando apenas os acordes I, IV e V.

Agora adicione uma harmonia em paralelo, que se mantenha dentro do tom da peça. Perceba os lugares onde a harmonia precisa se mover (ou não) de maneira diferente da melodia, a fim de continuar sem brigar com o tom da música.

**2.** Escreva uma harmonia em bloco de duas partes para uma canção familiar, ou para a melodia que você escreveu para o Exercício 1.

Tente escrever partes com a menor quantidade de movimento possível. Mova-as somente quando as notas da harmonia estiverem dobrando a melodia (não são permitidos uníssonos neste exercício).

**3.** Crie uma progressão de acordes simples e veja se consegue escrever duas melodias distintas, que funcionem com os acordes. Tente encaixá-los.

**4.** Pegue um único motivo melódico e veja de quantas maneiras você pode construí-lo em torno dele mesmo.

CAPÍTULO 16 **Compondo para Vozes Múltiplas** 203

Mude registros, tons e fraseado rítmico o quanto for preciso para fazer com que o encaixe seja bom. Você pode experimentar isso com um amigo. Um de vocês toca ou canta o motivo de uma forma, enquanto o outro experimenta as possibilidades.

**5.** Tente escrever uma harmonia para uma de suas melodias preferidas que se mova em direções diferentes em momentos diferentes do da melodia.

**6.** Escolha seu exercício preferido deste capítulo e escreva uma terceira parte, usando qualquer técnica que você tenha aprendido.

> **NESTE CAPÍTULO**
>
> **Escrevendo música para filmes, videogames, televisão e rádio**
>
> **Considerando os méritos das equipes de compositores**
>
> **Checando organizações e agentes**
>
> **Compondo canções**
>
> **Considerando aspectos práticos e se vendendo**

Capítulo 17

# Compondo Música e Canções Comerciais

Vamos encarar os fatos: todos temos que pagar as contas.

Certamente, num mundo perfeito, todo músico de talento seria capaz de sobreviver confortavelmente escrevendo belas canções de amor e valsas. Mas todos sabemos que este raramente é o caso.

Muitos músicos que ganham a vida tocando não fazem isso somente compondo. O mundo da música é cheio de baixistas, guitarristas e bateristas de estúdio incrivelmente talentosos que têm seus nomes pouco reconhecidos fora dali. Existem grandes números de DJs e músicos eletrônicos com o dom técnico que ganham a maior parte de sua renda compondo jingles para comerciais de carros.

No caso da banda Stereolab, por exemplo, eles ganharam mais dinheiro ao usar uma de suas canções num comercial da Volkswagen do que com todos os álbuns que lançaram em quase uma década antes daquele momento.

# Compondo para Cinema

Provavelmente a carreira mais lucrativa que um compositor pode buscar é a de compor para a telona. Este é um trabalho complexo, desafiador e lotado de concorrentes. O compositor para filmes deve ter um entendimento de sincronização e edição; ser capaz de evocar musicalmente uma ampla gama de cores e climas; conseguir trabalhar com uma grande variedade de deadlines, tabelas de prazos, atitudes e personalidades, e poder se alternar entre o computador e a orquestra, da cena para a trilha e vice-versa.

Felizmente, nos últimos cinco anos, aproximadamente, cresceram as oportunidades para abordagens diferentes de composição para filmes. Não foi há tanto tempo assim que quase todo mundo que compunha para o cinema tentava criar orquestrações sensacionalistas. Pense em *Guerra nas Estrelas* e *Parque dos Dinossauros*, por exemplo. Quase toda trilha sonora soava como *The Planets*, de Gustav Holst. Era bem difícil achar uma trilha sonora que não se prendesse à magnitude e soasse bombástica.

Mas de lá para cá tivemos filmes de muito sucesso com faixas musicais bem mais simples. Pense em *A Vida Marinha com Steve Zissou* e *Napoleão Dinamite*. Estes exemplos mostram que uma trilha simples pode não somente ser eficaz, mas também adquirir vida própria. Você pode esperar que essa tendência rumo à variedade continue, pois as plateias ficaram cansadas da repetição de um ou dois estilos. E com uma maior exposição aos filmes estrangeiros, as influências aumentam — ouça as trilhas dos filmes *Water — As Margens do Rio Sagrado*, *Frida* ou *Kung-Fusão*.

Ao compor para cinema, raramente existe um momento em que você pode usar algo que já tenha composto antes para se encaixar numa cena. Quase todas as trilhas sonoras são compostas especificamente para a cena. Como as trilhas sonoras muitas vezes dependem de e retornam a um ou dois temas principais, você pode encontrar uma frase ou motivo em sua pasta de "ideias salvas" que seria apropriada — mas terá que fazer sua composição se encaixar perfeitamente na quantidade de tempo necessária para a cena individual. Você não pode fazer um corte de forma estranha de uma ideia musical para outra sem se importar com a musicalidade do corte em si.

Existe um velho ditado nesta indústria que é o seguinte: "Você pode ensinar alguém a editar música, mas não pode ensinar alguém a editar musicalmente." Então, quando o filme em que você estiver trabalhando sair de uma terna cena de amor para uma intensa cena de perseguição de carros, a música precisa contar a história do diretor sem se atrapalhar ou chamar muita atenção para si própria.

DICA

Caso um filme independente esteja sendo produzido em sua área, você pode preparar uma demo de seu trabalho para apresentar a produtores, diretores e cineastas para apreciação. No entanto, provavelmente você terá que fazer muito

## PROTEGENDO SEU TRABALHO COM DIREITOS AUTORAIS

Todos nós já ouvimos falar dos "direitos autorais de pobre", que é quando você dobra uma cópia escrita de sua composição e manda para seu próprio endereço pelo correio, para que a data do envio seja marcada, comprovada no envelope. Bem, os "direitos autorais de pobre" não são válidos nas cortes americanas. Foi excluída numa revisão de direitos autorais em 1976.

Qualquer propriedade intelectual que seja colocada numa mídia tangível, significando que tenha sido escrita ou gravada, é registrada automaticamente neste momento. O autor agora tem seus direitos básicos garantidos pelos direitos autorais: 1. o direito de reproduzir, 2. o direito de fazer trabalhos derivativos, 3. o direito de distribuir, 4. o direito de se apresentar, 5. o direito de expor publicamente, e 6. o direito de apresentar por meio de transmissão digital.

Uma coisa boa de se fazer com seu material é registrá-lo no Escritório Brasileiro de Direitos Autorais da Biblioteca Nacional. Isso soa imponentemente legal e possivelmente muito caro, mas na verdade, não é nem um nem outro. É um processo bastante simples que pode evitar muitos problemas futuros para você com a justiça.

Para registrar seu trabalho musical, você precisa acessar o site do EAD, em `www.bn.br`, e seguir as instruções.

trabalho de graça para começar. Certifique-se de que você guarde a propriedade de todos seus direitos autorais e de edição, caso não esteja sendo muito bem pago por seu trabalho (veja a caixa a seguir sobre direitos autorais para mais informações sobre como fazer isso).

## Trabalhando com time code

Filme e vídeo, como você sabe, consistem de uma série de quadros individuais que passam tão rapidamente que não percebemos suas imagens individuais, só conseguindo ver o movimento. Apesar disso, todos nós já pausamos nossos DVD-players e vimos como é um quadro individual (frame). Parece uma fotografia.

Imagine um corte brusco, em um filme, de uma doce cena de amor para uma perseguição de carros. Existe o que é conhecido como *endereço de time code* para o quadro exato onde o corte ocorre. Ele vai ser algo parecido com 1:04:28.13. Isso significa uma hora, quatro minutos, vinte oito segundos e treze quadros. Um endereço de time code também é chamado de *tempo SMPTE* (Society of Motion Picture and Television Engineers).

Sabendo disso, você pode ter algumas escolhas para decidir o que fazer com sua música para aquele corte. Você poderia

- » Cortar a música da cena de amor e entrar com a música de perseguição.
- » Usar a mesma música para ambas as cenas.
- » Fazer um fade na música da cena de amor enquanto entrava a música da cena de perseguição (crossfade).
- » Decidir não usar música alguma em uma das duas cenas.
- » Compor uma música que faça uma transição musical de um clima para o outro exatamente em 1:04:28.13.

Provavelmente existam outras opções, mas estas são as mais óbvias para nós.

Caso você troque de música na mudança de cena, terá de ter cuidado, a fim de que a transição soe natural e musical. Isso significa que você terá de escolher um tempo e um *endereço de time code* inicial para a primeira música que irá levá-lo à mudança de cena num ponto musical — como a primeira batida do 170 compasso ou algum outro ponto de acentuação musical. Aí é que os computadores são realmente úteis. Caso você saiba a duração exata em termos de horas, minutos, segundos e quadros de cada cena a ser musicada, e tiver uma ideia geral de seu tempo, pode alterá-lo levemente para sair num bom ponto de transição musical no quadro exato que desejar.

## Trabalhando com filmes proxy

Você assistirá ao filme avançando e retrocedendo — constantemente parando e voltando o filme ou avançando, a fim de sentir o clima do filme de um modo geral ou de uma determinada parte que queira colocar música — enquanto cria suas ideias. O filme é carregado em seu software, assim como sua música. Você não precisa trabalhar com uma cópia em alta resolução do filme, então é uma boa ideia pedir um filme proxy.

Um *filme proxy* é uma cópia com os dados do filme comprimidos ou gerados numa resolução mais baixa. Resolução mais baixa significa qualidade mais baixa, mas os filmes de alta resolução exigem muita força de processamento de seu computador, e é bom economizá-lo para suas composições musicais. Depois disso, após exportar seu trabalho para o filme proxy, sua música pode ser transferida para a versão de alta resolução do filme. Os filmes proxy têm o mesmo conteúdo da versão em alta resolução em termos de cenas e endereços SMTPE, eles apenas têm arquivos de tamanhos menores para que você possa trabalhar mais rápido.

208   PARTE 4 **Orquestração e Arranjo**

# Compondo para Videogames

Compor para videogames é outro caminho excitante a ser percorrido como compositor. A música da série *Lenda de Zelda* pode ser um dos trabalhos instrumentais mais reconhecíveis da década. A composição de música para videogames nos dias de hoje depende muito do MIDI. Existem algumas notáveis exceções, mas, de um modo geral, os desenvolvedores de videogames colocam a música num patamar bem baixo na ordem de prioridades de alocação de memória. O lance do videogame é o jogo. Por outro lado, a música errada pode atrapalhar a popularidade de um jogo, então os desenvolvedores se importam com isso. A música dá ao jogo uma parte importante de sua personalidade.

Se você joga videogames ou não, ainda assim deve estudar a maneira em que a música é usada neles se você quiser ser bem-sucedido neste ramo de composição. Normalmente, existem pelo menos quatro ou cinco canções que estão ligadas a certas áreas do jogo. Pode haver música para caminhar, para lutar, para equipar seu personagem, por ser o primeiro colocado em uma corrida e aí por diante.

LEMBRE-SE

Às vezes, um jogador ouve a mesma música repetidamente, por períodos bastante longos de tempo. A música tem que ser ou boa o bastante para passar no teste do jogo longo ou ser invisível o suficiente para criar um clima sem exigir muita atenção do jogador.

A música para videogames pode ser composta a partir de composições antigas e inacabadas que você possa ter guardado, ou pode ser criada uma música nova. Você pode morar em qualquer lugar uma vez que tenha feito a música para um ou dois jogos, mas o difícil é entrar nesse meio. Sugerimos que você busque na internet para descobrir quem são os desenvolvedores de videogames em sua área, caso eles existam, e entre em contato. Faça uma demo com exemplos curtos de suas composições. Dê a eles apenas dez a doze segundos de umas oito ou nove ideias musicais contrastantes. Tente editá-las junto para que a coleção toda tenha um fluir e não soe muito desconexa.

Assim como o MIDI, existem outras considerações técnicas a serem feitas ao compor para videogames, então você vai precisar ter uma inclinação técnica, mas, para começar, deve se concentrar no lado musical. Caso você tenha uma inclinação técnica, o resto vai surgir em seu tempo.

# Compondo para TV e Rádio

Compor a trilha para um programa de televisão é meio que um cruzamento entre compor para filme e para videogame. Você precisará criar vários temas que serão usados com frequência, mas terá de continuar a escrever música feita sob encomenda para certos tipos programas de TV. Às vezes a música tema de um programa de TV e a música incidental são compostas por pessoas diferentes. Existe muito mais prestígio e, consequentemente, mais dinheiro envolvido nas canções de abertura, mas estas normalmente são encomendadas a artistas conhecidos.

DICA

Este campo também é de difícil entrada, e você terá de correr atrás com uma demo boa, curta e bem editada que contenha a maior variedade possível de material. Uma boa ideia é encontrar as produções de TV locais, que precisam de música feita sob encomenda. Ter a experiência em alguns deles pode ajudar sua busca. Pode haver uma estação de acesso público em sua região e você pode encontrar alguns produtores de TV novatos e entusiasmados que adorariam ter algumas contribuições musicais. E busque pessoas que estejam fazendo documentários. Você provavelmente trabalhará de graça por um tempo.

Compor para publicidade pode ser uma carreira bastante lucrativa caso você consiga entrar no mercado nacional. Os comerciantes locais normalmente usam seleções de muitas bibliotecas de banco de músicas para seus anúncios, mas se eles quiserem seus nomes no jingle, vão ter de usar alguém para compor a música para eles, e essa pessoa pode ser você. Caso você encontre este tipo de trabalho, trabalhará na maior parte do tempo com spots de 30 segundos, alguns de 60 segundos e outros de 15 segundos, às vezes. Os jingles de 30 segundos na verdade precisam ter 29. Não é possível ser mais curto ou mais longo nesta área, então você precisa desenvolver uma sensibilidade para compor uma música completa, com início, meio e fim que dure exatos 29 segundos.

Uma vantagem do jovem compositor trabalhando para publicidade é que ele quase sempre consegue trabalhar com os melhores músicos de sua área. Você encontrará pessoas que trabalham bem com o click (metrônomo), leem partituras e são familiarizados com o ambiente do estúdio de gravação.

CUIDADO

Não entre neste ramo acreditando que você vá poder ser muito criativo com sua música. Você vai ser dirigido por produtores, representantes de agências, músicos e até executivos corporativos e seus representantes. Às vezes, o direcionamento deles fará sentido para você, mas outras vezes vai se pegar perdendo o controle de seu trabalho. Esteja pronto para largar as rédeas. Considere-se relativamente bem-sucedido caso esteja sendo pago por seu trabalho.

No cenário dos jingles, quando mais simples a música for, melhor. A ideia é compor algo que grude na cabeça dos ouvintes sem fazer com que pensem muito. Uma música desafiadora ou provocante vai deixar tudo mais lento, convidar às críticas e ao ceticismo e alguém acima de você na cadeia alimentar fará o que quiser com sua música até que se sinta culpado pela infração cometida contra a regra do *menos é mais*, que governa a indústria dos jingles.

Nesta área, espera-se que você trabalhe bem rapidamente. Caso precise de tempo para ter ideias ou fazer mudanças em sua composição, os jingles podem não ser a direção adequada para você seguir. Você pode ter apenas um pequeno rascunho da letra e uma ideia do estilo musical a ser seguido numa segunda-feira à tarde — e ter a peça gravada e finalizada numa quarta-feira de manhã. Por outro lado, ter prazos apertados pode lhe ser motivante. Steve Horelick, compositor da música de *Reading Rainbow*, disse certa vez, "a melhor maneira para eu terminar uma composição é alguém colocar uma arma na minha cabeça e dizer 'preciso dela para amanhã'".

Você provavelmente fará muitos jingles demo de graça antes de vender um para um cliente ou produtora. Você deve se sentir privilegiado se seu tempo de estúdio lhe for pago nesse meio tempo. Mais uma vez, uma demo compilando seu trabalho é muito importante (veja a seção final deste capítulo para saber mais sobre demos). As pessoas no mundo criativo profissional não lhe darão muito tempo para demonstrar seu talento, então vai precisar condensar tudo num curto passeio por seus êxitos anteriores.

Procure na internet ou nas páginas amarelas por produtoras de áudio e agências de publicidade. Hoje em dia, muitas produtoras são autênticos exércitos de um homem só, então nestes casos pode ser que você encontre dificuldades. Nem todas as agências de publicidade lidam com TV e rádio, mas seja persistente e sério nos negócios, tentando fazer com que sua demo chegue ao maior número possível de mãos e ouvidos.

É uma boa ideia também estudar os jingles que estão sendo veiculados no momento. Frequentemente lhe pedirão que copie seus estilos, então será esperado que você saiba o que está acontecendo no ramo.

# Compondo para Orquestra

As recompensas pessoais e emocionais de se compor música para ser apresentada por uma orquestra de concerto são difíceis de ser superadas. A liberdade artística de não ter de responder às demandas de uma cena de cinema ou de um executivo da publicidade é inebriante. Mesmo uma banda de escola ou coro apresentando suas composições pode deixá-lo cheio de orgulho e com um senso de realização. E sempre existe a chance de que uma orquestra mais respeitada possa decidir tocar uma de suas composições em concerto. Você pode até mesmo gravar e lançar sua peça em CD. A maioria de nós sonha com a imortalidade trazida por uma composição de sucesso.

Estas emoções frequentemente não são o bastante para levar um jovem compositor a aprontar uma obra para orquestra. Dinheiro para novas composições é muito difícil de vir. Pode ser extremamente difícil encontrar uma orquestra disposta a aceitar a tarefa de ensaiar e preparar trabalhos de compositores desconhecidos. A motivação pode acabar antes mesmo de qualquer pessoa ter até mesmo olhado sua partitura. Estabeleça alguns prazos autoimpostos para terminar sua música. Coloque uma arma em sua cabeça e diga, "Preciso dela para amanhã".

Você pode se inscrever para subvenções, caso seu trabalho se qualifique. Ache alguém que conheça como buscar subvenções ou vá a internet pesquisar. Uma demo de sua composição feita em MIDI pode ser útil — mas caso seja mal executada, ela pode na verdade atrapalhá-lo. Fale com escolas de ensino médio e universidades em sua área. Algumas escolas se orgulham de tocar trabalhos de compositores locais ou regionais. Podem haver formações musicais semiprofissionais ou amadoras em sua região que possam estar abertas a experimentação. É mais fácil ter um quarteto de cordas tocando do que ter uma sinfonia executada, simplesmente pelo número de músicos envolvidos.

Bons músicos orquestrais têm o hábito de serem pagos por seus serviços, então caso você tenha o dinheiro, pode produzir sua própria performance. Esta é uma proposta cara, logo seria uma boa ideia gravá-la profissionalmente enquanto ela está sendo tocada. O custo extra será menor do que tentar realizar uma gravação em outro momento (embora isso seja possível de ser feito também, caso assim o deseje).

# Compondo para Si Mesmo

Assim como compor para uma orquestra, essa talvez seja a estrada mais difícil de seguir para ganhar a vida com sua música — mas a mais recompensadora em termos de alimentar sua musa e extrair o máximo da criatividade sem travas. Não existem limites ou restrições de quais instrumentos ou sons usar; você não precisa se manter num determinado tom; não está limitado em representar uma visão em particular fora a sua própria; você pode trabalhar com quem quer que seja.

Este é um caminho perfeito para você, caso seja independentemente rico, infinitamente paciente, incansavelmente persistente ou qualquer combinação destas coisas. Ou talvez você queira somente ouvir suas ideias musicais sendo tocadas num CD e não se importa nem um pouco com o sucesso financeiro ou fama. Existem algumas mentes musicais funcionando por aí que não conseguem fazer com que ninguém ouça seu trabalho. E existem muitos pretensos compositores que fazem sucesso e não têm tanto talento assim. Pode se dizer que existem algumas pessoas que tiveram imenso êxito de alguma forma sem muito talento para sustentar seu sucesso.

LEMBRE-SE

Existem muitos caminhos até o alto da montanha, e muitas montanhas a serem escaladas no mundo da música. Você precisa definir o que o sucesso significa para você. Não deixe que mais ninguém defina isso para você.

A internet é provavelmente o melhor mercado de trabalho para você, caso esteja compondo para si próprio. Existem muitas maneiras de se vender na internet.

Você pode criar sua própria página ou começar uma no MySpace ou Facebook. Você pode criar uma conta com serviços de download como o iTunes e distribuir seu produto por meio de serviços como a CDBaby.com. Independentemente de qual dessas direções você tomar (talvez todas elas), é preciso ainda fazer com que as pessoas cheguem até sua música. Para isso, talvez possa contratar alguém que consiga otimizar sua presença na web para dar a você e à sua música uma maior exposição.

## MARK MOTHERSBAUGHT, FUNDADOR DA MUTATO MUZIKA

Eu me envolvi com trilhas sonoras de filmes quando um amigo meu, Paul Reubens, me pediu para fazer a música de um programa de TV para ele. E foi mais ou menos quando começou, com *Pee Wee's Playhouse*. De lá para cá, fui supervisor musical, fiz orquestrações e também escrevi canções para filmes. Às vezes, eu venho por alguns dias e escrevo uma canção, dependendo do que o filme é, ou do que a companhia precisa. Para alguns de meus projetos, como *Rugrats — Os Anjinhos*, por exemplo, eu escrevi oito ou nove canções que acabaram fazendo parte dos diálogos do personagem — música que acabou sendo fundamental para o filme, ao contrário de escrever canções que fossem somadas ao roteiro.

Quando as pessoas me procuram para fazer trilhas sonoras, normalmente é porque ouviram alguma coisa que eu tenha feito que as tenha interessado. Faz algum tempo que fiz a trilha de um filme chamado *Tudo por um Segredo*, que era um filme bem pequeno mesmo. Era meio Oscar Peterson/Django Reinhardt, um bebop jazz bem rápido e, na sequência imediata, as pessoas começaram a me ligar por aquilo, procurando alguém que fosse capaz de fazer uma música tão retrô.

Existem pessoas que ouviram o que eu fiz com o Devo ou nos projetos que fiz com Wes Anderson e elas estão procurando por este tipo de som. Raramente me chamam para fazer filmes de terror. Já fiz projetos de televisão que eram projetos de terror, mas filmes inteiros — você sabe, as pessoas tendem a ser rotuladas, então costumam ir até a Marco Beltrami ou Chris Young para trilhas sonoras de filmes de terror, pois ambos fizeram tantas até hoje. E esses caras também têm o mesmo dilema, não querem ser estigmatizados como somente autores de trilhas de terror e estão sempre em busca de projetos que os separem do gênero.

DICA

A única regra que nós sugerimos que você siga a fim de chegar a algum lugar na indústria da música é não seguir regra alguma (exceto talvez essa). Caso esteja compondo para si mesmo, você é a única pessoa a quem deve agradar. Caso sua música soe como a de todo mundo, ela não causará uma impressão diferente. Quase todo compositor que ganhou a honra de ser lembrado fez algo novo ao compor. Não nos lembramos das cópias, somente dos originais. Caso ninguém esteja encomendando seu trabalho, você não tem nada a perder sendo original.

Por outro lado, lembre-se de que não existe nada de novo sob o sol. Você está trabalhando com as mesmas doze notas que todo mundo tem para trabalhar. Mas isso não quer dizer que você não possa colocar as coisas de novas maneiras.

# Equipes de Composição

Uma boa maneira, já experimentada com bons resultados, para conseguir trabalho nas trilhas sonoras dos filmes, televisão e videogames é tentar fazer parte de uma equipe de composição. As equipes de composição são empresas contatadas diretamente pelas empresas de produção para escrever e tocar as trilhas sonoras de seus filmes, programas e jogos. Muitos músicos profissionais trabalharam em equipes de composição, assim como Mark Mothersbaugh, do Devo, que fundou a companhia de produção musical Mutato Muzika, em West Hollywood, e Johnathan Segel, do Camper Van Beethoven, que trabalhou na Danetracks.

Equipes de composição têm sido bastante populares no mundo na animação desde o início. O que o Pernalonga teria feito sem Carl Stalling — ou o que seria do Pato Donald sem Spike Jones para acompanhar suas trapalhadas? Desenhos animados e curtas-metragens quase sempre têm um segmento musical incluso, e como existe uma demanda tão grande para a música neste ramo, existe uma chance muito maior de entrar nele como iniciante.

Cheque os créditos de seu programa predileto de televisão (ou os de seus filhos) para ver quem está fornecendo a música. Se é o nome de uma empresa em vez do de um indivíduo, eis um lugar para onde pode mandar seu currículo. Os requisitos para se tornar parte de uma equipe de composição incluem talento existente e capacidade de compor no tipo e estilo de música com o qual a equipe trabalhe, ótima habilidade interpessoal (para lidar bem com outros membros da equipe e trabalhar bem com eles) e viver numa área onde tais equipes existam.

Por enquanto, não é muito comum ver equipes que trabalham a longa distância via internet ou algum outro método, mas empresas na web como a Rocket Network estão trabalhando duro para criar redes de colaboração extensivas online que possam logo mudar a maneira como as equipes de composição são formadas e funcionam.

Você pode também tentar descobrir se existem equipes de composição em sua cidade e tentar se apresentar às pessoas encarregadas por elas. Leve sua demo até elas e enfatize seu desejo de trabalhar na equipe com outros compositores. Uma vez que você for contratado, não se esqueça de se certificar de que está tendo seu crédito na cue-sheet (ficha técnica) da ASCAP (American Society of Composers, Authors & Publishers), BMI (Broadcast Music Incorporated) e/ou SESAC (Society of European Stage Authors and Composers) para receber os royalties pela música que você escreve — mesmo se não estiver sendo creditado na tela. Sem este crédito, você está apenas *ghostwriting* (sendo um escritor fantasma, aquele que não recebe seus créditos, mesmo fazendo o trabalho), o que tem seus próprios desafios, um dos quais é um currículo com aparência inconsistente.

# Organizações e Sites Úteis

Nada é mais importante ao se trabalhar na indústria do cinema do que ser persistente. Músicos talentosos nascem todos os dias, mas os verdadeiramente persistentes são feitos, não natos.

CUIDADO

Caso você não esteja passando a maior parte de seu tempo entre trabalhos musicais mandando uma pilha de currículos e demos e pesquisando oportunidades de trabalhos possíveis todos os dias, provavelmente não conseguirá chegar a lugar algum.

No entanto, caso esteja pronto para o desafio, eis aqui alguns sites muito bons para você ver, em seu caminho rumo a se tornar um compositor de filmes inserido no mercado.

## Film Connection

www.film-connection.com (conteúdo em inglês)

O site Film Connection tem tudo, desde vagas de empregos na indústria do cinema e música a histórias de sucesso, contadas por seus próprios autores, pessoas que religiosamente visitam este site há muito tempo, buscando informações de trabalho. Você encontrará centenas de links para equipes de composição, músicos individuais trabalhando na indústria, estúdios de cinema de todos os tamanhos e gêneros e anúncios em busca de ajuda.

## American Composer's Forum

www.composersforum.org (conteúdo em inglês)

Nos últimos 30 anos, o objetivo do American Composer's Forum tem sido formar comunidades de compositores e músicos, com o objetivo de os encorajar na criação de música nova. O site inclui muitas novidades para músicos e compositores afins, assim como oportunidades de negócios e links para outros membros desta organização de prestígio.

# American Composer's Forum, Los Angeles Chapter

`www.composers.la` (conteúdo em inglês)

A cria da ACF original foi criada especificamente para discutir a música na área de Los Angeles, muita da qual tem a ver com a indústria de filme e televisão. Assim como o site original, ele tem muitas novidades sobre oportunidades na música e empresas na área de L.A., incluindo uma grande parte de classificados em busca de trabalho.

## Film Music Network

`www.filmmusic.net` (conteúdo em inglês)

Este site é um ótimo lugar para buscar regularmente vagas de trabalho — que são postadas na própria homepage, logo você não precisa revirar o site. Lá vai encontrar notícias fresquinhas sobre as empresas de produção e equipes de composição ao redor do mundo.

# Trabalhando com Agentes

A não ser que você esteja trabalhando em expediente integral para uma empresa, será considerado um músico freelancer pela maioria das pessoas com as quais lida — o que pode ser bom ou ruim para suas relações de trabalho. No lado ruim, caso a empresa consiga encontrar alguém mais barato do que você e que seja tão bom quanto, ou meramente adequado, pode ser que ela use aquele compositor. Outro aspecto ruim de ser um freelancer é que uma companhia sem reputação pode decidir não lhe pagar por seu trabalho completo ou cortar seu projeto, antes de ele ser completado e roubar sua composição. A não ser que você tenha um ótimo advogado a seu lado e bastante tempo nas mãos, estes casos são quase sempre sem esperança para o compositor freelancer.

O lado bom da coisa é que como freelancer você pode escolher suas horas de trabalho e, na maior parte do tempo, trabalhar de casa. Você precisa possuir seu próprio equipamento, é claro, mas isso significa também que vai trabalhar com o material com o qual está mais à vontade. Além disso, se você tiver uma sensação ruim sobre uma empresa com a qual está trabalhando e puder sair do projeto, terá a chance de os largar e buscar uma empresa diferente para trabalhar, em vez disso.

Quando você contrata um agente, muitos dos aspectos ruins de ser freelancer mudam. Uma delas é que um bom agente vai lhe achar trabalho e, como ele tem uma participação sobre qualquer dinheiro que você venha a fazer, somente abordará empresas que tenham uma boa reputação. Logo, você não será mais roubado. Além disso, muitas empresas de produção maiores, como a Disney, não trabalham de forma alguma com alguma pessoa ou empresa que não seja representada por um agente. A maioria dos canais de televisão também trabalha somente com um artista ou empresa por meio de um agente.

Existem, obviamente, histórias de horror sobre agentes de músicos, mas a maioria delas tem a ver com escolher um profissional sem checar sua reputação primeiro. A melhor maneira de encontrar um agente é descobrir quais agências representam alguns dos músicos e compositores que você admira — o que se descobre facilmente numa busca na internet. Comece por estes agentes primeiramente e veja onde isso o levará. Muitas vezes, mesmo no caso destes agentes o recusarem, eles irão dirigi-lo a um outro agente que possa melhor atender às suas necessidades.

# Composição

Quase todo mundo já escreveu pelo menos uma canção na vida, seja uma criança de três anos inventando novas letras para "Twinkle, Twinkle Little Star" ou adiante, brincando com progressões de acordes e inventando letras na hora, para acompanhar o instrumental resultante. A verdade é que compor canções não é muito difícil. No entanto, escrever boas canções, ou ao menos canções que outras pessoas além de sua família imediata possam realmente gostar, pode ser bem difícil.

Bons compositores usam a forma para dar a suas canções o impacto emocional necessário para as tornar memoráveis. Assim como os poemas mais fáceis de lembrar e mesmo — num nível muito menos sofisticado — cantos numa manifestação e hinos têm algum tipo de rima ou estrutura rítmica neles. As canções mais fáceis de fazer com que as plateias se conectem com elas são aquelas construídas de acordo com a forma. As canções não são compostas de forma arbitrária, e as formas não foram inventadas só para criar canções formulísticas, sem profundidade ou originalidade. Estas formas existem e persistem porque os compositores e plateias acham que elas ajudam os ouvintes a entender e a lembrar da mensagem no coração de uma canção. O Capítulo 13 fala bem mais sobre forma.

Mesmo quando suas canções vierem espontaneamente, vai haver um ponto em que você terá de decidir qual forma vai querer usar (vamos falar sobre forma mais detalhadamente à frente, nesta seção). Às vezes você pode criar um único verso ou uma ideia de um refrão, primeiro. Depois dessa primeira faísca de inspiração, e com uma exploração do que você deseja que a canção diga, você precisa ter uma ideia do tipo de forma que vai querer usar para o ajudar a passar adiante sua ideia, ou a história por trás da canção da maneira mais eficaz. Você pode fazer isso de forma inconsciente, como um resultado natural de ter ouvido e estudado música por toda a vida.

CAPÍTULO 17 **Compondo Música e Canções Comerciais** 217

Mas, às vezes — especialmente caso você tenha só escutado pop chiclete, ou rap ou rock matemático —, pode ser que não seja capaz de escrever nada que não soe como uma imitação descarada de uma canção com a qual você já seja familiarizado. Você precisa se lembrar de que o que já sabe ou sente sobre forma pode ser limitador.

## Decidindo as letras e o tempo

Caso você esteja começando com uma letra, o clima e o assunto dela provavelmente ditarão o tempo da música. Caso seja uma canção feliz que exija um tipo de ritmo animado, pode ser que você queira usar uma forma com apenas algumas partes, como AAA ou ABA. Caso seja uma balada lenta ou de tempo médio — por exemplo, uma boa balada country, como "I'm So Lonesome I Could Cry", de Hank Williams — você pode usar as formas mais longas ou curtas.

Caso você esteja escrevendo suas letras primeiro, depois terá de escolher uma batida que funcione com elas. Caso suas letras usem palavras multissilábicas, ou caso você tenha muitas palavras curtas que se encaixem em frases longas, provavelmente logo precisará escolher uma batida rápida que se case com o ritmo de seu diálogo. Ouça qualquer coisa de uma banda de punk rock que cante rápido, como o início do Suicidal Tendencies ou Husker Dü, para ver do que estamos falando.

Em termos de música folk, compare o tempo da letra de uma das canções especialmente cheias de palavras de Bob Dylan, como "Leopard-Skin Pill-Box Hat" com "Just Like a Woman". Não haveria jeito de pegar a letra de "Leopard-Skin" e colocá-la na batida de "Just Like a Woman" — a letra não se encaixaria em termos rítmicos em relação à música e você teria deixado muitas palavras de fora no final da canção.

O tempo que você escolhe para sua canção também será pelo menos parcialmente determinado pela facilidade de cantar sua letra. Caso sua canção seja meio atrapalhada ritmicamente, um tempo rápido pode enrolar sua língua ao tentar cantar tudo. Pense em Shakespeare e seu uso constante do pentâmetro iâmbico. Não só suas palavras soam bem para o ouvido, mas elas têm sido facilmente repetida pelos atores, sem medo de ficar com a língua travada, por mais de 400 anos. Caso você queira uma letra na velocidade da luz, com uma sílaba por colcheia ou semicolcheia, é preciso que tenha um cuidado extra na facilidade de pronúncia das letras e que sejam cantáveis. É uma boa ideia experimentar com um metrônomo, cantando ou falando a letra, em vários andamentos diferentes.

Menos palavras numa canção geralmente causam menos problemas, mas o desafio é fraseá-las de uma maneira interessante em relação ao ritmo. Você pode esticar curtas frases faladas contra frases musicais lentas facilmente tirando palavras curtas como Hank Wiliams e Patsy Cline faziam em sua música, ou usando pausas longas entre as frases, como Leonard Cohen faz às vezes. Em

218    PARTE 4 **Orquestração e Arranjo**

canções com menos palavras, o modo como você canta suas linhas — ou o jeito que o cantor faz isso — é tão importante quanto as palavras usadas.

## Construindo ritmo

Nós discutimos como podemos construir o ritmo em torno de uma frase lírica no Capítulo 4. Agora é hora de explorar isso um pouco mais. Pegue uma frase de *Dido e Eneias*, de Henry Purcell:

Thy hand, Belinda! Darkness shades me.

Caso você fosse dividi-la simplesmente falando os acentos rítmicos, ela pareceria com a Figura 17-1.

**FIGURA 17-1:** Colocando marcas de acentuação nas letras de Henry Purcell para indicar ritmo.

Thy   hand,   Be- lin -da!   Dark -ness   shades   me,
 ^     ^       _   ^   _      ^     _       ^       _

**LEMBRE-SE**

Observe esta regra básica ao colocar letras nas batidas da música: as sílabas fracas (não acentuadas) são colocadas normalmente em pontos métricos fracos — aqueles que são mais fracos do que os outros onde ocorrem as sílabas acentuadas nas redondezas. Uma sílaba acentuada pode ocorrer em qualquer lugar, mas uma sílaba sem acentuação antes ou depois de uma sílaba acentuada deve cair num ponto rítmico mais fraco ou de força equivalente, significando que as sílabas fracas devem ocorrer nos tempos fortes quando estiverem perto de uma sílaba forte. É claro que, eventualmente, as regras tenham sido feitas para serem quebradas, e muitos ótimos compositores, musicalmente rebeldes — como o jovem ícone da psicodelia, Donovan — fizeram carreiras colocando acentos líricos entre tempos fracos musicais.

Caso quiséssemos usar este ritmo que ocorre naturalmente numa música, poderíamos escrevê-lo, conforme mostrado nas Figuras de 17-2 a 17-4.

**FIGURA 17-2:** Criando um possível exemplo rítmico de Purcell.

**FIGURA 17-3:** Uma segunda possibilidade rítmica de Purcell.

**FIGURA 17-4:** Uma terceira possibilidade para um exemplo rítmico de Purcell.

Qualquer um destes padrões rítmicos poderia funcionar (e funciona) na frase de Purcell. Assim como funciona o que ele usou (naturalmente) na verdadeira (Figura 17-5).

**FIGURA 17-5:** A própria escolha de Purcell para Dido e Eneias.

Conforme você pode ver na Figura 17-5, Purcell conseguiu seguir a convenção de combinar acentos fracos e fortes em sua letra com os tempos fracos e fortes de cada compasso e, ainda assim, conseguiu apresentar suas letras num padrão rítmico diferente dos mais óbvios que estavam a sua disposição.

## Escolhendo sua forma

Uma vez que você determine o tempo e decida como fazer com suas letras, terá começado a se prender à sua forma. Caso demore um minuto para atravessar uma estrofe e um refrão, e você está em busca de uma canção de três minutos, suas opções diminuíram ainda mais.

Você deveria também considerar quanto espaço precisará para contar sua história. Embora seja sempre uma boa ideia condensar, a forma AAA... ou a forma de canção de uma parte, lhe darão o maior espaço para se estender em termos de letra. Mas não deixam espaço para um refrão, ou um gancho memorável. Muito da música folk é escrita dessa forma, e é uma boa maneira de se contar uma história musical.

Formas *ternárias* (ABA, AABA, AABA composto e aí em diante — veja o Capítulo 13 para mais a respeito de formas de canções) podem lhe dar bastante espaço para letra, assim como onde desenvolver uma forte fundação musical, particularmente se você usar pré-refrões para apresentar novas informações na letra a cada vez. Formas de uma parte ou duas (ABABAB) em tempos rápidos são fáceis para escrever letras com histórias longas e complicadas — no entanto, podem ser melodicamente chatas, porque as melodias se repetem com muita frequência.

Por outro lado, caso você se prenda a escrever letras condensadas e livres, terá muitas outras opções musicais à sua disposição. Você pode colocar suas letras num tempo rápido — por exemplo, num rock — ou colocá-las numa balada lenta. De qualquer uma das maneiras, deixará bastante espaço para acomodar os estilos de fraseado individual de cantores diferentes. Letras livres apresentadas num tempo mais lento têm uma obrigação maior de serem interessantes, o que quer dizer que é preciso trazer um bom cantor para a cantar ou que você mesmo tenha uma boa voz. Você está fazendo o ouvinte esperar pelo desenrolar de sua letra e é melhor que valha a pena! O mesmo é verdade em relação a música, é claro.

Eventualmente, como em tudo mais, uma vez que você trabalhar com estas formas, elas se tornarão segunda natureza para você. Você também descobrirá que vai entrar em situações problemáticas para as quais terá de encontrar soluções criativas. Uma quantidade substancial de inovação na música é iniciada pela necessidade de encontrar uma maneira de sair de uma jam. Caso você tenha um repertório de soluções, está a frente no jogo.

## No início

Às vezes, os cinco primeiros segundos de uma canção são os mais difíceis de serem criados. Você pode saber que quer escrever alguma coisa, mas pode ter somente uma vaga ideia ou sensação sobre o que quer expressar. Ou você pode até mesmo saber exatamente o que quer dizer, mas tem pouca ou nenhuma ideia sobre como transmitir sua ideia para outra pessoa.

Há muita pressão sobre os compositores para fazer com que aqueles cinco primeiros segundos sejam os mais interessantes para o ouvinte também. Quantas vezes você fuçou em seu rádio, ouvindo um segundo aqui, outro segundo ali, antes de parar numa canção que prendesse sua atenção?

Os primeiros segundos de sua canção são também os mais importantes, porque caso ela comece bem, terá muito menos problemas adiante. Uma vez que passar do começo dela, muitas vezes a música e as letras ditarão aonde ela deve ir sozinha, e você só precisa agarrar isso e tentar manter a coisa nos trilhos.

Muitas vezes, os compositores começam uma canção agarrando uma outra já existente de que eles gostem e escrevendo letras completamente diferentes para ela. Dali em diante, eles modificam a música para combinar com o clima e começam a trabalhar mais nas letras para se adaptar à nova música, e seguem editando e reescrevendo a música e as letras, até que o resultado seja algo com que estejam felizes ou jogam esta canção na "lista de rascunhos", para ser trabalhada adiante ou usada em outra coisa mais tarde. Esta técnica funciona especialmente bem caso você tenha um grupo de pessoas com que possa trabalhar junto (sua banda, por exemplo), em que todo mundo possa colocar sua opinião sobre onde a canção original deva mudar e os traços que identificam a nova devam começar.

Outra maneira de se começar uma canção é brincar com algumas progressões de acordes. A maioria das canções pop usa as mesmas progressões de acordes — os músicos de jazz frequentemente fazem piada com os músicos pop por tocarem somente canções de três acordes — então, caso a progressão de acordes que você criar lhe soar familiar demais, não se desespere.

As progressões de acordes não podem ser registradas; somente letras e melodias.

Ainda outra maneira de se começar uma canção é pensar num título para ela, inicialmente. Um bom título pode levar a imagens e ideias específicas que você queira em sua canção. Por exemplo, você pode decidir chamar sua canção de "Belos Sapatos". A partir desse título, você pode começar a escrever frases sobre olhar uma pessoa caminhando, o que pensa quando vê os sapatos daquela pessoa ou para aonde ela está indo e aí por diante. Musicalmente, o título e as letras podem seguir mais ou menos o ritmo do andar daquela pessoa — saltitante, num passo nervoso, correndo e aí por diante. Daí em frente, a música pode decidir se era uma canção ameaçadora ou triste, com muitos acordes menores ou uma canção feliz e despreocupada usando, em sua maior parte, progressões de acordes maiores.

Palavras de ação, frases curtas ou imagens específicas funcionam bem como títulos inspiradores também.

## Fazendo sua canção entrar no clima

O clima da canção determina a música que colocará em sua letra — ou, caso você seja um compositor que esteja mais à vontade escrevendo a música primeiro e trabalhando nas letras na sequência, o clima da música que compuser determinará como suas letras serão interpretadas pelo seu público. Caso apresente letras felizes, num tom menor, de sonoridade sombria, ou coloque uma letra depressiva numa canção para cima e de sonoridade alegre (como Morrissey e The Smiths faziam), seu público achará que você está sendo irônico ou sarcástico — e caso seja isso o que queira transmitir, terá tido êxito então. No entanto, caso não seja o que você deseja, talvez seja melhor voltar para o começo de tudo.

Uma boa regra fundamental é lembrar-se de que toda música é uma forma de comunicação e uma canção com letra talvez seja a forma mais direta de comunicação musical. Além de falar por meio de suas letras, você se comunica com as pessoas por meio da sua música também. Caso uma frase da letra faça uma pergunta, então a música pode subir no fim da frase musical, juntamente às palavras. Caso as letras sejam quietas e sombrias numa parte de uma canção, que é num todo barulhenta e tempestuosa, não tem por que a música não possa ficar quieta e esparsa, enquanto o vocalista canta essa parte da canção. Seria ideal se, mesmo tirando o vocal, a mensagem emocional ainda pudesse ser claramente carregada pela música.

## O gancho

"Don't bore us, take us to the chorus"
(Não encha o saco, nos leve para o refrão).

Este é um ditado entre os editores musicais. Isso significa que sua canção precisa ter um gancho e que o ouvinte não deva ter de esperar tanto por ele. Um *gancho* é uma frase ou grupo delas que resuma a ideia da canção, grude em sua cabeça como manteiga de amendoim no céu de sua boca e se repita através da música toda, em seus pontos cruciais. É a parte da canção que será lembrada (às vezes a contragosto) quando o resto da canção tiver sido esquecido há muito tempo.

Normalmente o gancho é o refrão, mas nem sempre. Às vezes, um tema instrumental entre as estrofes pode ser um gancho (pense na parte de guitarra de "Satisfaction", dos Rolling Stones). O que podemos dizer sobre os ganchos é que, caso sua canção não tenha um, você vai ter dificuldades em achar alguém para a editar ou tocar.

Então, de onde vêm os ganchos?

Muitos lugares. Eles podem vir de expressões comuns de uso diário. Toda geração tem seu jargão. Por exemplo, quantas vezes você ouve alguém dizer "Tudo beleza"? Que tal "Toda hora"? Muitas expressões entram e saem de moda através dos anos; qualquer uma delas pode ser um bom ponto de partida para um gancho memorável. Ouça conversas e tente observar quais frases simples são bastante usadas. Elas nem têm de ter muita profundidade. Você será capaz de dar profundidade quando começar a descascá-las.

Às vezes, um gancho surge a partir de se colocar uma perspectiva nova numa ideia musical comum. Originalmente, o rock and roll usava os acentos da caixa no segundo tempo, no *e* do tempo 2 e no tempo 4. Em algum momento, o *e* do 2 foi limado e os acentos ficaram somente no 2 e no 4. Depois alguém tentou acentuar todos os quatro tempos com a caixa. Estas foram pequenas mudanças na bateria, mas deram uma mudança grande no clima e deram ganchos musicais. Christopher Cross usou um acorde de nona maior em "Sailing". Hendrix nos apresentou o acorde com sétima sustenido e nona. Caso você use bastante o mesmo gancho, ele pode se tornar a pequena marca registrada que o

CAPÍTULO 17 **Compondo Música e Canções Comerciais** 223

identificará. Caso você use muitas vezes o mesmo gancho, pode torná-lo um artista de um sucesso somente.

Uma técnica comum de composição é começar com uma frase musical ou lírica forte — não importa qual. A frase provavelmente se tornará o gancho, mas ela provavelmente não será a primeiríssima coisa que ouviremos na canção finalizada. Você vai construí-la com sua música e/ou letras. Pense em outras ideias líricas e musicais que suportem essa frase. Jogue a frase para lá e para cá em sua cabeça por algumas semanas até que comece magneticamente a juntar mais palavras, mais música, mais ideias de história que, geralmente, levam a um gancho. Agora você pode escrever versos que levem ao clímax que seu gancho deva providenciar.

Seu gancho provavelmente acabará sendo o título da canção, mas não as primeiras letras que o ouvinte escutará. Não são muitas canções que já começam com o título na letra. Então tente escrever primeiro seus ganchos. Desta maneira, pelo menos você se certificará de que suas canções os têm. Mesmo que a frase com a qual você esteja trabalhando não se torne um gancho, normalmente é uma boa ideia escrever canções de dentro para fora, e não se forçar necessariamente a começar a escrever sua canção do começo.

## VENDENDO A SI PRÓPRIO

Compor música é uma arte. No entanto, caso você queira ganhar algum dinheiro com ela, é também um negócio. Infelizmente a maior parte das pessoas criativas não são muito boas em se vender de uma forma persistente e organizada. Por alguma razão, a ideia de vendas e marketing parece gerar medo e resistência nos corações de muitos. A verdade é que as únicas pessoas do mundo que podem declarar ter um único trabalho são os vendedores. O restante das pessoas tem de ser um pouco vendedor de tempos em tempos, além de qualquer carreira que sigam.

Quando considera isso, você está vendendo toda vez em que tenta persuadir alguém a fazer qualquer coisa. Tudo, desde convencer a seus filhos que eles precisam comer verduras até sugerir um bom livro a um amigo, exige estas habilidades, que são necessárias para promover sua música. Um motivo pelo qual parece mais difícil se vender uma canção para um editor do que vender ervilhas para sua criança de quatro anos de idade é a dificuldade em separar o entusiasmo da presunção. Sempre parece mais apropriado que alguém diferente diga coisas ótimas sobre você do que você mesmo.

Além disso, você pode não ser tão confiante de que seu trabalho realmente seja tão bom, para começo de conversa. Na verdade, caso você goste demais de seu próprio trabalho, corre o risco de ficar preso a seu nível atual, porque não está enxergando as áreas em que precisa melhorar. Por isso, muitas vezes é uma boa ideia encontrar um agente ou empresário que o ajude a colocar seu trabalho na rua. Ainda assim, existem muitas coisas que você pode fazer por si mesmo, e alguns compositores são muito bons em se promoverem.

# Fazendo uma Ótima Demo

Você vai precisar fazer uma gravação de demonstração de seu trabalho. Existem ainda alguns lugares onde uma partitura pode ser o bastante para conseguir fazê-lo entrar, mas o mundo da música se acostumou à ideia de que seu cartão de visitas deva ser num formato de áudio de fácil acesso. Caso você seja um compositor, sua demo deve incluir algumas canções inteiras, mas para entrar no mundo da composição feita por encomenda terá de editar (ou fazer com que alguém o faça), criando uma coletânea de gravações curtas mostrando a variedade de seus trabalhos.

## Mantenha a coisa curta

A maioria das pessoas na indústria da música na posição de lhe contratar ou pagar por sua música não lhe dará muito tempo para causar uma boa impressão. Caso você seja sortudo o bastante para conseguir uma entrevista ou enviar uma demo, espera-se que você consiga pintar um quadro breve, mas completo, do que consegue fazer musicalmente, em cerca de dez minutos. Talvez três desses minutos serão gastos ouvindo sua demo.

Como a maioria das composições segue formas estruturais, como AABA e aí por diante, não é incomum que as pessoas ouçam sua música só até a primeira parte B e pulem para a música seguinte. Não se ofenda por isso. Na verdade, o que você deveria fazer seria editar somente os melhores momentos do material mais diverso o possível que tenha a oferecer, e o faça de uma maneira musical — ou, ao menos, interessante. Tente editar esse segmentos musicais em frases musicais lógicas. Às vezes você pode deixar de fora uma frase legal que inclua um raciocínio da letra completo. Outras vezes, você vai querer usar cortes de quatro, oito, doze ou dezesseis compassos, como estes tamanhos são normalmente o padrão de uma frase musical.

## Inclua apenas as melhores coisas

Encontre os momentos mais excitantes de sua música. Você precisa ser capaz de ouvir com uma certa quantidade de orgulho caso esteja sentado lá enquanto sua demo é tocada. Nada é pior do que uma sensação de vergonha ou sentir a necessidade de se desculpar por algum momento desconfortável ao ouvir sua demo.

## Organize-a

A ordem das músicas de sua demo também é importante. Comece com seu melhor trabalho e prossiga com algo que gere contraste com ele. Cuidado em não usar músicas no mesmo tom ou com o mesmo groove ou atitude na sequência direta. Você pode fazer um fade out numa, enquanto faz um fade in da próxima.

CAPÍTULO 17 **Compondo Música e Canções Comerciais** 225

Você pode colocá-las de uma maneira em que a última batida de uma também seja a primeira batida da seguinte. Pode criar um pequeno espaço entre elas, caso queira que o ouvinte reflita sobre o clima de uma certa música, ou se a mudança de tom entre as duas músicas seja um pouco desafiadora demais para o ouvido. Quebre a paisagem e apresente uma palheta musical o mais diversa possível. Seja criativo. Isso é o que eles querem ouvir.

Resumindo, você precisa tratar a criação de um CD demo como uma composição em si. É um medley de seus maiores sucessos (mesmo que sejam sucessos futuros).

## Tenha mais material a caminho

Você também deve ter à mão as versões na íntegra de suas gravações. Caso alguém goste de sua demo, talvez esteja disposto a ouvir por bem mais tempo. Eles, então, irão querer ouvir como você desenvolveu suas ideias do início ao fim. Vão querer perceber também seu senso musical. Mas não irão lhe dar muito tempo de cara. Nós ouvimos muitas demos excelentes que contam uma história bastante completa sobre o trabalho de um artista em cerca de 90 segundos. Um minuto e meio pode ser a duração perfeita, caso você seja bom em edição.

Não deixe que sua demo tenha mais de três minutos.

## Identifique-se

Não se esqueça de que tudo o que você deixar com alguém — seja um CD, currículo, carta ou o que quer que seja — deve incluir suas informações de contato. Seu nome, números de telefone, e-mail e endereço precisam estar em cada item. Caso seu currículo tenha mais de uma página, coloque seus contatos em todas as páginas. Coloque no rótulo do CD e no estojo dele. Às vezes, as páginas se separam e os CDs ficam fora de suas caixas. Você não quer que as pessoas tenham de procurar por suas informações, caso queiram entrar em contato com você.

## Invista em qualidade

Todas essas informações deduzem que você tenha gravações de seu trabalho. A utilidade das gravações demo não pode ser enfatizada o bastante, mas uma gravação ruim de uma performance ruim pode fazer mais mal do que bem para você. Caso você vá investir seu próprio dinheiro em seu sonho de se tornar um compositor de músicas reconhecido, o melhor investimento é, de alguma maneira, procurar gravações de qualidade profissional de boas performances de seu trabalho. Caso você mesmo possa fazê-lo, ótimo. Mas, na maioria das vezes, a escolha inteligente é se concentrar na música e deixar com que um profissional o ajude com o lado técnico. No fim, você, pelo menos, vai ouvir seu trabalho completo, e esse é o principal objetivo de compor, em primeiro lugar, não é mesmo?

# Registre-a

Uma última coisa: não se esqueça de registrar sua obra no Escritório de Direitos Autorais da Biblioteca Nacional, antes de mandar seu material por aí (veja a caixa anterior sobre o assunto). A maioria dos profissionais desse ramo não está interessado em roubar seu trabalho, mas na era da internet, os editores estão muito reticentes em relação a trabalhos que não tenham sido registrados. O medo é que você tenha colocado sua música na internet e que alguém possa ter registrado a música, usando um download. Os editores e as gravadoras não querem se arriscar a ser processados por violação de direitos autorais, então mostre a eles que você foi cuidadoso: registre suas composições.

228    PARTE 4  **Orquestração e Arranjo**

> **NESTE CAPÍTULO**
>
> **Checando sequencers, digital audio workstations e notação de música computadorizada**
>
> **Visitando bibliotecas de sons digitais**
>
> **Fazendo loops em suas composições**
>
> **Armazenando ideias em seu computador**

Capítulo 18

# Compondo Música Eletrônica

O músico normal, que grava música eletrônica em casa, tem de saber tanto sobre computadores quanto sobre música. A quantidade de programas e ferramentas necessárias (ou desnecessárias) está constantemente crescendo e evoluindo, tanto que muitos músicos sentem falta dos dias em que um gravador de quatro canais era o auge da tecnologia de gravação caseira.

Tendo dito isso, a música eletrônica está aqui e, provavelmente, para ficar. Este capítulo o introduz a suas muitas vantagens e limitações.

# Software e Hardware para Composição

Caso você seja o tipo de músico que gosta de passar tanto tempo experimentando tecnologia quanto escrevendo e gravando música, então aprender a usar a nova tecnologia não é muito problema. Existe uma variedade fascinante de novos instrumentos e programas para se trabalhar, indo de microfones ultrassensíveis que conseguem gravar as vozes de insetos e o barulho estável das árvores caducas até teclados com três lados tocáveis para cada tecla, para que possa produzir microtons e construções cordais anteriormente impossíveis.

No entanto, caso você seja o tipo de músico que tem de ser arrastado à força para o século XXI da gravação caseira, então as capacidades de playback do theremin MIDI provavelmente não lhe interessarão. E está tudo bem. Caso este seja o caso, existem somente alguns pacotes de softwares que na verdade serão úteis — ou combinações de software com hardware.

## Sequencers e digital audio workstations

Para os compositores que ficam mais à vontade compondo música num instrumento do que sentados escrevendo notas, um bom programa de sequencing como o Cubase, Sonar, ProTools ou LogicPro é um belo lugar para se começar. Embora os primeiros sequencers requeressem que o compositor se sentasse ao computador e colocasse notas na partitura, usando um mouse — ou pior ainda, com um teclado de computador — alguns programas de sequencing modernos vêm com uma entrada de hardware que se encaixa numa entrada de seu computador. Desta maneira, caso você queira compor sua música em qualquer instrumento capaz de usar MIDI, como uma guitarra, um teclado ou um microfone, pode tocar a música diretamente entrando no computador. Lá, a música é salva para edição futura. Geralmente, quando o hardware MIDI acompanha um pacote de software de sequencing, a combinação de ambos é chamada de *digital audio workstation* (daw).

Muitos programas de sequencing têm capacidade de gravar até 70 canais. Alguns alegam ser capazes de gravar um número infinito de canais. Isso significa que você pode tocar uma linha melódica num instrumento, gravá-lo, tocar um acompanhamento para essa linha melódica num segundo canal, colocar uma faixa rítmica em cima dela, colocar outro instrumento na mix para o canal seguinte e aí por diante.

Os sequencers são ótimos para se trabalhar caso você queira cortar partes de música ou faixas de instrumentos específicos *a partir de* composições existentes. Eles também são ótimos para a criação de seus próprios *loops*, que podem

230    PARTE 4 **Orquestração e Arranjo**

ser usados diretamente depois da composição para serem colocados em suas composições inteiras (falaremos mais sobre looping adiante, neste capítulo).

O lado negativo de muitos sequencers de música é que eles têm apenas capacidade de notação musical limitada e são capazes somente de seguir e transcrever uma única linha melódica sendo tocada. Os pacotes de hardware/software de sequencers, como o LogicPro e CakeWalk, são capazes de transcrever peças musicais bem mais complexas.

## Software de notação musical: editor de partituras

Para o compositor que quer escrever partituras para outros músicos seguirem, ou até mesmo criar canções originais com o objetivo de publicação, um programa de notação musical chamado de *editor de partituras* é importante para que se saiba usar.

Embora editores de partituras mais velhos e menos sofisticados insistam que um compositor coloque as notas diretamente na partitura por meio do uso de um mouse ou de um teclado, versões mais novas do Finale, Sibelius, Encore e Capella permitem que um usuário ligue um teclado ou outro instrumento MIDI diretamente em um hardware que o acompanhe e toque a música diretamente para dentro do computador, como um sequencer. Neste momento, então, o software interpreta o que você tocou e produz a notação musical escrita para ele.

Os editores de partituras facilitam bastante para o compositor escrever seções diferentes da mesma peça musical para uma variedade de instrumentos, como os instrumentos de sopro e metais. O programa automaticamente faz as transposições necessárias para os instrumentos que usam tons específicos, o que é muito útil quando você está tocando a música a ser transcrita num teclado ou guitarra.

### O QUE É MIDI?

MIDI é a abreviação de Musical Instrument Digital Interface. Basicamente é um processo que digitaliza o timbre e a qualidade do som vindos de um instrumento, significando ataque, vibrato, modulação, sustain e aí por diante — as coisas que compõem a "sensação" do som específico de um instrumento. Como agora o som é digital, as notas do teclado podem ser designadas aos sons. Quando você toca um sintetizador MIDI e o arquivo MIDI sendo usado é "violino com arco", por exemplo, cada nota que você tocar passará a ter o timbre e a qualidade de uma corda de violino sendo tocada por um arco. O MIDI não é uma gravação de áudio direta de um instrumento — é simplesmente as características codificadas de um instrumento.

CAPÍTULO 18 **Compondo Música Eletrônica** 231

Existem alguns editores de partituras disponíveis que possuem capacidades OCR (*optical character recognition* ou *reconhecimento de caráter ótico*). Isto significa que você pode escanear uma partitura diretamente para seu computador — usando um scanner, é claro — e a partir daí pode interagir com essa peça musical usando o editor de partituras ou tocá-lo através da saída MIDI do programa para ouvir como soará. Alguns programas como SmartScore e Sibelius possuem esta característica.

## Repetição e o computador

Como vimos nos capítulos anteriores, a *repetição* desempenha um papel importante na composição musical. Formas de composição *binárias* ou *ternárias* incluem a repetição de motivos e conceitos vindos do storytelling, como *declaração*, *desenvolvimento*, *saída* e *resolução* ou *recapitulação*. O conceito central é esse: caso algo valha a pena de ser ouvido uma vez, provavelmente valerá apenas por duas (ou mais) vezes.

A composição auxiliada por computador se beneficia das capacidades de edição dele, acelerando enormemente todo o processo. Você pode estruturar uma frase de oito compassos e, em vez de ter que a escrever inteiramente a partir de seu começo, pode simplesmente copiar e colar nos oito compassos seguintes. Uma vez copiado, você pode fazer as mudanças que julgar necessárias. Pode adicionar ou deletar material e experimentar com qualquer aspecto da frase ou motivo que queira. É possível colá-lo quantas vezes achar necessário, em quantos lugares forem. Pode, então, compor outros oito compassos — digamos que, para uma ponte ou refrão — e usar as mesmas operações de copiar, recortar e colar neles. Os programas modernos de computador tornam tudo isso bastante fácil.

## Bibliotecas de sons

Com muitos programas de computadores, como o LogicPro, da Apple, uma variedade de sons (chamada de *bibliotecas de sons*) é incluída neles, permitindo que você ouça suas partes tocadas por meio de simulações ou samples de instrumentos reais orquestrais e não orquestrais. Você pode experimentar dúzias de ideias com estes sons e ter uma ideia geral de como soarão, quando uma partitura for impressa e as partes forem tocadas em instrumentos reais.

Um ponto negativo potencial de ter todos estes sons de instrumentos diferentes à sua disposição é que, caso você esteja escrevendo música que será eventualmente tocada por instrumentos reais, existe a possibilidade perigosa de que se escreva uma parte que pareça fácil no teclado ou na guitarra, mas que o músico que toque tuba ou saxofone não possa tocar com a mesma facilidade ou até mesmo que não consiga fazê-lo. O teclado e a guitarra são instrumentos muito velozes nos quais não é muito complicado tocar várias notas para cima ou para baixo, por longos períodos de tempo. No entanto, quando se trata de um destes outros músicos, eles podem olhá-lo com raiva ou simplesmente pedir uma trégua, porque você apenas não levou em conta que eles ocasionalmente precisem respirar.

Ao compor num computador, os sons dados pelo programa são limitados em sua verossimilhança, devido ao fato de não serem sujeitos às realidades físicas do desempenho em instrumentos reais. Não são arcos de verdade tocando as cordas, não são respirações de verdade, não há limite de alcance e aí por diante. Você pode apenas ter uma vaga ideia, na melhor das hipóteses, do que acontecerá quando músicos de verdade tocarem as partes, a não ser que componha tendo estas limitações em mente.

Por outro lado, talvez você nem *queira* instrumentos reais tocando suas composições um dia. Com um computador, passa a ter uma orquestra inteira à sua disposição nas pontas dos dedos, que gosta de você e lhe respeita, e não fica irritado ao receber partituras impossíveis. Graças à nossa amiga tecnologia, você pode investir em bibliotecas enormes terceirizadas de excelentes gravações de sons orquestrais. Algumas têm até elementos como comando sobre o "arco" nos instrumentos de cordas, que pode ser manipulado por meio de controle MIDI e que soa exatamente como a coisa de verdade.

Estas bibliotecas são bastante caras e expressivas, mas elas ocupam muito espaço de seu HD e exigem computadores poderosos para acessar todos seus atributos. Muitos compositores de trilhas para filmes, como Cliff Martinez (*Solaris, Narc, Traffic — Ninguém Sai Ileso*) e John Murphy (*Extermínio*) usam exclusivamente computadores para compor e gravar música, e preferem fazer isso simplesmente porque podem trabalhar em seus próprios planejamentos e fantasias criativas, e não têm de lidar com a interferência criativa ou falhas de outros músicos. Caso você saiba o que está fazendo com bibliotecas de sons, além de um programa de música bom, pode evitar uma orquestra real por completo.

# Compondo em Computadores

Normalmente é uma boa ideia começar sua composição no computador pelo ritmo. Colocar um metrônomo funcionando, e estabelecendo um tempo no começo, vai facilitar na edição mais adiante, porque você poderá usar compassos e batidas como referências de tempo para cortar e colar, uma vez que seu computador saiba onde colocar as linhas de compassos. Bons programas de computador permitem que você mude o tempo e a métrica mais à frente, caso sua composição necessite disso. Mesmo se você estiver começando somente com uma melodia em sua cabeça, gastar um tempo para estabelecer um andamento correto pode ser uma ajuda para os processos criativos e técnicos envolvidos.

DICA

Caso você esteja escrevendo uma canção ou algo mais que tenha um groove forte, normalmente é uma boa ideia criar um canal MIDI de bateria por dois ou quatro compassos, copiá-lo durante toda a duração da música e usá-*lo*, em vez do clique chato do metrônomo. Mais adiante, você pode substituí-lo, regravando a bateria com uma variedade maior — ou até mesmo regravá-lo com um percussionista de verdade tocando em cima de sua faixa com o groove original.

## Pensando em partes

O que você pode fazer na sequência é pensar em frases de dois, quatro ou oito compassos, enquanto adiciona outras partes da seção rítmica (baixo, teclados, guitarra base) à sua composição. Você não tem de seguir esta ou outra regra qualquer, mas a maioria da música Ocidental funciona dividida em seções compostas de múltiplos de dois ou quatro compassos. Pensar nestes termos vai tornar recortar e colar mais fácil.

Você pode trabalhar todas suas partes para cada seção separadamente. Será possível, então, recortar e colar seções inteiras para locais específicos dentro de sua composição. Você pode ter uma estrofe, refrão e ponte, todos com partes de instrumentos múltiplos nelas. As partes individuais podem ser movidas — ou até seções inteiras. Podem ser feitas mudanças aí, dentro de cada ocorrência destas partes ou seções, para que haja algum desenvolvimento de suas ideias musicais por meio da canção.

## Composição linear

É claro que você não precisa compor escrevendo seções e copiando e colando-as. Você pode sempre escrever de uma maneira *linear*. Você pode tocar melodias ou até performances na íntegra na composição em tempo real. Se você estiver usando gravação MIDI, em vez de gravar faixas de *áudio* (exceção: *loops de áudio*), pode diminuir consideravelmente o tempo de forma temporária, somente o suficiente para tocar uma parte difícil no tempo correto que possa estar além de sua técnica como músico. Você pode, então, voltar o tempo à sua velocidade normal para o playback. A melhor coisa sobre performances lineares é que você pode preservar a espontaneidade e o frescor de um *primeiro take*, editando apenas as notas ruins depois.

Você também pode escrever as notas na partitura uma por vez, clicando com seu mouse ou comandos de tecla da mesma forma que faria com lápis e papel. Você tem a vantagem de ser capaz de ouvir seu trabalho instantaneamente (mesmo que não seja sempre com o som exatamente que queria).

LEMBRE-SE

Ao trabalhar com MIDI, estando você ou não planejando imprimir uma partitura com as partes todas, será possível sempre fazer mudanças de nota para nota, então não precisará nunca ficar preso a uma nota da qual não gostou.

# Composição de loops

Existe uma tendência crescente nos dias de hoje que é a construção de composições a partir de frases musicais já prontas de variados estilos, tamanhos e conteúdo instrumental. Estas frases são conhecidas como *loops*. Dois dos tipos mais populares de loops são *Apple Loops* e arquivos *REX*.

A composição de loops não é nova. O que é relativamente nova é a capacidade de pegar material de áudio gravado e alterar o tempo e/ou tom independentemente. Já faz muitos anos que tem sido fácil fazer isso com o MIDI, mas se você receber um loop MIDI de outro músico, ainda terá de colocar algum som nele. Os sons MIDI ainda não chegaram ao mesmo nível de emoção que as gravações reais de músicos reais tocando instrumentos reais, como um piano e uma guitarra conseguem.

O problema com materiais de áudio de instrumentos reais é que, quando você os toca num tempo mais rápido ou lento, a afinação sobe ou desce. Não soa natural devido ao fato de, além de a afinação mudar, os outros elementos do instrumento, como a duração sonora, vibrato, ataque e aí por diante, serão alterados também. Isto dá à gravação uma qualidade cômica ou artificialmente estranha, quando tudo o que você queria era mudar o tempo. Para criar um loop de áudio com a capacidade de mudar a afinação e o tempo de forma independente, o arquivo de áudio tem de ser recortado em pequenos pedaços, colocados ou retirados, dependendo se você quer que o tempo seja mais lento ou mais rápido, ou se deseja que a afinação suba ou desça. Felizmente, hoje em dia isso é bem fácil de ser feito.

Você pode gravar uma frase de piano de diversos compassos, passá-lo pelo Apple Loop Utility, transformando-o num loop e, a partir daí, enviá-lo para outra pessoa usar em sua própria construção de composição. Esta pessoa pode mudar o tempo ou tom — ou ambos — e colá-lo entre os outros loops complementares. Falando de forma estrita, isso seria mais da natureza da montagem do que composição, porque você usará as ideias musicais de alguém. É claro que, caso você mesmo esteja fazendo os loops, estará de volta ao reino da composição novamente.

DICA

Existe uma demanda para tais loops e ela pode se tornar lucrativa caso você consiga as conexões certas de mercado.

Os loops têm geralmente dois, quatro ou oito compassos para os tornar mais fáceis de serem usados, pois a maioria da música é construída sobre múltiplos de quatro compassos. Você pode usar o mesmo loop várias vezes em sua composição ou pode mudar o cenário um pouco e colocar um loop diferente de tempos em tempos. Você também pode usar um loop diferente a cada compasso, caso deseje. E, é claro, você pode ter loops de piano tocando num canal enquanto loops de bateria tocam em outro e, por fim, um loop de guitarra se repete infinitamente.

Os loops são como uma colagem de sons pré-gravados. Mas não se esqueça de que qualquer loop disponível comercialmente estará ao alcance de qualquer um que comprou o mesmo disco cheio deles. Caso esteja à vontade com a ideia de que sua música é basicamente uma colagem de frases que não são criações exclusivas suas, então os loops podem ser uma boa alternativa para você. Não se esqueça de que eles podem certamente servir de inspiração para sua própria criatividade, caso pense neles estritamente desta maneira e queira se livrar deles tão logo tiverem cumprido sua função de inspiradores.

Ao usar loops em sua música, você se verá confrontado com escolhas quase ilimitadas de quais loops usar e onde usá-los. Os loops são frequentemente arranjados em hierarquias de arquivos categóricos. Estas categorias podem incluir instrumentos, gêneros, tom, tempo, métrica, estilo, tamanho do compasso e aí por diante.

## MÚSICA CONCRETA

*Música concreta* é um tipo de música que surgiu diretamente da evolução da tecnologia musical. Na década de 1930, o compositor francês Pierre Schaeffer começou a experimentar combinar pedaços de fita analógica para criar música totalmente diferente do material original. Assim como a música clássica se inspirou em formas poéticas, a música concreta tem suas raízes na prática literária Surrealista da década de 1920, quando havia a composição de recortes e dobras. Nos *recortes*, os escritores pegavam trechos de textos existentes e rearranjavam a ordem das frases e palavras recortando o material original e alterando-o fisicamente. Já nas composições de *dobra*, um grupo de escritores escrevia frases aleatórias, um por vez, num pedaço de papel, dobrando o papel várias vezes depois da vez de cada um, e assim o escritor seguinte não podia ver o que o anterior havia escrito.

A música concreta basicamente significa que você está fazendo música a partir de sons já existentes. Isto pode ir de sons humanos (como em "It's Gonna Rain" e "Come Out", de Steve Reich), mexendo no dial de um rádio ("Neoaplictana", de Ben Azarm), ruído estático ("Year Zero", de Apollon e Muslimgauze) ou uma combinação de ferramentas e cantos de pássaros (como na música do noise rocker japonês Rhizome). Uma lista de pioneiros significativos do movimento da música concreta deve incluir o músico suíço Christian Marclay, cuja composição mais famosa, "Footsteps", de 1988, foi criada com milhares de pessoas caminhando sobre cópias do mesmo vinil e depois pegando os discos quebrados e tocando-os numa vitrola, gravando os melhores pedaços para um álbum do mesmo nome.

Ao longo da década de 1980, os artistas de rap usaram as ideias por trás da música concreta para mudar completamente a maneira como os músicos contemporâneos passaram a criar música pop. Por meio do uso de *samples* e loops de música e diálogos existentes, artistas como Del Tha Funky Homo Sapien e Ice T levaram a música concreta das galerias de arte para a linha de frente da música pop.

É melhor tentar achar um loop que se aproxime do tom, métrica e tempo que você tenha escolhido para sua composição. Mesmo que você possa mudar todas estas coisas como quiser, existem limites do quanto consegue esticar um arquivo de áudio e ele ainda soar decente. Por outro lado, a experimentação normalmente é um catalisador para a criatividade, então, caso você se sinta perdido ou entendiado, experimente um loop que não se encaixe categoricamente com todas suas ideias de composições.

## Computador como gravador: scrapbook musical

Outro uso do computador para a composição é a simples capacidade de fazer gravações básicas de suas ideias. Você nem sempre precisa pensar em termos do resultado final quando estiver compondo. Composições grandiosas começam a partir de inícios modestos, e o computador pode estar lá para arquivar sua imaginação musical.

Guarde uma pasta em seu HD para suas sessões de brincadeirinhas inspiradas. Quando você tiver vontade de colocar suas mãos num instrumento, mas não tem acordes ou melodias em especial na sua cabeça, clique em Gravar e apenas toque o que vier a seus dedos. Depois, caso não goste de nada, pode apagar, mas normalmente você vai chegar a um bom momento ou dois que pode desenvolver depois. É útil mandar estas ideias para dentro do computador através de um teclado MIDI, mas você pode regravar qualquer ideia que desenvolva depois num piano real, caso prefira aquele som. Volte aos pedaços que você salvou em sua pasta quando estiver em busca de ideias para desenvolver.

Crie uma configuração para gravar a si mesmo, para que não se preocupe com questões técnicas durante os momentos de inspiração musical. Facilite para você somente ter de apertar um ou dois interruptores e começar a gravar. Não tenha muita frescura nestas sessões de gravação de ideias. A tecnologia pode matar a criatividade, embora possa ser um processo criativo também, sob as circunstâncias corretas.

## As más notícias

Bem, não são exatamente más notícias, mas um aviso merece ser dado aqui: o computador nunca poderá substituir seus ouvidos ou sua imaginação. Muitas vezes quando usar o computador para fazer música, você se prenderá ao aspecto visual e a resposta rápida dos computadores.

## ANDREW BRODER, COMPOSITOR DE MÚSICA ELETRÔNICA

Não sei se sou um grande amante das novas tecnologias. Quero dizer, elas estão aqui e eu vou usar o que estiver à minha disposição que eu ache que possa soar bem. Existem alguns programas de computador que são exatamente como aprender física quântica. São incrivelmente difíceis de se aprender. Mas, compreender como realmente imergir em aprender a tocar piano é igualmente difícil. É tão complicado quanto, bem como um mundo à parte, demandando as mesmas capacidades de uma pessoa, o mesmo tipo de dedicação e curiosidade. Mas existe um perigo de que sua música possa se tornar dependente demais da nova tecnologia e possa soar vazia quando se torna somente um problema de acompanhar quais são os últimos produtos. Com isso dito, é muito legal ser capaz de fazer um álbum inteiro em seu computador em casa.

Tudo foi nova tecnologia em algum momento. A gravação de rolo foi nova tecnologia um dia, assim como a guitarra elétrica e o sintetizador. Todos eles vieram e as pessoas passaram pelos mesmos debates sobre o assunto, se era ou não enganação ou mais artificial usá-los do que instrumentos acústicos. Então, pelo meu entendimento, o que importa é o resultado final.

O fato de os computadores nos terem dado ferramentas visuais para edição musical é maravilhoso. Deixa-nos ouvir pedaços maiores de nosso trabalho de uma vez só. Nós podemos ver (e não somente ouvir) de onde veio nossa composição e para aonde ela vai. E nos dá um nível de controle mesmo das menores coisas, além de nossas aspirações mais selvagens do papel e lápis. Mas os ouvidos que estão em sua cabeça (e dentro dela) devem ser os árbitros finais da qualidade, quando falamos de música. Uma música não é mais longa ou curta do que a quantidade total de tempo que leva para a ouvir. Seu efeito emocional é cumulativo. Você não pode realmente julgá-la sem ouvi-la do começo ao fim. Os computadores podem nos enganar às vezes, fazendo-nos trabalhar em pedacinhos minuciosos e nos fazendo esquecer do fluxo da composição inteira. Tenha cuidado!

## Salvando e fazendo backup

Todos aqueles que já trabalharam longamente com computadores já experimentaram o vazio que dá no estômago quando se percebe que aquele trabalho valioso e sofrido foi perdido numa pane do computador, num momento em que se esqueceu de salvar o trabalho ou da tendência de não fazer backup com a frequência necessária. Muita música boa evaporou dessas maneiras, mesmo com todo o avanço dos computadores, de nossos métodos de armazenagem e aplicativos de software. Você se lembra dos disquetes? Cassetes? É importante se lembrar que a informação salva num CD, no disco de um computador ou DVD não são as coisas que ele representa. Estas partes não são sua composição.

CUIDADO

É fundamental que você salve seu trabalho frequentemente e faça seu backup, copiando-o em HDs externos e/ou mídia física como CDs ou DVDs. Além disso, recomendamos fortemente que você faça cópias físicas de tudo. Imprima suas partituras, letras e grave todo o seu trabalho. Através do curso de suas carreiras, muitos músicos tiveram de transferir seus trabalhos de fita analógica para VHS Hi-Fi, para DAT e, finalmente, para arquivos de áudio MP3 e CDs. Ninguém sabe o que os próximos 30 anos trarão ou o quão relevantes suas ideias musicais sejam até lá, mas você precisa criar o hábito de arquivar seu trabalho de uma forma que possa ser acessado por métodos modernos.

## NESTE CAPÍTULO

**Conhecendo as lead sheets**

**Mantendo as anotações: tablaturas de guitarras**

**Escrevendo a partitura completa**

**Compondo para formações e músicos estrangeiros**

# Capítulo 19

# Compondo para Outros Músicos

Chega um momento na vida de quase todo compositor em que ele ou ela vai ter de trabalhar com outros músicos. E embora esteja tudo bem em sentar e tocar com outros músicos, gritos de mudanças de acorde, gravar a sessão e chamar o resultado final de canção — é uma coisa totalmente diferente de se sentar e escrever uma música que qualquer músico com um conhecimento básico de teoria musical possa ler, sem você precisar estar lá para explicar verbalmente o que quer ouvir deles.

A melhor maneira de comunicar suas composições aos outros é escrevendo-as. Existem muitas maneiras de se escrever música, e neste capítulo abordamos aquelas que serão as mais prováveis de você encontrar.

# Compondo com Lead Sheets

O tipo de partitura mais básica e simples de todas é chamada de *lead sheet*. Elas são usadas principalmente pelos músicos de pop e jazz — tipos de música que permitem a interpretação individual de como o acompanhamento individual de um instrumento deve ser.

Uma lead sheet é composta de uma única pauta, com as notas da melodia escritas nela, e os acordes que a acompanham escritos acima dela, conforme visto na Figura 19-1.

**FIGURA 19-1:**
Esta é a lead sheet da canção tradicional "Little Brown Jug."

A maioria das revistas voltadas para a guitarra ou música popular publica pelo menos uma ou duas lead sheets por exemplar, normalmente baseadas em canções contemporâneas. Existem também pilhas e pilhas de livros que compilam muitas delas, chamadas *fakebooks*. O mais conhecido fakebook de todos, talvez batizado de forma confusa, seja o *The Real Book* (Hal Leonard Corporation, atualmente em sua 6a edição). Num fakebook, ele lhe dá uma linha com a melodia, o nome do acorde, uma imagem do acorde no violão, mostrando a digitação correta de como cada um deve ser tocado, e as letras da canção.

Para muitas bandas cover, o máximo de teoria musical que elas terão na vida é um fakebook inteiro de rock moderno. Ou que precisarão ter. Ser capaz de trabalhar a partir de uma lead sheet ou fakebook como músico pode ser imensamente satisfatório, pois eles dão ao músico um espaço para fazer sua versão da canção.

Muitas vezes uma lead sheet bem básica é tudo que uma boa banda de jazz ou pop precisa para funcionar. Uma boa regra é escrever uma parte detalhada do baixo, descrevendo exatamente o que você quer que seja tocado. O baixo é o chão da banda, e todos os outros músicos normalmente se encontram usando a folha do baixista.

Escrevendo o símbolo dos acordes acima da pauta na mesma lead sheet, você dá informação suficiente para o pianista e o guitarrista trabalharem. Assim, como o baixista está tocando algo muito específico e já está definindo o mesmo ritmo básico da canção, o percussionista seria capaz de usar a mesma folha para saber onde tocar. Em vez de precisar de uma notação rítmica individual, um baterista pode observar o fraseado melódico de um baixista e ver onde ficam os acentos.

Saber como montar uma boa lead sheet, que todos na banda saibam usar, pode economizar-lhe bastante tempo.

Ouça qualquer disco velho de jazz ou funk — especialmente do catálogo da Stax Records, que representava artistas do nível de Otis Redding e Booker T. & The MGs durante o auge de suas carreiras — e você mesmo poderá ouvir este processo musical se desenrolar. Todas elas quase começam com a bateria e um riff de baixo.

# Compondo com a Tablatura de Guitarra

Um tipo diferente de lead sheet, projetado especificamente para guitarra e baixo é a chamada *tablatura*. Em vez de usar os símbolos de notação musical padrão, elas usam letras e números normais ASCII, tornando-as ideal para reproduzir para a internet e os newsgroups online, em que qualquer um com qualquer computador pode se conectar, copiar um arquivo de tablatura e lê-lo.

A notação de tablatura existe há mais 800 anos, com os primeiros exemplos tendo aparecido na Ásia. Até os anos 1600, a maioria dos músicos usava a tablatura para escrever música para praticamente todo instrumento que você possa imaginar, de instrumentos de corda e metais até os primeiros teclados. No entanto, a tablatura tinha algumas limitações sérias, como cada uma de suas partes ser tão específica para um instrumento determinado que não havia jeito de reproduzir num alaúde uma peça musical num cravo, ou qualquer outro instrumento, usando sua tablatura para alaúde. O sistema começou a cair no desuso quando a partitura de cinco linhas e a notação moderna da música começaram a ser padronizadas no século XVI.

Basicamente, as folhas de tablatura dizem a você quais notas tocar. No entanto, normalmente não há indicação dada ao músico que a leia de quão curta ou longa ela precise ser — assim como mínimas e semínimas fazem e aí por diante — então pode ser que seja necessário para os músicos que eles escutem como uma música é tocada antes de ler com sucesso qualquer tablatura que você tenha escrito. Existem alguns casos em que bandeiras com as notas são escritas acima dos dígitos da tablatura, mas não é uma prática comum, e é mais comum as tablaturas escritas para instrumentos arcaicos, como o alaúde e o contrabaixo.

No entanto, a tablatura é muito fácil de ser lida, e muitos músicos iniciantes ou músicos sem nenhum background real em teoria musical preferem ter sua música escrita para eles desta forma. A ideia básica da tablatura é a de que você começa riscando seis linhas horizontais paralelas (quatro, no caso do baixo), que correspondem às cordas do instrumento. A linha superior é a corda

CAPÍTULO 19 **Compondo para Outros Músicos** 243

de afinação mais alta e a linha inferior à de afinação mais baixa. Mostramos um exemplo na Figura 19-2.

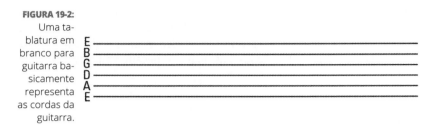

**FIGURA 19-2:** Uma tablatura em branco para guitarra basicamente representa as cordas da guitarra.

Caso você esteja escrevendo uma peça para o baixo, escreveria alguma coisa parecida com a Figura 19-3:

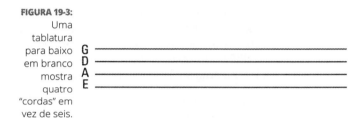

**FIGURA 19-3:** Uma tablatura para baixo em branco mostra quatro "cordas" em vez de seis.

A seguir, você escreve números nas linhas para mostrar em que *casa* do instrumento você colocará o dedo — onde aplicará pressão sobre a corda na altura do braço (caso haja alguma confusão). Caso apareça um zero, isso significa tocar a corda solta (sem apertar casa alguma).

A tablatura exibida na Figura 19-4 significa toque a sequência de notas: E(0), F(1), F♯(2), G(3), G♯(4) e A(5) na corda E grave subindo uma casa por vez, começando com a corda aberta.

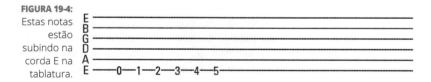

**FIGURA 19-4:** Estas notas estão subindo na corda E na tablatura.

Caso duas ou mais notas sejam tocadas juntas, elas são escritas uma em cima da outra, como o exemplo de um acorde G com pestana, exibido na Figura 19-5.

Na Figura 19-5, você tocaria todas estas notas juntas de uma vez, como um acorde.

**FIGURA 19-5:** Ilustrando um acorde de G com pestana na tablatura das guitarras.

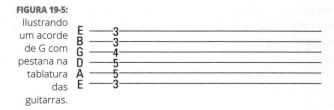

Você pode ver o mesmo acorde escrito de uma maneira semelhante a Figura 19-6.

**FIGURA 19-6:** Um acorde de G com pestana novamente, desta vez tocado como um arpejo.

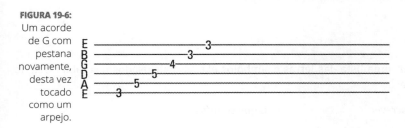

Escrevendo tablatura como a figura 19-6 significaria que você vai querer que seu guitarrista toque o acorde, mas mais lentamente, palhetando cada uma das cordas, começando na corda de baixo e chegando à mais alta.

A maioria das tablaturas modernas não mostra os valores das notas, mas, como uma regra, o espaçamento original dos números na tablatura deve lhe dizer quais notas são as longas e quais são curtas e rápidas. Como exemplo, a Figura 19-7 mostra as primeiras notas do "The Star-Spangled Banner" (o hino dos Estados Unidos), na tablatura. Como você pode ver, os espaçamentos diferentes correspondem à duração diferente das notas.

**FIGURA 19-7:** O espaçamento na tablatura do "The Star-Spangled Banner" indica vagamente a duração que cada nota deva ser tocada.

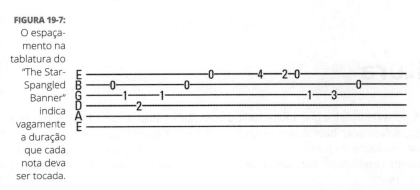

Para mostrar as marcações técnicas na tablatura, a prática comum é escrever letras ou símbolos extras entre as notas para indicar como tocá-los, assim como o exemplo na Figura 19-8, que indica um hammer-on (tocar a nota simplesmente colocando o dedo da casa, sem palhetar a nota). Neste exemplo, você tocaria o E aberto duas vezes, depois tocaria a corda A na quinta casa e faria um hammer-on na sétima casa.

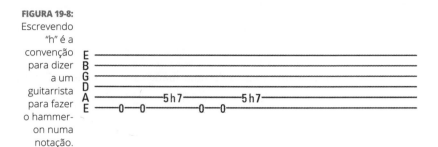

**FIGURA 19-8:** Escrevendo "h" é a convenção para dizer a um guitarrista para fazer o hammer-on numa notação.

A seguir, uma lista das letras e símbolos extras mais usados nas tablaturas de guitarra:

| O que escrever | O que significa |
| --- | --- |
| H | Hammer-on |
| P | Pull-off |
| B | Bend (levantar a corda para cima) |
| R | Release (soltar o bend) |
| / | Slide para cima |
| — | Slide para baixo |
| v | Vibrato (às vezes escrito como ~) |
| T | Tap com mão direita |

# A Partitura

Uma peça de música que inclui toda a notação — linhas melódicas precisas e acompanhamento harmônico — que o compositor queira que o instrumentista toque se chama de *partitura*. Uma partitura pode ser simples como o acompanhamento melódico e harmônico de uma canção infantil para o piano, como na Figura 19-9.

Na Figura 19-9, você pode ver que todas as notas que o compositor quis que fossem tocadas pelo músico estão ali no papel. Não tem acordes listados acima da pauta para sugerir improvisação, e não existe mistério quanto à sustentação da duração de cada nota. Embora a improvisação ainda possa ser possível, e até mesmo bem-vinda por sua plateia, não há necessidade disso.

Uma partitura mais avançada é mostrada na Figura 19-10.

**FIGURA 19-9:** Esta partitura mostra a abertura de "When the Swallows Homeward Fly", de Frank Abt.

**FIGURA 19-10:** Esta é a partitura da Sinfonia No.7 de Beethoven, segundo movimento.

CAPÍTULO 19 **Compondo para Outros Músicos** 247

Como você pode ver, esta é uma partitura para instrumentos múltiplos, feita para uma grande formação tocar. Geralmente, as únicas pessoas que veriam esta partitura em particular seriam o compositor e o maestro da orquestra. Os outros membros da orquestra só receberiam as partituras do que cada um deles tocaria. Logo, caso você fosse o segundo violinista, neste determinado segmento de música só receberia um fragmento da partitura para ler.

A separação das partes nas partituras escritas é o motivo da importância de os músicos de concerto no poço da orquestra prestarem atenção à música à frente deles, à música sendo tocada ao redor deles *e* ao maestro a frente deles. Os músicos não têm a partitura do instrumental completo à sua frente, então se perderem sua deixa, podem muito bem guardar seus instrumentos e ir embora.

# Escrevendo para Formações de Músicos

Observe a partitura orquestral a Figura 19-10 novamente. Caso você fosse tocar a seção de cada instrumento diretamente no piano, poderia pensar que muitos dos instrumentos aqui estão tocando notas completamente diferentes umas das outras. Caso você tenha vários pianos juntos, e faça todo mundo tocar a parte de um diferente instrumento da partitura, vai acabar tendo uma bagunça de verdade. Isto é porque muitos dos instrumentos usados em sua orquestra padrão são instrumentos *transpositores,* o que quer dizer que são afinados em tons diferentes. (Observe o Capítulo 14, em que falamos sobre a orquestra padrão para saber muito mais sobre as afinações específicas destes instrumentos.)

A maioria dos softwares de composição ajudam automaticamente com a transposição, quando você está escrevendo uma partitura completa como esta — o que torna a vida do compositor Fulano de Tal muito mais fácil do que era há 20 anos. Muitos programas de software como o Finale perguntam até mesmo quantos instrumentos serão usados em sua composição antes mesmo de que você comece a escrever, e te dão quantas pautas forem necessárias, como mostramos na Figura 19-11.

Muitos destes programas também são equipados com capacidades MIDI, possibilitando que você ouça todas as partes de sua composição sendo executadas — em *tutti,* ou seja, com todos os instrumentos sendo tocados juntos —, antes de a apresentar a um grupo real de músicos.

# Trabalhando com Partituras e Formações de Músicos Estrangeiros

Muitas vezes, especialmente quando trabalhando com partituras mais velhas ou com formações que estejam na estrada, você receberá uma partitura em sua mesa que não está escrita em inglês — você ainda lidará com mínimas, semínimas e aí por diante na própria partitura, mas os acordes e os tons maiores e menores todos têm nomes diferentes. Como a maioria da música clássica foi composta em países que não são de língua inglesa, existe uma boa chance de que isso vá acontecer bastante.

Este pode ser o caso especialmente com uma partitura para instrumentos múltiplos, que muda de tom em sua metade, em que escrever um "Sol (G)" no espaço em branco entre as pautas no meio da página, onde a mudança de tom ocorre, é mais rápido do que mudar todos os tons de todos os instrumentos em cada pauta separadamente (assim como em muitas das partituras orquestrais de Tchaikovsky). Também é útil quando for ler partituras de velhas músicas folclóricas ou trabalhar com formações de música folclórica Europeia, que usa símbolos diferentes em suas lead sheets.

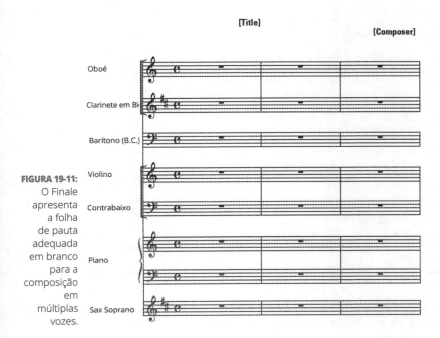

**FIGURA 19-11:** O Finale apresenta a folha de pauta adequada em branco para a composição em múltiplas vozes.

A Tabela 19-1 mostra uma simples tabela de nomes de nota para o ajudar a cruzar a barreira da língua mais facilmente.

**TABELA 19-1**    # Nomes das Notas em Línguas Diferentes

| Português | Inglês | Italiano | Alemão | Francês |
|---|---|---|---|---|
| Dó | C | do | C | ut |
| Dó Sustenido | C sharp | do dieesis | Cis | ut dièse |
| Ré Bemol | D flat | re bemolle | Des | re bémol |
| Ré | D | re | D | re |
| Ré Sustenido | D sharp | re diesis | Dis | re dièse |
| Mi Bemol | E flat | mi bemolle | Es | mi bémol |
| Mi | E | mi | E | mi |
| Mi Sustenido | E sharp | mi diesis | Eis | mi dièse |
| Fá Bemol | F flat | fa bemolle | Fes | fa bémol |
| Fá | F | fa | F | fa |
| Fá Sustenido | F sharp | fa diesis | Fis | fa dièse |
| Sol Bemol | G flat | sol bemolle | Ges | sol bémol |
| Sol | G | sol | G | sol |
| Sol Sustenido | G sharp | sol diesis | Gis | sol dièse |
| Lá Bemol | A flat | la bemolle | As | la bémol |
| Lá | A | la | A | la |
| Lá Sustenido | A sharp | la diesis | Ais | la dièse |
| Si Bemol | B flat | si bemolle | B | si bémol |
| Si | B | si | H | si |
| Si Sustenido | B sharp | si diesis | His | si dièse |
| Dó Bemol | C flat | do bemolle | Ces | ut bémol |
| natural | natural | bequadro | auflösungszeichen | bécarre/naturel |
| maior | major | maggiore | dur | majeur |
| menor | minor | minore | moll | mineur |

Como você pode ver, os nomes das notas em francês e italiano seguem a tradição de solfejo da Igreja Católica Romana do século XI. Solfejo era um sistema de leitura de notas inventadas pelo Padre Guido D'Arezzo para ensinar canto gregoriano, imortalizado eternamente por Julie Andrews no filme *A Noviça Rebelde*.

# 5

# A Parte dos Dez

## NESTA PARTE . . .

Nós compartilhamos alguns de nossos compositores, livros
e períodos musicais preferidos com você. Falamos também
sobre algumas das oportunidades profissionais abertas
a compositores, incluindo aí como entrar porta adentro.
Finalmente, damos uma referência abrangente dos modos
e mostramos tríades de acordes para cada nota da escala.
E terminamos com um glossário para ajudá-lo a procurar
as definições das palavras rapidamente.

> **NESTE CAPÍTULO**
>
> **Pesquisando alguns dos compositores mais extraordinários**
>
> **Abrangendo séculos e gêneros**
>
> **Aumentando sua exposição aos gigantes da música**

# Capítulo 20

# Dez Compositores que Você Deveria Conhecer

ncaremos: não tem jeito de escolher os dez melhores compositores, os dez compositores mais importantes ou até mesmo os dez compositores mais bonitos de todos os tempos. Todo mundo tem sua opinião sobre o que torna um compositor excepcional, e se você for à biblioteca ou a uma livraria buscando livros sobre compositores, vai se deparar com um muro de opiniões pessoais sobre o assunto.

Levando isso em consideração, o que tentamos fazer é escolher dez compositores extraordinários que desafiaram as convenções musicais e a percepção pública do que a música deva ser — apenas dez no meio de dúzias de pioneiros do mundo da música.

# Claudio Monteverdi, 1567–1643

Caso você tivesse de dizer o nome de uma pessoa que foi o "elo perdido" entre a música dos períodos da Renascença e Barroco, seria Claudio Monteverdi. Ele trouxe um nível de sofisticação e respeito sem paralelo à música vocal, transformando-a de algo que só os padres e camponeses gostavam em performances completas de ópera projetadas para entreter a elite intelectual e poderosa.

Mesmo criança, Monteverdi era precoce musicalmente. Sua primeira publicação de partitura foi editada por uma editora destacada em Veneza quando ele tinha somente 15 anos de idade, e quando chegou aos 20, vários de seus trabalhos já haviam sido impressos. Seu primeiro livro de madrigais de cinco vozes foi bem-sucedido ao estabelecer sua reputação fora de sua cidade natal provinciana e o ajudou a encontrar trabalho na corte do Duque Gonzaga de Mantua.

Monteverdi se tornou conhecido como um defensor renomado da abordagem então radical à harmonia e expressão de texto. Em 1613, Monteverdi foi nomeado *maestro di capella* em São Marco, Veneza. Lá, Monteverdi foi ativo na reorganização e melhora da música vocal, especificamente *a capella*, assim como compor para ela. Ele também estava em alta demanda fora da Igreja para suas óperas e ganhou um bom dinheiro com as comissões das óperas.

Monteverdi pode ser considerado justamente uma das figuras mais influentes na evolução da música moderna. Sua ópera, *Orfeu*, foi a primeira a revelar o potencial do gênero, enquanto a seguinte, *Arianna*, pode ser responsável pela sobrevivência da ópera no século XVIII e além dele. A ópera final de Monteverdi, *A Coroação do Papa*, é sua maior obra-prima e talvez seja a maior ópera do século XVII. Ele também foi um dos primeiros compositores a usar as técnicas do tremolo e pizzicato nos instrumentos de cordas.

Em suas coleções de música sacra, Monteverdi exibia seu conhecimento e domínio de outros gêneros musicais também. Suas missas são um monumento ao velho estilo, em que seus motetos, compostos para cantores virtuosos, são a exibição mais integral do estilo moderno e da *seconda prattica*. Sua contribuição mais importante para a música secular e vocal, no entanto, é que ele introduziu um elemento mais intensamente expressivo e dramático na música do que havia sido sentido anteriormente. Hoje ele é menos visto como um revolucionário do que como um dos excepcionais compositores de sua época, que combinaram o antigo com o novo para montar um estilo de música com um alcance dramático, expressão emocional e lirismo sensual que nunca havia sido ouvido anteriormente.

# Charles Ives, 1874–1954

O compositor americano Charles Ives foi um pioneiro experimental e ousadamente original na expressão musical. Sem ele, o brilhantismo da cena da música americana experimental da década de 1930 teria sido atrasada por anos, ou talvez nunca mesmo teria acontecido. O reconhecimento de sua genialidade forte e muitas vezes excêntrica chegou tarde demais em sua vida, e com muito mais força depois de sua morte.

De certa maneira, Charles Ives viveu na verdade duas vidas: uma vida pública externa tradicional, como um executivo de muito sucesso na Mutual Life Insurance, e uma vida interna reflexiva cheia de ideias musicais revolucionárias e paradoxais. Como ele era empregado de uma companhia de seguros e ganhava muito bem — chegou quase a se tornar um milionário devido a suas ideias brilhantes sobre planejamento imobiliário — Ives descobriu que ele não dependia de sua música para trazer qualquer dinheiro, logo podia compor e gravar sua música de acordo com o modo que *ele* quisesse e não como algum público gostaria que fosse.

O ambiente musical da América do final do século XIX, quando Ives começou a compor, era conservador, frio e retrógrado e ainda era ligado à quase extinta tradição Europeia Romântica. Embora ele às vezes escrevesse peças tradicionais, Ives na maior parte do tempo experimentava com novos procedimentos musicais.

Chegando à década de 1920, Ives havia experimentado com praticamente toda nova inovação musical que ainda seria considerada música nova 50 anos depois, incluindo atonalidade, bitonalidade, padrões polimétricos, partículas poliarmônicas e politonais, um quarto de tons, microtons, fileiras de tons e aglomerados de tons. Percebendo que sua música era fora dos padrões demais para que a maioria das pessoas a curtisse, ele compunha primeiramente para seu prazer e, fora seus trabalhos para órgão e coros de igreja, a maioria de suas composições permaneceram sem ser tocadas por muitos anos.

Durante a maior parte de sua vida, Ives era tratado simplesmente como um excêntrico da música. Felizmente ele viveu tempo o bastante para ver seu trabalho começar a ser aceito. Sua Sinfonia No. 3 (*The Camp Meeting*) ganhou o Prêmio Pulitzer em 1947. No total, Ives escreveu uma quantidade incrivelmente grande de música: quatro sinfonias, numerosos trabalhos grandes e pequenos orquestrais e de câmara, duas sonatas de piano de quebrar os dedos e esticá--los, quatro sonatas para violino, muitas peças para corais, trabalhos de solos de piano curto e órgão, e aproximadamente 200 canções.

CAPÍTULO 20 **Dez Compositores que Você Deveria Conhecer** 255

# Béla Bartók, 1881–1945

Béla Bartók foi outra figura muito importante na música do século XX. A contribuição mais duradoura à música do compositor e pianista húngaro foi a incorporação da música folclórica de seu país às suas composições. Não só ele é considerado um dos maiores compositores do século XX, mas também foi um dos fundadores do campo da *etnomusicologia*, o estudo e a etnografia da música folclórica. Como compositor, Bartók foi um influente modernista, que usava técnicas tão revolucionárias quanto a atonalidade, bitonalidade, cromatismo polimodal, escalas octonais, escalas diatônicas e segunda heptatônica e de sete notas, escalas de tom inteiro e muitos outros princípios fora do reino do que era considerado musicalmente aceitável.

O evento que definiu a vida musical de Bartók ocorreu em 1905, quando ele e outro compositor húngaro, Zoltan Kodály, viajaram para áreas rurais remotas da Hungria para coletar as canções dos camponeses de Magyar, um povo ancião e seminomádico que viveu na região possivelmente por milhares de anos. As melodias e ritmos da música folclórica Magyarok incorporavam escalas e padrões rítmicos totalmente fora das tradições da música Ocidental do século XIX. Ironicamente, estas escalas e ritmos eram bastante próximos daqueles que vinham sendo "inventados" e explorados pelos modernistas do início do século XX, como os compositores franceses Claude Debussy e Maurice Ravel.

Antes de Bartók e Kodály examinarem a música dos Magyars, a maioria das pessoas considerava a música folclórica Magyarok como se fosse música Cigana. Na verdade, as velhas melodias folclóricas Magyarok descobertas por Bartók e Kodály eram quase todas baseadas nas escalas pentatônicas similares àquelas encontradas em várias tradições folclóricas Orientais, principalmente aquelas da Ásia Central e Sibéria.

De 1905 em diante, Bartók considerava a documentação da música folclórica rural seu real chamado na vida. Ele gravou milhares de exemplos da Bulgária, Hungria, Romênia, Turquia e outras áreas. Eventualmente, escreveu uma grande quantidade de material sobre notação musical, organizou-a sistematicamente e analisou e escreveu sobre ela. Esta contribuição para a disciplina em desenvolvimento da etnomusicologia está entre uma das maiores realizações de Bartók.

Para Bartók, compositor, a descoberta da música dos camponeses teve uma influência liberadora. Bartók baseou algumas de suas composições diretamente na música em que ele colecionava, como em *Improvisations on Hungarian Peasant Songs* para piano solo. Mas de maneira mais comum ele compôs seu próprio material num estilo que refletia sua absorção dos aspectos melódicos e rítmicos da música folclórica que ele estudara, mas ainda retinha muitos dos elementos clássicos da música clássica em voga.

Entre os trabalhos mais importantes de Bartók estão seus *Mikrokosmos* (1926, 1932–1939), que consistem em 153 peças de piano em seis livros de dificuldade crescente. Indo dos exercícios básicos de cinco dedos ao virtuosismo de "Six Dances in Bulgarian Rhythm", *Mikrokosmos* é um método único de ensino de piano do século XX e uma introdução integral ao estilo de composição de Bartók. Outros trabalhos de muita importância são seis quartetos de cordas, a ópera de um ato *Bluebeard's Castle, Music for Strings, Percussion, and Celesta* e *Sonata for Two Pianos and Percussion*.

# Igor Stravinsky, 1882–1971

Igor Fyodorovich Stravinsky foi um compositor russo que passou a maior parte de sua carreira musical desafiando as convenções musicais estabelecidas. Suas composições eram desafiadoras tecnicamente o bastante a ponto de nenhum crítico conseguir ousar culpá-lo por escrever música "fácil", ainda tematicamente atraente o bastante para que não pudessem colocá-lo somente como alguém obcecado por técnica e experimentação aleatória.

Sua composição mais famosa, *A Sagração da Primavera*, de 1913, foi tão radical em sua sexualidade explícita em termos musicais e de coreografia que o público parisiense fez um motim violento no teatro durante sua apresentação inicial, com alguns espectadores levando a desordem para as ruas fora do teatro. Os protestos foram tão altos que as dançarinas no palco tiveram dificuldade em ouvir a orquestra tocar. Não demorou muito tempo antes de a composição ser considerada genial e as performances seguintes serem muito bem recebidas e um sucesso de público.

As composições inicialmente perturbadoras e ainda assim selvagemente populares de Stravinsky, que incluíam *A Sagração da Primavera, Fogos de Artifício* e *O Pássaro de Fogo*, eram todas bastante influenciadas pela música folclórica russa das pessoas "comuns" — música que havia sido considerada anteriormente inapta para ser apresentada em concerto. Outra característica que definia as peças maiores de Stravinsky era que ele não tentava ligar os movimentos de suas composições de uma maneira harmoniosa. Em vez disso, ele fazia uma pausa limpa de um movimento para o seguinte, quase como se ele estivesse apresentando uma composição inteiramente diferente. Estas guinadas de um movimento sinfônico para o seguinte foram incrivelmente desorientadoras para as plateias do século XIX, que estavam acostumadas a ser gentil e harmoniosamente conduzidas por meio de uma composição do início ao fim.

A energia de vinculação de suas composições orquestrais é muito mais rítmica do que harmônica e o pulsar que conduz a *Sagração da Primavera* marcou uma mudança crucial na natureza da música Ocidental. Stravinsky, no entanto, deixou que os outros usassem essa mudança, pois depois de completar sua ópera Chinesa *The Nightingale*, deixou de escrever grandes peças orquestrais para se concentrar em música para pequenas orquestras de câmara e composições de piano.

CAPÍTULO 20 **Dez Compositores que Você Deveria Conhecer** 257

# Aaron Copland, 1900–1990

Se um compositor clássico pudesse ser apontado como tendo definido o som da música "americana", Aaron Copland tem de estar no alto da lista. Sua música era o equivalente auditivo aos filmes de faroeste: grandes, ousados, com pouca sutileza e com muita ênfase em pontos de exclamação orquestrais. Ele foi um autêntico pioneiro da música americana e mostrou ao mundo como se escrever música clássica de uma maneira americana. Ele era um compositor americano numa época em que os americanos raramente eram reconhecidos como compositores no mundo da música.

Embora seu trabalho inicial fosse bastante influenciado pelos impressionistas Franceses, ele logo começou a desenvolver um estilo personalizado. Depois de experimentar com os ritmos do jazz em trabalhos como *Music for the Theater* (1925) e o Piano Concerto (1927), Copland começou a fazer composições mais austeras e dissonantes. Peças de piano como Piano Variations (1930) e *Statements* (1933–1935) são baseadas em ritmos nervosos e irregulares, melodias angulares e harmonias altamente dissonantes.

A imensa produção de música clássica inspirada pela americana de Copland, como *Fanfare for the Common Man, Rodeo, Billy the Kid, Appalachian Spring, The Twelve Poems of Emily Dickinson* e *El Salon Mexico* mostraram a outros compositores americanos que eles não tinham de fingir ser Europeus para serem levados a sério. Assim como muitos compositores de seu tempo, ele foi muito influenciado pela música folclórica de seu país, trazendo o som do Velho Oeste para a arena clássica. Muitas de suas composições, especialmente *Billy the Kid*, *Fanfare for the Common Man* e *Appalachian Spring* foram usadas em muitos filmes de faroeste e, mais recentemente, em paródias deles. Você pode achar que não conhece Copland, mas a não ser que você tenha passado os últimos 40 anos debaixo de uma rocha, não conseguiu passar batido por sua música.

O trabalho de Copland teve (e ainda tem) um apelo universal que parecia se encaixar em qualquer coisa americana. Suas composições *Hoe-Down* e *Fanfare for the Common Man* foram retrabalhadas na década de 1970 por Emerson, Lake & Palmer. Na década de 1990, a National Cattlemen's Beef Association usou *Hoe-Down* como a música de fundo de sua campanha de marketing, "Beef... it's what's for dinner". Esta peça foi também usada durante a 78a entrega de prêmios do Oscar. *Hoe-Down* reapareceu no filme de Spike Lee, *He Got Game*, em que ela foi tocada no fundo de um jogo de basquete na vizinhança. É difícil superestimar a influência que Copland teve sobre a música no cinema. Praticamente todo compositor de trilhas sonoras que trabalhou com filmes de faroeste, particularmente entre as décadas de 1940 e 1960, foi moldado pelo estilo desenvolvido por Copland.

# Raymond Scott, 1909-1994

Caso você já tenha assistido a um desenho animado do Looney Tunes, ou realmente qualquer outro do catálogo da Warner Bros, já ouviu a música de Raymond Scott, também conhecido como Harry Warnow. Ironicamente, Scott conscientemente nunca escreveu música para desenhos animados e, de acordo com sua esposa, nunca nem os assistiu. Scott simplesmente vendeu os direitos de uma grande fatia de suas músicas para a Warner Brothers na década de 1940, e o resto é a história da animação. Carl Stalling, diretor musical do *Looney Tunes* e *Merrie Melodies* da Warner, tinha a permissão para adaptar qualquer coisa do catálogo de música da Warner e começou imediatamente a fazer uso liberal das partituras de Scott. A música dele foi a trilha de mais de 120 desenhos de curta metragem do Pernalonga e Patolino, enquanto hoje em dia *Os Simpsons, Ren and Stimpy, Animaníacos, Os Oblongs, Batfino e Karatê* e *Duckman* são apenas alguns dos desenhos animados que usam regularmente a música de Scott. Sua composição mais conhecida, "Powerhouse", foi usada dez vezes em 2003 no filme de longa-metragem *Looney Tunes: De Volta à Ação.*

Para o observador casual, pode parecer que Scott tenha dado o melhor trabalho de sua vida para os outros, mas ele era envolvido em tantos outros projetos musicais que deve ter tido a sensação de ganhar muito dinheiro por nada. Quase imediatamente depois de se formar em Julliard, em 1931, Scott trabalhou como músico profissional, com o apoio de seu irmão mais velho, Mark Warnow, que era o diretor musical de um programa de rádio muito popular, *Your Hit Parade.* Quando ainda tinha 20 e poucos anos, Scott se tornou o primeiro pianista da house band da CBS Radio, onde ele encontrou os membros de sua primeira banda, the Raymond Scott Quintette. Vindo de uma formação clássica, Scott não gostava na tradição popular do jazz da improvisação, mas também desgostava do conceito das partituras, acreditando que a boa música ficaria gravada nas cabeças dos músicos envolvidos sem ter de a escrever. Ele não escrevia nada no papel, insistindo que os outros membros de seu grupo seguissem linhas melódicas às vezes assoviadas para eles por trás do piano.

O Quintette existiu de 1937 a 1939 e vendeu milhões de discos, apesar de ser considerada uma banda de jazz inovadora. Quando Scott foi designado diretor musical da CBS Radio em 1942, ele fez história ao quebrar a barreira de cor organizando a primeira banda de rádio inter-racial, que incluía o saxofonista Ben Webster e o trompetista Charlie Shavers.

Longe de ser somente um músico e líder de uma banda, Scott também era muito envolvido com tecnologia musical. Desde a década de 1940, Raymond Scott tinha um estúdio de gravação em casa, onde ele cortava e emendava rolos de fita das sessões de ensaio de sua banda para achar os melhores trechos de música. Em 1946, Scott inaugurou sua própria empresa, Manhattan Research, Inc., a qual ele anunciou que iria "projetar e fabricar equipamentos e sistemas musicais". O Dr. Robert Moog trabalhou para Raymond por um pequeno espaço de tempo antes de fundar sua própria companhia e alegou que ele foi uma grande influência em seu próprio direcionamento na música. Na Manhattan Research, Inc., Scott inventou o Electronium, que foi um dos primeiros sintetizadores criados; o Karloff, um sampler primitivo capaz de recriar sons, indo desde bifes em brasa até tambores da selva; e o Videola, que fundia um teclado com uma tela de TV para ajudar na composição de música para filmes e outros trabalhos em vídeo.

Raymond Scott continuou a escrever e gravar música durante este período, lançando discos de música eletrônica ambiente muito antes de Philip Glass e Terry Riley e, em 1971, ele foi contratado como diretor do departamento de música eletrônica e pesquisa da Motown — e foi mantido lá por muitos anos só no caso de o futuro da música realmente ser "eletrônico". Ele continuou a compor e a inventar instrumentos eletrônicos até sua morte, em 1994.

# Leonard Bernstein, 1918–1990

Leonard Bernstein foi um compositor, maestro e pianista Americano, que compôs música que pode ser apenas descrita como exuberante. Praticamente cada peça musical que ele escreveu foi incrivelmente animadora, irresistivelmente feliz e cheia de energia — bastante próximo de quem Bernstein parecia ser, quando ele assumia as rédeas, na Filarmônica de Nova York e em outros lugares. Seu sucesso como compositor trabalhando para a Broadway e para orquestra ajudou a forjar um novo relacionamento entre a música clássica e popular. Seu princípio guia era que a música podia e deveria desempenhar um papel vital nas vidas de todas as pessoas, não somente na de seus acadêmicos. Em 1967, ele escreveu "A vida sem música é inimaginável, a música sem vida é acadêmica. Por isso é que meu contato com a música é um total abraço."

A energia sem limites e virtuosismo de Bernstein eram lendários em Nova York, na década de 1940, onde ele parecia estar em todos os lugares ao mesmo tempo. Em 1944, ele colaborou com seu amigo, o dançarino e coreógrafo Jerome Robbins, num novo balé chamado *Fancy Free*. A ótima receptividade que *Fancy Free* teve convenceu Robbins e Bernstein de que o balé continha as sementes de um musical completo na Broadway. Com seus amigos Betty Comden e Adolph Green, eles criaram rapidamente *On the Town* (1944), que se tornou seu primeiro sucesso na Broadway. Ao mesmo tempo, ele começou a construir uma carreira convencional como maestro, com a orientação de mentores cono Koussevitzky, Artur Rodzinski e Dimitri Mitropoulos, reinventando o papel do compositor americano sério, se movendo livremente entre a Broadway e a sala de concertos. Com Comden e Green e sua amiga Judy Holliday, ele se apresentava em casas noturnas, como parte do The Revuers. À noite, antes de sua estreia improvisada na Filarmônica de Nova York, a mezzo-soprano Jennie Tourel, em seu recital de estreia na Prefeitura, deu a primeira performance em Nova York de "I Hate Music", de Bernstein.

Bernstein parecia à vontade compondo em qualquer formato que escolhesse. Sua composição incluía três sinfonias, incluindo um tributo a sua herança judaica, Sinfonia No.1: *Jeremias*, até os musicais *On the Town, Wonderful Town*, e *Amor, Sublime Amor*. Ele também compôs a opereta *Candide*, as óperas *Trouble in Tahiti* e *A Quiet Place*; *Chichester Psalms* para coro e orquestra; os balés *Fancy Free* e *The Dybbuk Variations*; *Mass*, para "cantores, dançarinos e músicos"; e o ciclo de canções *Arias and Barcarolles* (1989).

# Arvo Pärt, 1935–presente

Arvo Pärt é um destes compositores colocados sob o termo *minimalismo* que não pertencem a ele de verdade. Deve haver uma maneira melhor de descrever sua música, no entanto, em vez de simplesmente condensar uma música a seu centro tonal, Pärt é de algum modo capaz de achar o melhor par de notas para suas composições. Seu processo de composição é lendário, com relatos dele sentado ao piano por horas e horas sem parar, tocando a mesma nota, inúmeras vezes, tentando achar a maneira perfeita de fazer aquela nota soar.

Longe de resultar numa música entediante e de sonoridade mecânica, a música de Pärt é tão pura e perfeita que muitos batizaram seu trabalho de *minimalismo sagrado*. Pärt, que recebeu seu treinamento musical em formas quase iguais dentro da Igreja Católica e da escola de música, é bastante influenciado pela tradição do canto gregoriano em seus trabalhos vocais, aplicando os mesmos princípios de usar apenas as notas que forem as absolutamente melhores para os instrumentos e vozes usados em suas composições.

Através da carreira de Pärt, ele demonstrou uma curiosidade musical voraz e um espírito de ousadia experimental que permitiu que se tornasse não somente o principal compositor da Estônia, mas um dos melhores compositores de música coral e sacra do século XXI. Trinta anos de experimentos musicais com influências tão díspares como o neoclássico Russo, o modernismo Ocidental, a dodecafonia Schoenbergiana, o minimalismo, a politonalidade, o canto Gregoriano e a colagem o levaram a um estilo de música que ele chama de "tintinnabulação", também chamado de "minimalismo sagrado", pelo colega Steve Reich. Este método, que tem seu nome a partir da palavra Latina que significa sinos, coloca uma ênfase incomum em notas individuais e faz grande uso do silêncio.

# Steve Reich, 1936–presente

Steve Reich poderia facilmente ser considerado o pai de toda a música industrial e sua influência pode ser sentida na música de bandas tão diferentes como Einstürzende Neubauten e Nine Inch Nails. Voltando à década de 1960, Reich usava loops de fita de pessoas falando como recursos rítmicos em suas composições, criadas no San Francisco Tape Music Center. Estas peças em fita, como "It's Gonna Rain" (1965) e "Come Out" (1966), são os primeiros exemplos de *phasing*, uma das técnicas mais utilizadas e conhecidas por Reich. No phasing, dois loops de fita são colocados em movimento em duas velocidades levemente diferentes, então essas fitas começam em uníssono e lentamente se defasam, criando uma nova série de harmonias e ritmos. É como a música concreta, ou música "encontrada", mas levada um passo adiante, criando composições controladas e completamente realizadas a partir do caos aleatório.

Este processo foi incorporado depois em várias peças para instrumentos acústicos tradicionais (ou instrumentos e fita), assim como "Piano Phase" e "Violin Phase". Além do processo inicial de phasing, Reich também introduziu na "Violin Phase" a noção de padrões "encontrados" ou "resultantes" (novas figuras melódicas criadas pela superposição de vozes no "tema" original). Em 1970, Reich começou um estudo intenso das levadas de bateria de Gana, que são as batidas tribais das pessoas indígenas de Bali, na qual uma única "canção" pode durar o dia todo. Sua gravação de bateria altamente influente, "Drumming", surgiu diretamente desta experiência. Esta peça é uma elaboração enorme, de uma hora de duração de uma única célula rítmica, desenvolvida e reorquestrada por meio de quatro partes distintas.

A peça de 1988 de Reich, "Different Trains", que ganhou um Grammy, marcou um novo método de composição no qual as gravações de falas são usadas como instrumentos de percussão e acompanhadas por um quarteto de cordas ao vivo. Nesta peça, Reich comparava e contrastava as suas memórias de infância de suas viagens de trem entre Nova York e a Califórnia entre 1939 e 1941, com os trens bem diferentes sendo usados para transportar crianças Europeias contemporâneas para sua morte sob as ordens Nazistas.

# Eric Whitacre, 1970–presente

Enquanto muitos dos compositores nesta lista deixaram sua marca porque escreveram material que quebrou as convenções da música de seu tempo, Eric Whitacre tem feito barulho por pesquisar profundamente a história da música Ocidental e revitalizar os gêneros relativamente antigos da música a capella e o canto polifônico. Suas composições são inspiradas liricamente em muitos dos poetas mais importantes do século passado, como Octavio Paz, e.e. cummings, Edmund Waller e Emily Dickinson, e imbuíram suas letras com a beleza espiritual do canto Gregoriano *a capella*.

# STEVE REICH, COMPOSITOR

Minimalismo é um termo usado pelos jornalistas e historiadores da música e é bom para eles, mas se você usar esse termo comigo para alguma de minhas composições, vou lhe pedir para ir ao banheiro lavar sua boca. O que aconteceria se eu fosse a Paris e dissesse a Claude Debussy, "Com licença, Monsieur, o senhor é um impressionista?" Ele diria, "Não!", e voltaria a dormir. Isto é porque estes são alguns termos tirados das pinturas e esculturas e aplicados pelos jornalistas e historiadores aos músicos. Para os músicos, estes termos não querem dizer absolutamente nada. É só uma maneira fácil de colocar tipos de músicos numa caixa de um movimento ou cena que não existe.

Muitos dos trabalhos de Whitacre entraram nos repertórios padrões corais e sinfônicos e se tornaram o assunto de muitos trabalhos escolares e dissertações doutorais recentes. Seus trabalhos *Water Night, Cloudburst, Sleep, Lux Aurumque* e *A Boy and a Girl* estão entre os trabalhos corais mais populares da última década. Um aspecto muito importante das composições de Whitacre é que ele constrói acordes complexos usando a voz humana. O desafio de tocar sua música é que tudo precisa ser cantado perfeitamente no tom, sem vibrato ou qualquer afetação vocal, ou os acordes sofisticados não funcionam.

Whitacre recebeu prêmios de composição da Barlow International Composition Competition, da American Choral Directors Association e do American Composers Forum. Em 2001, ele se tornou o mais jovem ganhador da cobiçada comissão Raymond C. Brock pela American Choral Directors Asociation. A música coral de Whitacre inspirou até a criação de um número de festivais nacionais e internacionais de música especificamente para corais e instrumentos de sopro. A Austrália agora é sede do anual Eric Whitacre Wind Symphony Festival e, na Itália, ocorre o Venice Whitacre Festival, em Veneza e Florença.

CAPÍTULO 20 **Dez Compositores que Você Deveria Conhecer** 263

264    PARTE 5  **A Parte dos Dez**

## NESTE CAPÍTULO

**Checando bandas e coros**

**Buscando possibilidades na TV e no teatro musical**

**Tornando-se produtor e arranjador**

**Buscando oportunidades na indústria musical e em suas corporações**

**Considerando trilhas para cinema e videogames**

**Compondo**

Capítulo 21

# Nove Oportunidades de Carreiras para Compositores

Você não precisa de um livro para lhe dizer que ganhar a vida como compositor é difícil. E não é porque o dinheiro não está por aí esperando você chegar. É simplesmente porque, para cada trabalho legítimo de composição que surge, existem dúzias — ou até *centenas* — de compositores emergentes e sonhadores aí, esperando na fila por sua grande chance.

Isso significa que você deva desistir? Não, significa que o que vai separá-lo de todos os outros compositores por aí — além de seu talento imenso — é sua capacidade de perseverar contra o que parecem ser adversidades tremendas. Isso e a capacidade de buscar trabalho sozinho e não sentar e esperar anúncios de jornal ou revistas de música surgirem.

As carreiras a seguir são somente algumas das oportunidades abertas para compositores que podem não ter passado por sua cabeça — ou na de sua concorrência.

# Bandas e Coros de Escola

A cada ano, faculdades e escolas de ensino médio por todo o país realizam apresentações tendo como público os pais e comunidades. Às vezes, a música usada para essas apresentações vem de fontes bem conhecidas, como *Oklahoma!* ou *Grease*. Às vezes, no entanto, a escola em questão quer usar música completamente original, de preferência composta por um compositor local. É um bônus extra se o compositor tiver estudado na escola.

A melhor maneira de entrar por essa porta como compositor em sua faculdade ou escola local é procurar o responsável pelo departamento de música com uma seleção de suas próprias músicas originais. Ligue para a escola em questão, marque uma hora e vá preparado. Você deverá ter um portfólio de sua música original escrita para apresentar na reunião, além de uma gravação dela para que o diretor musical a escute em seu tempo vago.

É certo que a maioria das escolas ou universidades não tenham uma grande verba para pagar aos compositores por trabalhos originais, mas ter esse crédito em seu currículo pode abrir portas para você que não possa imaginar agora. Seu nome estará no programa impresso da apresentação e todas as pessoas da plateia receberão uma cópia dele. Caso a apresentação seja um sucesso, existe a chance de que as escolas de fora de sua comunidade venham a querer usar sua música.

O truque de se escrever música para o coro ou musical de uma escola ou universidade é levar em consideração que você está compondo para garotos. Garotos de talento, provavelmente, mas, ainda assim, garotos. Logo, você pode querer manter a instrumentação e vocais fáceis o bastante para que eles possam lidar com o trabalho, mas desafiadores o bastante para que eles sintam ter realizado algo importante. Pense em algo entre o *Fantasma da Ópera*, de Andrew Lloyd Weber, e a trilha do *The Muppet Show*.

Certifique-se de que você registre qualquer trabalho que seja aceito para uso em uma apresentação. Os "direitos autorais do pobre" podem servir a esse objetivo — simplesmente dobre sua partitura em três, grampeie-as, selando-a (não a coloque num envelope) e depois envie para si mesmo. Caso a coloque num envelope, mande como correio registrado, com solicitação de acusação de recebimento. O selo do correio datado na agência em uma cópia fechada da partitura ou sua assinatura na entrega servem como provas na maioria das cortes preliminares no caso de violação de direitos autorais. (Para mais informações sobre lidar com direitos autorais de forma mais segura, confira "Protegendo seu trabalho com direitos autorais", no Capítulo 17.)

266    PARTE 5  **A Parte dos Dez**

# Música Incidental para Televisão

Se você passar qualquer tempo em frente à televisão, ficará impressionado com a quantidade de música incidental usada para preencher qualquer programa. Existe música para acompanhar perseguições de carros, cenas de amor, momentos profundos, engraçados, confusos, perigosos ou comoventes e aí por diante. Até seus telejornais locais provavelmente usam pequenos segmentos musicais no começo e fim de suas apresentações.

Para programas das principais redes, você precisará de um agente bom e persistente, e bastante experiência por trás de seu trabalho para colocar sua música naquelas cenas de ação, amor e flashbacks. No entanto, o mundo da TV a cabo é bem mais fácil para o compositor iniciante ou intermediário. As estações de TV produzidas localmente ou de acesso público são bons lugares para se começar. Sua verba provavelmente será pequena ou inexistente, então provavelmente você terá de fazer bastante trabalho de graça de imediato — mas as pessoas assistem a esses programas e é um crédito que pode colocar em seu currículo.

Busque por programas que você pense pessoalmente que sejam interessantes ou promissores e, na sequência, ligue para a estação de TV e descubra quando eles são gravados. Você pode aparecer pessoalmente por lá no dia da gravação e tentar entregar um CD demo de seu trabalho aos apresentadores ou atores do show, ou deixar uma mensagem por telefone e uma cópia do CD na caixa de correio da estação do programa. Não deixe de telefonar para confirmar o recebimento do CD, para ver se se você pode marcar uma reunião com as pessoas encarregadas pela música do programa. Não seja um chato, mas seja persistente. Caso não tenha retorno algum dentro de um período de tempo razoável, sacuda a poeira e vá bater em outra porta.

Noticiários locais são outro lugar para tentar colocar sua música. Ligue antecipadamente e tente marcar uma reunião com o diretor musical. Caso uma entrevista ao vivo não seja possível, tente enviar uma cópia de seu CD e um currículo para o diretor. Sempre inclua suas informações de contato (endereço, telefone, endereço de e-mail) e dê um telefonema na sequência, cerca de uma semana depois de mandar a demo para ter um retorno.

# Teatro Musical

O teatro musical é outra área em que seu domínio de composição musical pode ser utilizado. Geralmente, o compositor escreve a música e o letrista faz o texto, embora não seja incomum que uma pessoa só faça os dois. Na maioria dos casos, o compositor deixa as danças ou orquestrações para o arranjador de danças e orquestrador. Somente poucas pessoas foram bem-sucedidas como compositores e letristas, como Noel Coward, Robert Meredith Wilson ou Jonathan Larson. Caso você possa encontrar um bom letrista para trabalhar junto no começo da história, você pode economizar bastante aborrecimento.

A maioria das músicas dos shows são compostas com a estrutura AABA, com uma estrofe e refrão. A estrofe (A) estabelece a premissa da canção e ajuda a levar a história do musical adiante, e o refrão (B) é uma declaração da ideia principal. Por exemplo, considere a canção título de *Oklahoma!*, onde a estrofe começa com "They couldn't pick a better time to start in life" (Eles não poderiam ter escolhido uma época melhor para começar na vida) e diz o quão felizes os protagonistas serão em um "brand new state" (estado novinho). O refrão começa com um alegre grito de "Oooooooooklahoma" e canta então as vantagens desse território.

Dividindo de uma forma muito simples, existem três tipos de canções de shows usadas nos musicais:

>> Canções do "Eu sou"

>> Canções do "Eu quero"

>> Canções "novas"

As canções do "Eu sou" explicam um personagem, um grupo deles ou uma situação. As canções do "Eu quero" nos contam o que os personagens desejam — o que os motiva. A maioria das canções de amor se incluem nesta categoria. As canções "novas" incluem quaisquer canções que não se enquadrem nas outras duas, como instrumentais. As canções "novas" estão lá porque elas servem a necessidades dramáticas especiais, como a cena da grande briga sem diálogos de *Amor, Sublime Amor*, que se dá ao balé da "briga".

As chances que você terá de ter sua música tocada na Broadway logo de cara vão de remota a nenhuma. Então, mais uma vez, este é um momento para você checar as ofertas de teatro musical na sua parte do mundo e ver se consegue ser contratado para escrever música para produções locais. Teatros com jantar (dinner theaters) muitas vezes apresentam entretenimento musical ao vivo, às vezes contratam um ou dois compositores ou diretores musicais para trabalhar com todas as suas produções.

Quando você conseguir fechar um trabalho, qualquer um, faça sua parte para divulgar sua participação na produção. Mande releases para os jornais e críticos locais. Caso quaisquer resenhas positivas da produção sejam impressos, especialmente caso elas mencionem você e sua música pelo nome, faça muitas e muitas cópias e inclua estas resenhas positivas em qualquer currículo que venha a mandar no futuro.

# Composições e Apresentações de Concertos

Qualquer músico pop lhe dirá que o dinheiro maior a ser ganho na música está em tocar concertos. É por isso que algumas bandas e artistas estão constantemente na estrada. Isso também se aplica a músicos clássicos. Logicamente, algumas pessoas compram uma gravação clássica para ouvir no carro, mas o dinheiro de verdade vem da venda de ingressos em salas de concerto.

A melhor aposta para agendar uma apresentação num clube seria falar com o agente que cuida das datas dele. Ou contrate um tour manager para organizar suas apresentações num âmbito nacional ou internacional. Caso esteja planejando apenas tocar em pequenas casas administradas, independentemente num âmbito local ou em tour, você não precisa de um empresário, e uma pequena pesquisa na internet e catálogos telefônicos podem lhe dar o nome de centenas de clubes que adorariam tê-lo por lá e tocando de graça, ou por pipoca e cerveja ou por uma porcentagem da vendagem de ingressos. Você também recebe uma mesa para vender seus CDs (e camisetas) antes e depois do show. Um bom tour manager também tem as conexões necessárias para agendar seus shows em lugares maiores, onde o dinheiro é adiantado, um cachê garantido ou um percentual substancial da vendagem dos ingressos são parte do negócio.

Caso você não esteja à vontade em se apresentar na frente das pessoas, mas tenha muita música pronta para ser tocada, pode tê-la apresentada vendendo ou emprestando suas apresentações numa base de lucro compartilhado com uma formação clássica para tocar nos eventos. A não ser que esteja compondo para uma formação do tamanho do Kronos Quartet, não ganhará muito dinheiro desta maneira, mas pode fazer seu nome circular e é mais um crédito para colocar em seu currículo.

# Produtor/Arranjador

Praticamente toda estrela do rap e artista da música eletrônica levou o crédito de um "produtor" em um ou outro momento. Pergunte a eles o que fizeram como "produtores" no disco e eles podem lhe responder com uma cara de espanto. "Por que? Eu *produzi*! Que tipo de pergunta é essa?".

A verdade é que, ser um produtor pode ir de cantar backing vocals em algumas faixas até realmente dar uma repaginada completa nelas, com paciência e orientação. Caso você seja muito famoso, o primeiro exemplo então é provavelmente o tamanho de seu trabalho e produção. Você está ligando seu nome muito conhecido ao nome de uma pessoa menos famosa e torcendo para atrair seus fãs ao disco dessa pessoa (e vice-versa).

Os produtores de verdade são pessoas como Genya Raven e Steve Albini (que prefere ser chamado de um *engenheiro de estúdio* em vez de *produtor*). Eles vão para o estúdio com a banda e ajudam a mexer no som para o tornar mais vendável. Ou apenas melhor. Um bom produtor pode ligar para outros músicos do meio, como um naipe de metais ou alguém que toque steel pedal ou xilofone para preencher o que eles achem que esteja faltando na música em questão.

Como compositor e expert em música, você pode fazer uma enorme diferença na evolução de uma banda trabalhando como produtor. Comece com bandas pequenas e locais no começo, e caso pareça algo com que você seja muito bom, o boca a boca e a associação com o estúdio começarão a trazer os clientes. Existem muito mais bandas do que produtores por aí (especialmente bons produtores). Um bom produtor nunca fica sem trabalho constante.

Não tenha medo de começar por baixo. Muitos produtores precisam de assistentes e esta é uma boa maneira de ganhar experiência e aparecer, caso uma vaga de produtor surja.

Saber como escrever arranjos também é outro lado de ser um bom produtor — e é uma boa carreira por si só. Um arranjador pode pegar uma parte escrita para um instrumento ou vários deles e torná-la mais adequada para outro ou outros instrumentos por completo. Uma familiaridade com as características físicas e tonais dos instrumentos e capacidade excelente de transposição, como se fosse sua segunda natureza, são essenciais para se tornar um arranjador.

# Música Industrial e Publicidade

A *música industrial* — não a dance music, e sim a música do mundo que trabalha — é qualquer música usada com um objetivo específico, normalmente comercial. Música para publicidade (jingles), música de convenções e música composta para bibliotecas musicais todas se enquadram nesta categoria.

A melhor maneira de entrar na publicidade, sendo um novo compositor, é sair ativamente e buscar negócios locais e descobrir se eles precisam de música para quaisquer campanhas de televisão ou rádio. Bares locais são uma boa maneira de se começar, pois eles quase sempre usam música em sua publicidade — um bônus extra para eles (e você) seria que você ou sua banda tocasse no bar em questão. Sapatarias e lojas de roupas locais também são bons lugares para tentar, pois também usam música em sua publicidade e estão sempre em busca de maneiras de parecerem "vanguardistas" e "frescos".

## Convenções de negócios

Caso vá haver uma grande convenção de negócios em sua cidade, descubra se algum negócio local vai ter um estande no evento. Muitas vezes, as empresas com aparência mais pesada, como fornecedores de material médico ou papelarias, contratam um músico ou pequena banda para tocar música em seu estande para chamar a atenção delas em vez de seus concorrentes. Assim como em qualquer trabalho em potencial, ligue antes e marque uma reunião — ou pelo menos, tente descobrir quem é o responsável pela organização do estande da empresa na convenção. Mande uma cópia de seu CD demo para a pessoa e depois cheque para saber o que acharam, num tempo apropriado (uma semana é sempre bom).

## Bibliotecas musicais

Bibliotecas musicais ou *bancos de canções* podem ir de um único CD com a interpretação de um compositor de partituras de *domínio público* (os direitos autorais na música expiram depois de 70 anos da morte do compositor e ela se torna "domínio público") a sites que vendem milhares de efeitos sonoros até composições completas de qualquer número de músicos e compositores. Muitas das bibliotecas musicais baseadas na internet, como a Audiosparx (www.audios parx.com — conteúdo em inglês), estão sempre abertas para trabalhar com mais músicos e lhe pagarão 50 por cento do que quer que ganhem das pessoas que baixarem seus efeitos sonoros ou música. Muitos músicos fazem uma renda pequena, mas estável, trabalhando com as bibliotecas musicais, para quem elas vendem música e sons para empresas de videogames, empresas de filmes independentes e até mesmo empresas de telefonia (para toques de celular).

# Trilhas de Filmes

Uma das carreiras mais lucrativas que um compositor possa buscar na música é a de escrever trilhas de filmes. É uma área muito difícil de se entrar, no entanto, e caso não seja capaz de lidar com concorrência ou rejeição, provavelmente não seja para você. Caso você tenha seu momento ao sol, no entanto, somente lembre-se de que sua trilha precisa se encaixar ao filme, ser evocativa emocionalmente e você deve absolutamente ser capaz de cumprir todos os deadlines e prazos que lhe forem lançados, independentemente do quão impossíveis pareçam. Veja o Capítulo 17 para saber mais sobre tornar-se um compositor de trilhas para filmes.

# Trilhas para Videogames

Compor trilhas para videogames é outra carreira bastante lucrativa para compositores, e também uma das mais desafiadoras. Você precisa ter um conhecimento íntimo de cada jogo para o qual está compondo a trilha, incluindo aí os sons precisos para cada cenário possível do jogo. A maioria dos videogames tem sons o tempo todo, integralmente, e precisam então de um compositor que escreva muita música. Um conhecimento íntimo de como o ritmo e as mudanças de tempos afetam os climas é necessário, assim como a capacidade de compor música altamente discordante e desagradável, e de sonoridade triunfante para se encaixar as cenas, tendo prazos bastante curtos. Veja mais sobre trilhas de videogames no Capítulo 17.

# Composição

Outra boa carreira para os compositores é fazer canções. Muitos pop stars importantes dependem dos compositores para que criem letras para eles, e caso você consiga entrar neste segmento altamente concorrido, não vai ter dificuldade em ganhar dinheiro para bancar seus projetos de estimação.

Um bom lugar para começar a achar dicas é o livro *Songwriter's Market* (Ian Bessler, Writer's Digest Books). O livro lista centenas de agências, gravadoras, editoras e produtoras interessadas em compositores para trabalhar juntos, além dos valores pagos e das informações sobre contratos básicos.

## NESTE CAPÍTULO

**Procurando no *Songwriter's Market* e em outros guias de contatos**

**Checando livros sobre a aplicação de teoria, percepção e orquestração**

**Lendo sobre música tonal**

**Mergulhando nos Virgin Directories e Rough Guides**

**Pegando dois livros sobre os gigantes e os marginais**

Capítulo 22

# Quase Dez Livros Recomendados para Compositores

Entre em qualquer livraria e vá até a parte de livros sobre música. Lá você vai achar uma parede de opções assustadoras. Procure qualquer livraria online e faça uma busca por *música* e você encontrará ainda mais. Parece que existem quase tantos livros escritos sobre composição musical, indústria da música e percepção musical quanto existem álbuns e CDs contendo música.

Seguem aqui alguns dos bons.

# Songwriter's Market

Por Ian Bessler, Writer's Digest Books

*Songwriter's Market* é um dos guias mais respeitados no mercado e vale a pena ser comprado a cada ano quando surge uma nova edição (a última a ter saído quando escrevemos esse livro havia sido a de 2008). Por mais de 30 anos, o guia forneceu informações sobre contatos atualizados para editoras de música, gravadoras, empresários, booking agencies e produtores de discos. Ele também explica para que tipos de músicos e compositores estas organizações querem trabalhar no ano vindouro. Além disso, o livro lista quanto dinheiro você pode esperar ser pago por projetos de cada gravadora e editora mencionada. Existem também muitas informações sobre concursos de composição, assim como sobre grupos na rede e uniões que sejam benéficas para os compositores e músicos.

Além disso, o livro tem uma parte enorme e fácil de entender sobre a parte dos negócios que envolvem ser um compositor, incluindo aí como ler contratos ou até como escrever seu contrato básico, que tipos de taxas são aceitáveis ao assinar com um empresário ou agente, e conselhos sobre como proceder relativamente aos direitos autorais de seu material. Existem cerca de uma dúzia de entrevistas em cada edição com compositores profissionais sobre como obtiveram sucesso em cada campo.

# The Shaping of Musical Elements, Vol. II

Por Armand Russell e Allen Trubitt, Schirmer Books/Macmillan, Inc.

Caso você tenha feito um curso de teoria musical na faculdade, deve ter lido ou ouvido falar dessa série. Enquanto o primeiro volume introduzia muitos dos contos básicos de teoria musical, forma e análise, o *Volume II* se preocupa mais com o desenvolvimento histórico da música desde o século XVII. A música das eras Barroca, Clássica e Romântica é analisada e dissecada até seus mínimos detalhes, com explicações boas e detalhadas do que cada compositor estava tentando fazer com sua música ou o que sua música inspirou a geração seguinte de compositores a fazer. O livro progride rumo ao século XX, com pausas para a análise em cada ponto da história musical.

É um livro realmente ambicioso (e caro) — nos sentimos com pena de qualquer estudante que tenha de estudar todo esse material difícil em um ano só na escola de música, mesmo com o benefício de um professor próximo. Você poderia passar anos se familiarizando com os conceitos e técnicas discutidas neste livro e se divertir muito ao fazê-lo.

# The Norton Scores, Vols. 1 e 2, 10a edição

Editado por Kristine Forney, W.W. Norton & Company, Inc.

Estes livros são absolutamente necessários para qualquer um interessado em dissecar de forma séria a música clássica. O *Vol. 1* contém partituras completas para orquestra a partir do primeiro período secular até os períodos da Renascença, Barroco e Clássico, incluindo os trabalhos de Beethoven, Bach, Scarlatti, Haydn e mais de uma dúzia de outros compositores. O *Vol. 2* traz partituras a partir do século XIX em diante, incluindo partituras de Schoenberg, Bartók, Copland e outros.

A melhor maneira de usar estes livros é ter ou ouvir uma gravação da partitura sendo estudada para que você possa segui-la, junto ao material escrito. Para quem lê partitura há pouco tempo, essa é uma maneira excitante e nova de estudar música; para quem já lê há mais tempo, estes livros dão a oportunidade realmente de estudar a técnica de um compositor de uma maneira completamente nova. Ambos os livros são escritos para os especialistas e para os novatos, com seções significativas das partituras sendo destacadas para facilitar seguir a peça sem que se perca o conteúdo do material.

Outra coisa ótima sobre estes livros é que você tem todas estas partituras maravilhosas nas pontas dos dedos. Quando estiver se sentindo particularmente sem inspiração para escrever sua própria música, sente-se, analise e toque uma parte de *Don Giovanni*, de Mozart, ou o *Brandenburg Concerto*, de Bach — pode ser exatamente o que você precisa para se inspirar a compor algo completamente novo!

# How to Grow as a Musician

Por Sheila E. Anderson, Alworth Press

Este é um livro realmente divertido e informativo de se ler, dirigido especificamente ao músico que está já em tour e gravando. Existem muitas informações aqui sobre agendar uma tour, preparar-se mentalmente para as apresentações ao vivo em lugares familiares ou não, vender-se e até mesmo descobrir o quanto cobrar por tipos diferentes de apresentação. Contratos e royalties são discutidos de forma bem detalhada, assim como todas as taxas escondidas que possam surgir depois da assinatura de um contrato.

A experiência de Anderson como jornalista de rádios de jazz torna este um livro bom de ser lido, mesmo se você não estiver planejando sair em tour ou entrar em estúdio; ele contém milhares de histórias ótimas sobre os altos e baixos de ser um músico profissional, incluindo anedotas de grandes nomes do jazz, como Ruth Brown e Michael Wolff. Contém também conselhos dados por advogados trabalhando dentro da indústria musical.

# Analysis of Tonal Music: A Schenkerian Approach

Por Alan Cadwallader e David Gagné, Oxford University Press

A *análise Schenkeriana* é um método de análise musical baseada nas teorias de Heinrich Schenker, um teórico musical do começo do século XX. Na análise Schenkeriana, o objetivo básico é revelar a estrutura tonal de uma canção reduzindo a música, usando uma forma especializada e simbólica de notação musical desenvolvida por Schenker. A análise revela o funcionamento musical interno, dividindo a música em primeiro plano e na estrutura fundamental. O *primeiro plano* é a parte da música que imediatamente atrai a atenção de um ouvinte, como ritmo ou as mudanças de acorde repetidas; a *estrutura fundamental* é composta dos eventos de arritmia da nota que ajudam a impedir com que a música soe mecânica.

A beleza da análise Schenkeriana é que ela é completamente subjetiva e que não existem respostas certas ou erradas sobre como cada indivíduo disseca uma canção. Cada análise reflete as intuições musicais do analista e mostra o que ele ou ela acha ser a estrutura inerente ou as partes mais importantes de uma dada canção. É uma maneira mais filosófica de se estudar música do que a maioria das abordagens teóricas, e mais uma maneira de se aprender como realmente sentar-se e ouvir uma canção, em vez de permitir com que ela desapareça no ruído de fundo de uma festinha de bebedeira.

# The Virgin Directory of World Music

Por Philip Sweeney, Owl Books/Henry Holt & Company

Este é um resumo extremamente bem organizado da música tradicional do mundo todo. O livro é dividido em regiões específicas do mundo: África (Norte, Ocidental, Central, Sul e Oriental), Europa (Norte, Sul e Leste), Oriente Médio e Índia, e aí por diante. Cada divisão é compartilhada em estados e países dessas regiões, com descrições detalhadas dos tipos de música tradicionais que vêm dessas regiões. Existe até mesmo menção detalhada dos músicos notáveis que gravaram e lançaram álbuns de música de suas regiões, do Ladysmith Black Mambazo até os Jolly Boys, da Jamaica.

# The Rough Guide to Classical Music, 4a edição

Editado por Joe Staines e Duncan Clark, publicado por Rough Guides, distribuído pela Penguin

Os Rough Guides são, sem dúvida alguma, a melhor série de livros de crítica musical existentes, com títulos que vão de *The Rough Guide to Reggae* até o *The Rough Guide to Opera*. Este livro funciona para pessoas que estão dando seus primeiros passos no mundo da apreciação da música clássica — e para aqueles que já são enormes fãs de música clássica, mas queiram ver se ignoraram algum compositor ou gravações essenciais. A parte de cada compositor é dividida em tipos de música com que o compositor trabalhou, onde sua influência é mais sentida no trabalho de compositores subsequentes e até nas pressões políticas que os fizeram escrever o tipo de música que fizeram.

De um modo geral, o guia contém as biografias de mais de 160 compositores clássicos, indo desde o século XIV até os dias de hoje, e oferece resenhas escritas de algumas das gravações mais relevantes do trabalho de cada compositor. Os principais músicos nestas gravações também são discutidos brevemente, com uma explicação sobre o porquê de o álbum ter sido mencionado como a sua melhor opção.

É um bom livro para ser lido ou na íntegra ou por partes como um livro de referência, é um guia indispensável para qualquer um que queira aprender mais sobre a música clássica sem ser afetado pela aura esnobe que pode acompanhar o gênero.

# American Mavericks

Editado por Susan Key e Larry Roethe, University of California Press

Este livro é bonito o suficiente para ser um livro de mesa de centro, e caso você seja obcecado por música como nós e tenha uma mesa de centro, realmente deve comprar uma cópia. Ele é lotado por fotografias fantásticas de compositores Americanos únicos e suas escolhas igualmente ímpares de instrumentos. Apresenta perfis de compositores tão variados e distintos como John Cage, Aaron Copland, Steve Mackey e Carl Ruggles. O livro também vem com um CD contendo 18 faixas de música — uma para cada compositor e várias de álbuns impossíveis de serem achados em sua loja de discos local.

# RE/Search #14 e #15: Incredibly Strange Music, Vols. I e II

RE/Search Publications

Qualquer um familiarizado com a série de livros RE/Search já sabe que vai adorar o que encontrar quando comprar qualquer um deles. Para quem ainda não conhece a série — bem, você deveria conhecer. Eles são muito legais de se ler.

*Re/Search #14* e *#15* são recheados de entrevistas com artistas de ponta e personalidades do rádio sobre suas coleções de discos pessoais. Em *# 14, Vol. 1*, Ivy e Lux do The Cramps falam sobre sua coleção de discos easy listening, Eartha Kitt fala sobre seus próprios discos e sobre o escândalo causado por sua apresentação na Casa Branca do Presidente Johnson, Gershon Kingsley relembra suas primeiras gravações num sintetizador Moog, e Martin Denny fala sobre o mundo de exótica. *Vol. 2* mostra Jello Biafra sobre Les Baxter, Robert Moog sobre o theremin, Juan Esquivel sobre a música Latina da década de 1950, e Yma Sumac sobre sua própria vida mítica. Ambos os volumes contêm muito, mas muito mais entrevistas e artigos do que acabamos de mencionar aqui, mas estes são apenas alguns exemplos do porquê de estes livros deverem fazer parte da coleção de todo amante da música.

> **NESTE CAPÍTULO**
>
> **Explorando a variedade da música clássica**
>
> **Curtindo o jazz**
>
> **Expandindo sua exposição a diferentes tipos de rock**
>
> **Usando a internet para encontrar o novo e agora**

# Capítulo 23

# Dez Períodos da História da Música para se Explorar

Uma coisa é sentar e ler pilhas de livros de partituras e composições e aprender cientificamente como as notas se encaixam umas com as outras, mas outra coisa é verdadeiramente "entender" a música. Para fazer isso, é preciso que você ouça música, muita, muita música e o maior número de tipos de música possível. E, rapaz, como tem música por aí para ser explorada.

Os períodos mais interessantes da música sempre são aqueles na virada de um estilo aceito para o seguinte, assim como a transição da música barroca para a clássico, do guitar rock para o Krautrock e depois para o math rock e aí por diante. Estes momentos de transição não são geralmente reconhecidos pelo público em geral como parte daquele período e são, na verdade, descartados como modas passageiras; olhando para trás, é muito mais fácil dizer quais compositores e qual período musical acabaram tendo o maior impacto no curso da música Ocidental.

Como este livro se preocupa em sua maior parte com a tradição da composição da música Ocidental, nós prendemos nossas escolhas aqui a esse âmbito. No entanto, existe mais do que outra metade do planeta que não mencionamos aqui e sobre o qual valeria a pena escrever volumes extras.

# Música Clássica

O termo *música clássica* tornou-se um tipo de expressão abrangente para qualquer tipo de música "intelectual" que use instrumentos e arranjos orquestrais — violinos, piano solo, flautas, oboés e aí por diante — logo, juntando 1.500 anos de música em uma pequena categoria. Um purista, no entanto, diria que a música clássica verdadeira foi aquela composta aproximadamente entre os anos de 1750 e 1820 na Europa, com muitas cópias surgindo na América na sequência.

Não somos puristas, caso você ainda não tenha percebido até agora, então vamos nos prender ao termo amplo e abrangente *clássico* para descrever os tipos de música discutidos nesta seção, que são alguns dos marcos mais significativos a acontecerem na música Ocidental ao longo dos anos.

## Período medieval: a fase monofônica (590–1200)

No século VII, o Papa Gregório, mais tarde canonizado como o padroeiro dos músicos, declarou que a voz humana era o único instrumento apropriado para glorificar Deus. Todos os instrumentos foram logo banidos dos serviços de veneração, sendo substituídos por coros vocais mais e mais complexos.

Embora alguns possam achar esse decreto como um passo para trás na evolução da música humana, foi na verdade o primeiro passo para frente em realmente explorar as capacidades da voz humana. Os cantos Gregorianos — homenageando Gregório, mas não necessariamente inventados por ele — eram o ápice do canto a capella, *monofônico* (em que todos cantavam as mesmas notas juntos) da época, expandindo a partir do canto que contava histórias num canto reto que chegou a Roma por meio das populações indígenas da Europa, que haviam sido conquistadas e assimiladas pelos Romanos.

Como somente a voz humana era permitida dentro da estrutura da música de Igreja, a maior contribuição deste período feita a música moderna foi a evolução do canto. No ano 850 d.C., o canto Gregoriano havia dado caminho ao canto polifônico — aquele em que você tem duas vozes sem relação cantando ao mesmo tempo (melodia e harmonia) e, no começo do século XI, era a música escolhida, mesmo depois de a música polifônica ter sido declarada como "ilegal" pelo papado.

Por volta do ano 1000 d.C., um monge Beneditino chamado Guido D'Arezzo retrabalhou completamente a notação musical rudimentar chamada *neumática* usada para o canto Gregoriano e criou sua própria notação musical. Sua pauta ainda usava as quatro linhas da notação neumática, mas ele adicionou uma notação de tempo no início da pauta para facilitar que os músicos não se perdessem uns dos outros. Ele também desenvolveu o *solfejo*, um sistema de escala vocal que substituía as quatro notas usadas pelos Gregos com seis tons: *ut* (mais tarde mudado para *do*), *re, mi, fa, sol* e *la*, para serem colocados em partes específicas da pauta. Mais tarde, quando a escala diatônica foi combinada com a "Escala Guido", como é chamada às vezes, o som *si* completou a oitava. *A Noviça Rebelde* não seria a mesma sem ela.

Embora a maioria dos compositores deste período compusessem anonimamente, alguns ousaram colocar seus nomes em suas incríveis composições vocais. Um desses compositores — uma mulher — escreveu música coral tão incrível que seu trabalho ainda é apresentado e gravado hoje. Hildegard von Bingen era a Abadessa de Rupertsburg na Alemanha no século XII. Ela começou a gravar suas visões religiosas em forma de poesia iniciando em cerca de 1150, dando contornos escritos melodicamente usando a arcaica notação neumática da Igreja. Ela foi uma das primeiras identificáveis na história da música Ocidental. Suas composições também são algumas das poucas músicas da época que sugeriam vozes femininas para as notas altas e não garotos ou homens que tenham sido castrados quando garotos.

# Período pré-clássico (1700–1770)

Este período da música em particular é dividido, às vezes, em dois períodos separados da música, dependendo de quem está apresentando-o: a Terceira Fase Polifônica do Último Período Barroco (mais ou menos entre 1700–1750) e o Período Pré-clássico (mais ou menos entre 1720–1770). No entanto, funciona melhor caso juntemos os dois "períodos", pois existem tantas interseções dos compositores e períodos de tempo que é difícil decidir qual compositor pertence a qual estilo em particular.

O principal que separa este período e que o torna realmente fascinante de ser estudado é que é nele que os compositores começaram verdadeiramente a se distanciar das estruturas rítmicas simples e previsíveis, que marcaram cerca de 1.000 anos de música popular. Músicos como Antonio Vivaldi (1678–1741) criaram concertos que eram tão controlados e tensos e um estudo tão grande da matemática dos ritmos que os críticos acusavam seu trabalho de parecer meros exercícios de digitação para o violino. Johann Sebastian Bach (1685–1750) é mais conhecido pela proeminência de ponto-contraponto em sua música, em que duas linhas básicas de música eram tocadas simultaneamente uma em cima da outra.

A técnica de Bach deve ter parecido um exibicionismo enorme em seu tempo, quando a maioria dos compositores dependiam de ter uma linha principal de

## NICK CURRIE, TAMBÉM CONHECIDO COMO MOMUS

Eu amo música barroca. Bach, obviamente, é meu compositor clássico favorito. Eu amo aquela coisa do baixo contínuo, o contraponto simples e forte que acontece na música barroca. Amo como ele define os acordes de uma maneira passageira e sutil, em vez do martelo que o rock e o folk fazem, com suas sequências de acordes ressonantes ou distorcidas preenchendo todo o espectro dinâmico sonoro, sem deixar espaço ou ambiguidade. Eu chamo a tendência do rock de monopolizar toda a área de som audível — do grave profundo até o chiado alto dos contratempos — "domínio do espectro todo", e eu realmente penso nisso como algo meio fascista. A música barroca é mais uma relação compassiva entre duas linhas, que criam harmonia e acordes por sua dança cortês em torno de cada um deles.

música definida especificamente, com uma linha menos importante projetada somente como acompanhamento. Dois dos 18 filhos de Bach, Carl Philipp Emanuel (seu quinto, 1714–1788) e Johann Christian (seu caçula, 1735–1782) também cresceram e tornaram-se compositores muito importantes durante este período. O primeiro, também conhecido como o "Bach de Hamburgo", foi o principal fundador do estilo de sonata do período clássico. O último, conhecido como o "Bach de Londres", escreveu muitas sinfonias, óperas e trabalhos de cravo que ainda são tocados hoje.

## Início do século XX (1910–1950)

Este período de tempo é a real ponte entre o que era conhecido como música clássica e o que se tornou conhecido como *vanguarda*. Na Áustria, o compositor Arnold Schoenberg (1874–1951) experimentou usando a escala de 12 tons em sua música (ao contrário do sistema de 8 tons, considerado "normal"), criando algumas peças realmente perturbadoras e sombrias perfeitamente adequadas para filmes de terror. Na Hungria, Béla Bartók usou muito da música folclórica de seus compatriotas, que estava desaparecendo, para criar peças maravilhosamente sombrias para arranjos orquestrais e piano solo.

Enquanto isso, nos EUA, Charles Ives (1874–1954) misturava harmonias complexas, poliritmos e politonalidades com os primeiros hinos americanos e a música folk, levando a vitória no prêmio Pulitzer de Música. Seu compatriota John Cage (1912–1992) estabeleceu parte da base para os futuros minimalistas em suas composições, fazendo com que as plateias ouvissem seus trabalhos gravados via dúzias de rádios e vitrolas simultaneamente — quase da noite para o dia transformando os Estados Unidos no berço da música experimental.

Este período de tempo é marcado por um desespero dos compositores para realmente falarem a seus públicos num momento de turbulência mundial (as duas Grandes Guerras). Muito da música clássica desta época é bastante derivada da música tradicional nativa numa tentativa de conectar com o "homem simples", ao contrário das gerações anteriores de compositores, que admitiam tentar atrair a atenção das classes bem-sucedidas e polidas.

## Minimalismo (1950–presente)

Caso você se encontre numa conversa com o compositor Steve Reich, não ouse referir-se a sua música como *minimalismo*, pois ele vai ameaçar lavar sua boca com sabão. No entanto, seu trabalho, assim como o de Philip Glass, Terry Riley, John Adams e Arvo Pärt, foi todo colocado junto nesta categoria.

A música minimalista vem do trabalho de exploração iniciado por John Cage e é um gênero preocupado em encontrar a nota certa absoluta ou ritmo para uma peça musical. O trabalho de Philip Glass foi marcado por suas músicas construídas em torno de ritmos complexos e o uso pioneiro dos sintetizadores. Na década de 1970, Arvo Pärt colocou a Estônia no mapa musical, introduzindo um novo estilo de composição que ele chamava de *tintinnabuli*, baseado numa textura homofônica de duas partes que é simplesmente de tirar o fôlego em sua escassez incrível. Na década de 1960, Steve Reich foi um dos primeiros a usar loops de fita em suas composições de orientação rítmica, possivelmente o tornando responsável por inspirar muito da música eletrônica baseada em loops surgida cerca de 20 anos depois.

# Jazz

Um efeito colateral inesperado da Guerra Civil nos Estados Unidos é que, depois de seu fim, as lojas de penhores em todo o Sul do país foram inundadas por instrumentos de percussão e metais levados por ex-membros de bandas militares. De repente, instrumentos que nunca haviam tido donos fora do meio militar ou nobre estavam prontamente ao alcance do homem comum. Uma coisa levou a outra e, bem, o Jazz *foi* chamado de a única forma de arte realmente americana.

## Jazz dos primórdios (em torno de 1890–1930)

Nova Orleans foi um lugar perfeito para o nascimento do jazz. A cidade era um centro comercial internacional em ascensão na virada do século — diferentemente do Sul, economicamente devastado. Devido à sua localização portuária no delta do Rio Mississipi, tornou-se um caldeirão de um grande mundo de culturas diferentes. Influências musicais da África, Espanha, Itália, América do Sul e França combinadas com blues, música folclórica e ragtime para criar o Jazz de Nova Orleans, que foi inventado e mais desenvolvido ainda pelos afro-americanos. Adiante, na década de 1920, o jazz migrou para Nova York, Chicago e Kansas City, quando a população negra do Sul segregado se mudou para o Norte em busca de melhores oportunidades de emprego.

Alguns dos incríveis personagens desta época foram o pianista e compositor Jelly Roll Morton, cujas mãos imensas conseguiam bater em acordes de quatro oitavas ao mesmo tempo. Em termos de metais, Joe "King" Oliver, Freddie Keppard, Louis Armstrong, Sidney Bechet, Jimmy Noone e Kid Ory abrilhantaram uma nova trilha por meio do cenário musical tímido e domesticado (e em sua maioria, branco) de sua época, com sua improvisação selvagem, instrumentação não ortodoxa e óbvio e completo delírio somente em tocar música. Qualquer um que pense que o jazz é algo preso a bares metidos a besta e sofisticados, obviamente não checou nenhum dos nomes acima.

## Vanguarda (década de 1960)

Com a inquietação civil da década de 1960, veio um pântano de novos tipos de expressões musicais, incluindo aí uma nova forma de jazz. O movimento de vanguarda e free jazz encorajou os compositores a encontrarem seus próprios caminhos na música e suas próprias vozes individuais, em vez de seguir os estilos e regras do jazz que vieram antes. De muitas formas, o único motivo pelo qual estes músicos eram considerados artistas de jazz era porque todos eles usavam instrumentos associados ao estilo (especificamente os metais), e muitos críticos na época declararam que estes pioneiros não eram, na verdade, músicos de jazz — e mesmo as paisagens atonais e arrítmicas que criaram não era musical.

Construindo em cima do que os compositores Charles Mingus, Miles Davis e John Coltrane haviam começado uma década antes, com suas próprias incursões no jazz modal e improvisações, Ornette Coleman, Cecil Taylor, Albert Ayler, Eric Dolphy e Sun Ra ampliaram a definição de jazz com a energia crua e performances aparentemente espontâneas que desafiavam tudo o que já houvera sido esperado da música. Artistas de jazz do dia de hoje que valem a pena ser conhecidos incluem o incrível John Zorn, Mark Feldman, Dave Douglas e Tim Berne.

# Rock

O rock and roll tem agora mais de 60 anos e continua forte. Sua influência sobre a música popular tem sido tão penetrante que algumas das partes mais interessantes dela foram esquecidas. Eis algumas delas.

# Krautrock

Caso você ainda não tenha adivinhado, *Krautrock* era o rock alemão, em especial um estilo dele das décadas de 1960 e 1970. Ele era chamado assim de forma pejorativa pela imprensa inglesa, que ainda não era aberta a nada que viesse da Alemanha.

Assim como o free jazz era chamado de *jazz* por causa da instrumentação usada, o Krautrock é considerado *rock* por causa da dinâmica de guitarra/baixo/percussão usada pelas bandas do estilo. A música, no entanto, era muito influenciada pelo minimalismo e outras formas experimentais de música clássica. Às vezes, usava instrumentos eletrônicos para dar à música um clima e sonoridade fortemente dura e parecendo uma máquina.

O Krautrock abrangia muitos estilos e ideias para ser considerado um único movimento. O grupo Faust, da década de 1970, incorporava suas sensibilidades pop com experimentos rítmicos e loops de fita, enquanto outros grupos como Neu! e Kraftwerk buscavam soar o mais frios, mecânicos e sem humanidade quanto fosse possível. O Can era bem inspirado no minimalismo americano e na música clássica alemã para criar um rock incrivelmente lindo e conciso, enquanto o Popol Vuh pegou os instrumentos do rock e criou música ambiente que soava futurista e incrivelmente antiga.

## Math rock (década de 1990)

O math rock se desenvolveu na década de 1990, como uma rebelião direta contra a batida tradicional 4/4 do rock and roll. O math rock baseia-se em tempos complexos, como 7/8, 11/8 ou 13/8, dando à música uma sensação definitivamente irregular.

Talvez devido à complexidade da música, as letras não são uma grande parte da maioria destas canções. Álbuns de bandas como Slint, Don Cabellero, June of 44 e Bastro eram muitas vezes somente instrumentais, enquanto outras bandas como Shellac, os primeiros trabalhos do Modest Mouse e o U.S. Maple incluíam letras realmente discordantes e de formatos livres em suas canções, embora elas fossem colocadas ali para alienar mais ainda o fã de rock tradicional.

## Pós-rock (década de 1980–presente)

O pós-rock pode ser considerado o descendente direto do rock ambiente do Krautrock. Todos os instrumentos tradicionais do rock estão ali — guitarra, percussão, baixo, teclados — mas são usados de maneiras completamente diferente do rock and roll à moda antiga. A microfonia da guitarra e o ruído estático são usados para criar belas texturas de sons ambiente. Camadas de teclados são usadas para preencher os espaços entre as notas. Os vocais — caso haja algum — são gravados no mesmo volume dos instrumentos, em vez de mais alto do que a música, para que a atenção do ouvinte não vá diretamente para ele.

Assim como no gênero Krautrock, as bandas que são consideradas pós-rock variam incrivelmente em termos de construção e som. A banda de Kentucky, Rachel's, foi montada como uma formação de câmara, usando instrumentos de cordas e piano, além de guitarras e teclados, fazendo instrumentais que são sombrios e tensos demais para a maioria das plateias clássicas, ainda não sendo "rock" o bastante para ser verdadeiramente considerada rock and roll. A banda inglesa Stereolab lança canções pop agradáveis que tem camadas tão densas que é difícil dizer onde um instrumento acaba e outro (incluindo aí os vocais) começa. A banda canadense Godspeed You Black Emperor! constrói arranjos incrivelmente intensos a partir de instrumentos de rock tradicionais, usando as tradições do minimalismo e da música ambiente.

# Hoje em Dia

A cada minuto de cada dia, o tempo todo, algo novo está sendo experimentado por um artista ou uma formação por aí. Enquanto escrevemos isto, existe uma explosão de novos artistas noise, eletrônicos, ambientes, rock — e o que mais você quiser — lançando discos, postando MP3 em sites de download gratuitos e tocando ao vivo no bar da rua perto de sua casa. Caso você não esteja procurando, não encontrará.

**NESTE CAPÍTULO**

**Explorando a diversidade musical do Brasil**

**Conhecendo música colonial e do tempo da corte**

**Variando da ópera até o choro**

**Surgimento da bossa nova e da música popular brasileira**

# Capítulo 24
# Dez Compositores Brasileiros

# Emerico Lobo de Mesquita

José Joaquim Emerico Lobo de Mesquita é o principal nome da música colonial brasileira. Nasceu em meados de 1700, filho de uma escrava e um português, em Minas Gerais.

Organista e compositor, aprendeu música nas igrejas de Diamantina, incentivado pela vida religiosa.

Seu estilo oscila entre Pergolesi e Mozart. Suas obras mais importantes são a *Antífona de Nossa Senhora* e a *Missa em mi bemol*.

# José Maurício Nunes Garcia

Principal nome da música no tempo da corte no Brasil. Nasceu em 1767, vindo a falecer em 1830.

Organista, cravista, regente e compositor da corte ainda no período colonial, foi apelidado de "Mozart brasileiro", pela sua genialidade. Foi o mestre de capela da Sé, na cidade do Rio de Janeiro, posto mais importante para um músico em sua época.

Sendo mulato, torna-se padre, único caminho possível para um mulato exercer a profissão de músico à sua época.

Compôs muita música sacra, mas também enveredou pelo caminho da música popular escrevendo modinhas, que eram as peças populares cantadas na corte.

Dentre suas principais obras destacam-se *Requiem*, *Tota pulchra es Maria* e *Judas Mercator Pessimus*. Suas modinhas conhecidas: *Beijo a mão que me condena* e *No momento da partida*.

# Antônio Carlos Gomes

Compositor paulista, nascido em Campinas em 11 de julho de 1836, foi o mais importante compositor de brasileiro de ópera, sendo o primeiro compositor brasileiro a ter suas músicas tocadas no então famoso teatro Scalla de Milão.

Patrocinado pelo imperador Dom Pedro II, que ficou empolgadíssimo com sua obra encenada no Teatro de Ópera Nacional, *A noite do castelo*. Foi para a Itália continuar seus estudos.

Foi imortalizado pela sua magnífica opera, *O Guarani*, baseada no livro de José de Alencar, embora esta não seja nem de longe sua maior obra. Rivalizou em sua época com o maior compositor italiano, Verdi, que exclamou ao ouvir a estreia de *O Guarani*: "Este jovem começa de onde termino".

# Ernesto Nazareth

Nascido no Rio de Janeiro em 20 de março de 1863, era pianista e compositor.

Foi um dos precurssores do choro, gênero desenvolvido a partir do então, como era conhecido, tango brasileiro.

Embora tenha recebido educação formal clássica, sua música aproxima-se do popular, antecipando o movimento nacionalista.

Apresentava-se em salas de cinema, bailes, reuniões. Também fazia ponto na casa de piano de Carlos Gomes, onde executava as partituras que seriam vendidas. Este era o meio na época de se fazer, ouvir e vender música.

Compôs inúmeras peças em que se destacam o *Apanhei-te cavaquinho*, *Brejeiro* e *Odeon*.

Sem dúvida, Nazareth é responsável por fixar no repertório pianístico um jeito brasileiro.

Faleceu em 1 de fevereiro de 1934.

# Heitor Villa-Lobos

De longe, o principal compositor genuinamente brasileiro. Nasceu em 5 de marco de 1887 no Rio de Janeiro.

Maior expoente da música nacionalista brasileira, compõe obras que contêm nuances, detalhes, peculiaridades próprias das culturas brasileiras.

Para chegar a esse resultado, Villa-Lobos lançou mão de pesquisa com canções populares e indígenas, tendo viajado o país com este propósito.

Tem grande influência dos impressionistas, mas que não chegam a nortear sua obra, mas sim auxiliam no objetivo de alcançar seu ápice musical e estar ligado à natureza.

Compôs obras importantíssimas que são reconhecidas e estudadas até os dias de hoje, tais como as *Bachianas*, os *Choros*, os *12 estudos para violão*, as *Cirandas para piano* e etc.

É imprescindível para o entendimento da música brasileira conhecer um pouco mais deste grande compositor.

# Pixinguinha

Pixinguinha é sinônimo de choro. Nascido Alfredo da Rocha Vianna Filho em 23 de abril de 1897 no Rio de Janeiro, foi responsável direto para que o choro chegasse a uma forma definitiva.

Flautista, saxofonista, pianista e compositor, este grande músico encontrou em sua casa o estudo necessário à elaboração de sua obra, pois pertencia a uma família de músicos.

Tocou em cabarés, salas de projeção no tempo do cinema mudo e foi arranjador para gravadoras e rádios de sua época.

Compôs obras imortalizadas no imaginário popular, como *Lamentos* e *Carinhoso*.

Possui uma obra vastíssima que merece ser visitada.

# Luiz Gonzaga

Luiz Gonzaga do Nascimento nasceu em 13 de dezembro em Exu, Pernambuco, e é conhecido como o Rei do Baião.

Sua importância é enorme no que diz respeito à divulgação da música nordestina e na sua aceitação como forma de música genuninamente brasileira.

Luiz Gonzaga foi um exímio instrumentista e virtuose no acordeão.

Depois de dar baixa no exército na capital do Brasil de então, o Rio de Janeiro, começou a se apresentar em cabarés e rádios, sempre vestido de terno, vestimenta habitual da época, e tocando polcas e choros.

É somente quando abandona o terno, os choros e polcas e se veste de vaqueiro nordestino para tocar xotes e baiões é que alcança o merecido sucesso.

A partitr de então, torna-se o principal nome da música regional nordestina.

Destacam-se em sua obra as canções *Asa Branca*, *Pau de arara*, *Que nem jiló*, *Riacho do navio* e inúmeras outras canções que já caíram na boca do povo.

# Tom Jobim

Antônio Carlos Brasileiro de Almeida Jobim nasceu no Rio de Janeiro em 25 de janeiro de 1927.

É certamante o compositor mais reconhecido, tanto nacionalmente quanto internacionalmente da música brasileira. Seu instrumento principal é o piano, embora não se possa de dizer que fosse um virtuoso na arte de tocar piano. Mas sua maneira peculiar de tocar tornam sua impressão pianística inconfundível.

É tido como um dos principais nomes e precursores da bossa nova, mas sua obra não se restringe ao estilo. Com grande influência de Villa-Lobos e dos impressionistas Ravel e Debussy, sua música está situada na linha limítrofe entre a música popular e erudita.

Compôs muita música popular para grupos de formação jazzística e é responsável direto pelo cruzamento do samba com o jazz, cujo rebento é a bossa nova.

Embora tenha composto para grupos menores, há entre sua obra música sinfônica também, além de alguma música instrumental.

Sua música atravessou o mundo e deu à música brasileira uma distinção sem precedentes. Sua canção *Garota de Ipanema* figura entre as músicas mais executadas e gravadas pelo mundo afora.

# Egberto Gismonti

Egberto Gismonti é compositor, pianista, violonista e arranjador. Nasceu em uma família de músicos em Carmo, pequena cidade do interior do estado do Rio em 5 de dezembro de 1947.

É um dos principais compositores de música instrumental no Brasil. Fez pesquisa de música brasileira, folclórica e indígena trazendo elementos destas músicas para suas composições.

Tendo estudado na França com nomes de peso, como Nadia Bouanger, participou de festivais de música no Brasil, como os da Rede Globo ainda nos anos 1960, atraindo a atenção sobretudo do público especializado devido à sua forma única e pessoal de compor.

Como sua obra é de difícil assimilação popular, encontrou dificuldade em encontrar espaço entre as grandes gravadoras, razão pela qual criou seu próprio selo.

CAPÍTULO 24 **Dez Compositores Brasileiros** 291

Dentre suas obras, destacam-se *Sonho*, *Palhaço*, *Água & Vinho*, *Pêndulo*, o grande cd *Dança das cabeças* e outras.

Atualmente dedica-se, além de suas composições instrumentais para grupos pequenos, à música sinfônica.

# Chico Buarque

Francisco Buarque de Holanda nasceu em 19 de junho de 1944 no Rio de Janeiro, e é músico, compositor, dramaturgo e escritor.

Um dos principais nomes da música popular brasileira, é filho do historiador Sérgio Buarque de Holanda, que possui óbvia influência na trajetória artística de Chico.

Sua música contêm elementos da música regional brasileira, como sambas, choros, baião, etc.

Sua forma de compor letras o torna único, com ousadia morfológica e rigor estético. Canções como *Construção* e *Sabiá* são verdadeiras pérolas da música brasileira.

Participou de inúmeros festivais da MPB, tendo vencido alguns deles.

Musicou peças de teatro, como *Morte e Vida Severina*, bem como peças infantis, como *Os Saltimbancos*, e adultos como a *Ópera do Malandro*.

Indubitavelmente um compositor a ser visitado.

# Apêndices

# Apêndice A
# Referência de Modos e Acordes

Falamos um pouco sobre como os sete modos musicais Gregos são montados no Capítulo 6. Bem, eis aqui todas as configurações possíveis sobre Iônio, Dório, Frígio, Lídio, Mixolídio, Eólio e Lócrio para você conferir em relação a seu próprio trabalho, ou para usar como uma rápida referência.

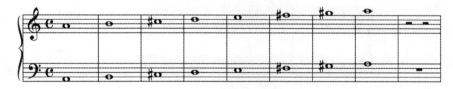

B Ionian (B Major)

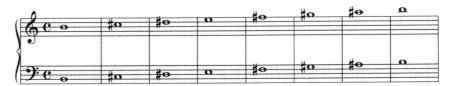

C Ionian (C Major)

D♭ Ionian (D♭ Major)

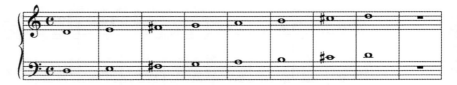

D Ionian (D Major)

E♭ Ionian (E♭ Major)

E Ionian (E Major)

F Ionian (F Major)

F♯ Ionian (F♯ Major)

### G Ionian (G Major)

### A♭ Dorian

### A Dorian

### B♭ Dorian

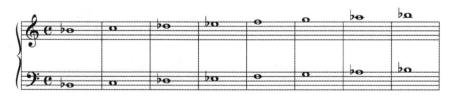

B Dorian

C Dorian

C# Dorian

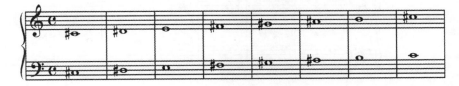

D Dorian

E♭ Dorian

E Dorian

F Dorian

F# Dorian

300    PARTE 6 **Apêndices**

G Dorian

A Phrygian

B♭ Phrygian

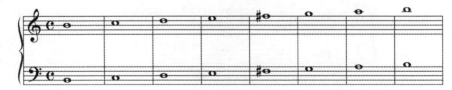

B Phrygian

C Phrygian

C# Phrygian

D Phrygian

D# Phrygian

### E Phrygian

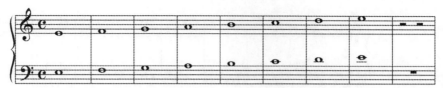

### F Phrygian

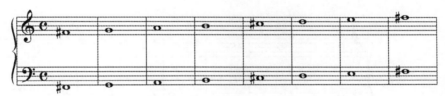

### F# Phrygian

### G Phrygian

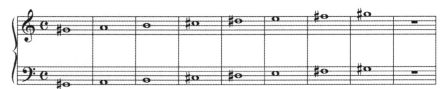

304 PARTE 6 **Apêndices**

B Lydian

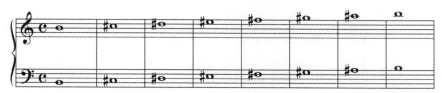

C Lydian

D♭ Lydian

D Lydian

APÊNDICE A **Referência de Modos e Acordes** 305

E♭ Lydian

E Lydian

F Lydian

G♭ Lydian

### G Lydian

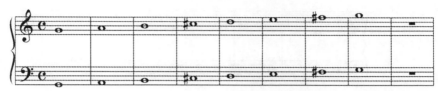

### A♭ Mixolydian

### A Mixolydian

### B♭ Mixolydian

C Mixolydian

D♭ Mixolydian

D Mixolydian

E♭ Mixolydian

A♭ Aeolian (A♭ Minor)

D Aeolian (D Minor)

B♭ Aeolian (B♭ Minor)

B Aeolian (B Minor)

APÊNDICE A **Referência de Modos e Acordes**

### E Aeolian (E Minor)

### F Aeolian (F Minor)

### F♯ Aeolian (F♯ Minor)

### G Aeolian (G Minor)

A Locrian

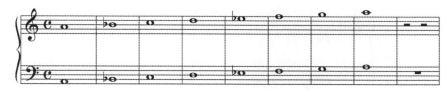

A# Locrian

B Locrian

C Locrian

APÊNDICE A  **Referência de Modos e Acordes**

C# Locrian

D Locrian

D# Locrian

E Locrian

F Locrian

F# Locrian

G Locrian

G# Locrian

APÊNDICE A **Referência de Modos e Acordes** 315

A seguir, uma lista de todas as tríades de acordes e sétimas para cada nota da escala.

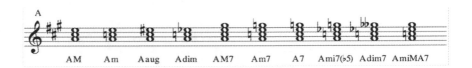

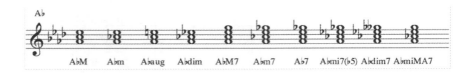

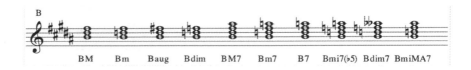

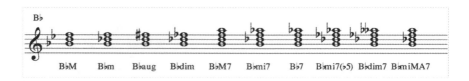

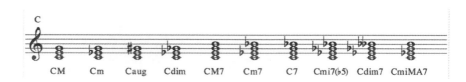

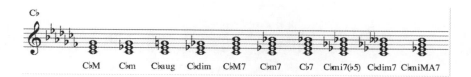
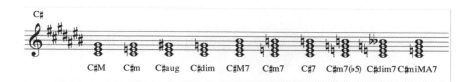
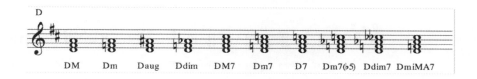

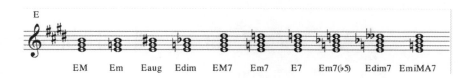

APÊNDICE A  **Referência de Modos e Acordes**   317

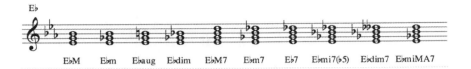
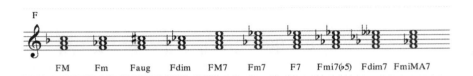
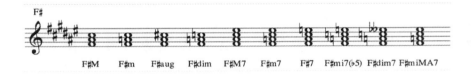
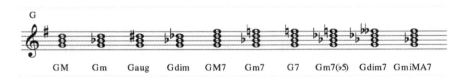
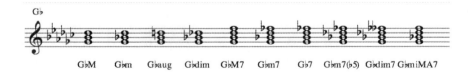

# Apêndice B
# Glossário

**acompanhamento:** O uso de música adicional para dar suporte a uma linha melódica principal.

**acorde:** O som simultâneo de, pelo menos, dois tons ou notas.

**afinação:** O quão alto ou baixo é um tom produzido por uma única frequência.

**alla breve:** Outro nome para o tempo 2/2.

**anacruse:** Nota(s) que antecede(m) o primeiro compasso inteiro de uma música, às vezes chamada de *pick-up*.

**atonal:** Música que não está num tom e não é organizada diatonicamente.

**bandeira:** Uma linha curva colocada na haste de uma nota para indicar um valor rítmico reduzido. As bandeiras são equivalentes às barras.

**barra:** Usada em vez de uma bandeira para conectar os grupos de colcheias ou notas mais curtas.

**barra dupla:** Duas linhas verticais espaçadas proximamente para indicar o fim de uma composição.

**batida:** Uma série de pulsações de tempo repetitivas e consistentes na música. Cada uma delas é chamada de batida.

**cadência:** O final de uma frase musical, contendo pontos de repouso ou relaxamento da tensão.

**cadenza:** Uma parte perto do final de uma música na qual o solista improvisa ou toca de forma virtuosa.

**canção:** Uma composição musical na qual são usados vocais.

**clave de fá:** A parte mais baixa na notação. A clave de fá estabelece a afinação das notas nas linhas e espaços da partitura abaixo do dó médio.

**clave de sol:** Símbolo escrito no começo da pauta superior musical da partitura. Ela estabelece a altura das notas nas linhas e espaços da pauta existentes acima do dó médio.

**clave superior:** A combinação da clave de fá com a clave de sol no mesmo lugar.

**C médio:** A nota dó localizada entre as duas pautas musicais na grande pauta (numerada como dó3).

**compasso:** Um segmento de música escrita, contido entre duas barras verticais onde constam tantos tempos quanto o número superior do tempo indica.

**contraponto:** A arte de combinar melodias complementares múltiplas.

**da capo:** Partir novamente do começo. Frequentemente abreviado como D.C.

**definição de tom:** Uma série de bemóis ou sustenidos (ou ausência de ambos) no começo de cada pauta depois da clave.

**diatônico:** Seguir as notas encontradas num determinado tom. Numa música escrita em C maior, por exemplo, o C, D, E, F, G, A e B são todos tons diatônicos, e qualquer outra nota usada nessa música é não diatônica.

**diminuição:** Reescrever uma melodia em valores rítmicos menores do que os usados originalmente.

**dueto:** Uma composição para dois solistas.

**escala:** Uma série de notas em ordem ascendente ou descendente que apresenta as notas de um tom, começando ou terminando na nota tônica.

**estudo:** Uma peça musical composta para ajudar um músico a desenvolver habilidades técnicas.

**finale:** O movimento final de uma composição de múltiplos movimentos.

**forma:** O formato, organização ou estrutura geral de uma composição musical. As formas podem surgir a partir de gêneros muito persistentes.

**forma bar:** Uma forma musical típica em três partes: *AAB*.

**forma binária:** Uma forma musical de duas partes: *AB*.

**forma ternária:** Uma forma de canção típica de três partes: *ABA*.

**fórmula de compasso:** Uma notação feita no começo de uma canção, na forma de dois números, como 3/4, que indica o número de batidas em cada compasso e qual valor de nota constitui uma batida. O número superior (ou primeiro) diz quantas batidas existem num compasso e o número inferior (ou segundo) diz que tipo de nota recebe a contagem de uma batida.

**fraseado adiantado:** Mover a melodia para começar mais cedo do que o previsto inicialmente.

**fraseado atrasado:** Mover uma melodia para começar depois do esperado.

**gênero:** Um estilo ou tipo de música.

**harmônico:** É o conjunto de múltiplos inteiros que compõem uma frequência fundamental.

**heterofonia:** Uso simultâneo de formas variadas da mesma melodia básica. As notas podem ser omitidas e/ou alteradas.

**homofonia:** Camadas de atividade musical que se movem no mesmo ritmo, assim como melodia e acompanhamento.

**improvisação:** Criação musical espontânea.

**intervalo:** A distância de tons entre duas notas.

**intervalo do diabo:** A quarta aumentada (ou quinta diminuta), um intervalo dissonante que chegou a ser proibido pela Igreja Católica. Também chamado de trítono.

**lead sheet:** Uma melodia reduzida e notada, com cifras, sempre para o rock ou jazz, no qual uma performance musical se baseia.

**leitmotiv:** Uma melodia, acorde ou ritmo usados na ópera, musicais, cinema e outras artes visuais que ocorre várias vezes durante uma produção para identificar um lugar, objeto, ideia ou personagem. Esta técnica de composição traz uma familiaridade para o público.

**libretto:** O texto de uma ópera ou de outros trabalhos dramáticos.

**linhas do compasso:** Linhas verticais na música escrita que separam as notas em grupos diferentes de notas e pausas, dependendo do tempo usado.

**medley:** Uma composição que amarra um grupo de canções bem conhecidas para formar um novo trabalho.

**melodia:** Uma sucessão de sons musicais, sempre tendo afinação e ritmos diferentes, que juntos têm um formato e significado identificável.

**métrica:** A organização de padrões rítmicos numa composição, de uma forma que um pulsar repetitivo e regular de batidas continua por meio da composição.

**metrônomo:** Um aparelho que mantém uma batida estável em velocidades variáveis. É comum que os compositores usem as marcações de um metrônomo no começo de uma música para indicar a velocidade em que deve ser tocada.

**modulação:** Transição de um tom para outro.

**música incidental:** Música composta para incrementar um filme ou peça.

**nota:** Um símbolo usado para representar a duração de um som e, quando colocado numa partitura, o tom de um som.

**nota de busca:** Notas introdutórias colocadas antes do primeiro compasso de uma música.

**nota pontuada:** Uma nota seguida de um ponto de aumento significa que a nota vale uma vez e meia mais do que seu valor normal.

**notação:** A utilização dos símbolos escritos ou impressos para representar sons musicais.

**oitava:** Dois tons que estão a oito notas diatônicas diferentes de distância e têm a mesma nota e nome na música Ocidental.

**orquestração:** A arte de compor ou arranjar para orquestra.

**partitura:** Versão impressa de uma peça musical.

**pausa:** Símbolo usado para marcar um período de silêncio.

**pausa pontuada:** Uma pausa seguida de um ponto de aumento significa que a pausa vale uma vez e meia mais do que seu valor normal.

**pauta:** Cinco linhas horizontais e paralelas, contendo quatro espaços entre elas nas quais são escritas notas e pausas.

**pergunta e resposta:** Quando um solista é rebatido por outro músico ou grupo de músicos.

**polifonia:** Camadas de diferentes atividades melódicas ou rítmicas dentro da mesma música.

**politonalidade:** O uso simultâneo de material em tons diferentes.

**ponte:** A parte musical contrastante entre duas partes similares da música. Também chamada, às vezes, de parte B.

**progressão de acordes:** Ir de um acorde para outro, normalmente em padrões estabelecidos.

**quaver:** Outro nome da colcheia.

**quiáltera de dois:** Usado no tempo composto para dividir uma batida que deveria conter três partes iguais em somente duas partes iguais.

**refrão:** Uma parte periodicamente recorrente na música ou letra.

**retrógrado:** Uma repetição das notas na ordem contrária em que apareceram originalmente.

**ritmo:** A notação de tempo na música por meio do uso de símbolos e padrões.

**rondó:** Uma forma musical que é dividida em cinco ou sete partes com refrões recorrentes: *ABACA, ABACABA*.

**semitom:** O menor intervalo da música Ocidental, representada no piano por mover uma tecla (preta ou branca) para a esquerda ou direita do ponto de partida, ou no violão, uma casa para cima ou para baixo de um ponto de partida. Também é chamado de *meio-tom*.

**síncope:** Uma perturbação proposital do padrão de dois ou três batidas, na maioria das vezes, destacando um tempo fraco ou uma nota que não esteja no tempo.

**solo:** Uma composição ou seção inteira dentro de uma composição apresentada por um único cantor ou instrumentista.

**tablatura:** Um sistema de notação que indica as notas musicais por números ou letras em vez da notação padrão. Geralmente usada para guitarra e baixo.

**tempo:** A velocidade ou valor da batida numa canção.

**tempo composto:** Um compasso cuja unidade de tempo pode ser dividida em múltiplos de três, (6/8, 9/4 e aí por diante) com a exceção de qualquer compasso que tenha o 3 como unidade de tempo, (como 3/4 e 3/8).

**tempo forte:** As batidas acentuadas num compasso.

**timbre:** A qualidade única do som.

**tom da canção:** Normalmente definido pelo acorde final ou inicial de uma composição e pela ordem de tons e semitons entre os graus da escala tônica (no tom de C, por exemplo, ele seria representado primeiramente pelo primeiro C da escala e pelo C uma oitava acima do primeiro).

**tom inteiro:** Um intervalo consistindo em dois semitons, representados no piano ao mover duas teclas adjacentes, sejam pretas ou brancas, para a esquerda ou direita do ponto de partida no teclado, e na guitarra, duas casas acima ou abaixo do ponto de partida.

**tonal:** Uma canção ou trecho de música que é organizado dentro de um tom ou escala.

**transposição:** A transferência de uma música de um tom para outro.

**tresquiáltera ou tercina:** Usado em um único tempo para dividir um tempo que deva conter duas partes iguais em três partes iguais.

**tríade:** Um acorde com três tons.

**turnaround:** Uma progressão de acordes levando de volta ao começo de uma composição musical.

324     PARTE 6 **Apêndices**

# Índice

## SÍMBOLOS

12 cordas, violão de
 tocar, 188

## A

ABA (forma de canção), 143
 escrever em, 143
 uso em sonatas, 145
ABCBA (forma de arco), escrever música em, 144
acordeão piano, desenvolvimento do, 190
acordeão, tocar, 190
acordes
 movimento rítmico dos, 108
acordes cromáticos, explicação de, 100
acordes diatônicos, explicação de, 100
afinação de concerto, tocando no piano, 160
agentes, contratando, 216
alcance dos instrumentos, visualização no teclado
 do piano, 177
Alemão, nome das notas em, 250
algarismos Romanos, indicando progressões de
 acordes com, 109
altura das notas dos instrumentos não
 transpositores
 cello, 176
 flauta de concerto, 172
 violino, 176
altura das notas dos instrumentos transpositores
 clarinete baixo em B bemol, 165
 clarinete em B bemol, 164
 clarinete em E bemol, 166
 corne inglês, 167
 flauta alto, 162
 flugelhorn, 168
 trompa, 169
 trompete em B bemol, 163
 trompete piccolo, 171
American Mavericks, consulta, 277
análise Schenkeriana, explicação de, 276
Analysis of Tonal Music: A Schenkerian Approach,
 consulta, 276

antecipação, acordes associados com, 83
Arianna (Monteverdi), 254
arranjador/produtor, oportunidades de carreiras
 para, 269
Audiosparx, acessando a biblioteca de áudio, 271

## B

baixo
 acústico, 185
 elétrico, 185
 vertical, 184
bancos de canções, disponibilidade de, 271
bandas e corais de escola, oportunidades
 profissionais em, 266
Bartók, Béla, 256
batidas por minuto (BPM), relação com
 metrônomos, 32
Beethoven, ritmo variado em "Ode a Alegria", 33
Bernstein, Leonard, 260
bibliotecas de sons, disponibilidades de, 271
blues
 8-compassos, 149
 12-compassos, 148
 16-compassos, 149
 24-compassos, 149
bpm (batidas por minuto), relação com
 metrônomo, 32

## C

cadência
 autêntica, 111
 deceptiva ou interrompida, 112
 explicando, 111
 meias cadências, 113
 plagal, 112
cadências deceptivas, usando, 112
cadências plagais, utilização de, 112
Cambiata, definição de, 83
canções folk americanas, uso do modo Dório nas,
 60
canto Gregoriano, a origem do, 112

índice    325

capacidades OCR, disponíveis nos editores de partituras, 232

cello, altura das notas do, 176

chicotear, usando formatos de esforço de, 128

Círculo de Quintas, 56
  e os modos maiores/menores, 56
  uso nas harmonias, 94

clarinete baixo em B bemol, alcance das notas do, 165

clarinete em B bemol, alcance das notas do, 164

clarinete em E bemol, alcance das notas do, 166

click track, disponível nos metrônomos, 32

climas de acordes
  7a menor e 5a bemol/meio diminuto, 106
  aumentados, 105
  diminutos, 105
  maiores, 101
  menores, 101
  nona, 104
  nona menor, 105
  quarta suspensa, 104
  sétima dominante, 103
  sétima maior, 102
  sétima menor, 102
  sexta maior, 103

começo de uma música
  progressões de acordes, 109

compondo
  a partir do movimento, 122
  com forma, 123
  com lead sheets, 242
  com tablatura de guitarra, 243
  para cinema, 271
  para orquestra, 211
  para si mesmo, 212
  para TV e rádio, 209
  para videogames, 271

composição
  como escultura do tempo, 30
  usando escalas na, 51
  usando teoria musical na, 20

composição e apresentação de concertos
  oportunidades de carreira em, 269

composição para filmes, 271
  requisitos para, 206
  usando filmes proxy, 208
  usando time code para, 207

compositores
  Bartók, Béla, 256

Bernstein, Leonard, 260
Copland, Aaron, 258
Ives, Charles, 255
Monteverdi, Claudio, 254
Pärt, Arvo, 261
Reich, Steve, 261, 263
Scott, Raymond, 259
Stravinsky, Igor, 257
Whitacre, Eric, 262

computadores
  versus papel e lápis, 16

concertina, tocando, 191

conflito, representando com tons dissonantes, 91

consonância
  versus dissonância, 90

contraponto, usando, 147

convenções de negócios, frequentando, 270

Copland, Aaron, 258

coreógrafos, formatos de esforço usados por, 123

corne inglês, alcance das notas do, 167

coros e bandas de escolas, oportunidades em, 266

Cubase software de composição, características do, 19

## D

departamentos musicais de escolas de ensino médio, abordando, 266

deslizar, utilização dos formatos de esforço, 127

deslocamento rítmico, variando as frases com, 73

Dido e Eneias (Purcell), 219

digital audio workstations, usando, 230

dissonância
  versus consonância, 90

dobro steel guitar, tocar, 188

## E

E bemol, dicas de transposição para instrumentos em, 178

equipes de composição, trabalhando com, 214

escala lócria, construindo a, 62

escalas
  em modo Lídio, 61
  menor harmônica e melódica, 64
  pentatônicas, 63
  tocando em instrumentos de sopro e metais, 181
  usando na composição, 51

escalas pentatônicas, 63

exemplos de, 64
notas da, 64
estrutura AABA
utilização no blues de 32-compassos, 150
utilização no rock, 150
estrutura do blues de 8 compassos, 149
estrutura do blues de 12 compassos, 148
estrutura do blues de 16 compassos, 149
estrutura do blues de 24 compassos, 149
estrutura do blues de 32 compassos, 150
etnomusicologia, campo de, 256
expansão, variando frases com, 74

## F

faixas de áudio versus gravação em MIDI, 231
fazendo trilha para filmes, 271
figuras
alcance das notas da flauta de concerto, 172
alcance das notas do violino, 176
alcance do clarinete baixo em B bemol
transposto para a afinação de concerto, 165
alcance do clarinete em B bemol transposto
para a afinação de concerto, 164
alcance do clarinete em E bemol transposto
para a afinação de concerto, 166
alcance do corne inglês transposto para
afinação de concerto, 167
alcance do flugelhorn transposto para a
afinação de concerto, 168
alcance do trompete em B bemol transposto
para a afinação de concerto, 163
alcance do trompete piccolo transposto para
a afinação de concerto, 171
antecipação, 83
appoggiatura, 80
cadências autênticas, 111
cadências deceptivas, 112
cadências plagais, 112
C aumentado, acorde, 106
C com nona, acorde, 105
C com quarta suspensa, acorde, 104
C com sétima dominante, acorde, 103
C diminuto, acorde, 105
cello, alcance da afinação, 176
C maior, acorde, 101
C maior com sétima, acorde, 102
C maior com sexta, acorde, 103
C menor, acorde, 102
C menor com nona, acorde, 104

C menor com sétima, acorde, 102
C menor com sétima e quinta bemol, acorde,
106
C menor com sexta, acorde, 103
consonância de C e G, 90
deslocamento rítmico, 73
escala menor harmônica, 64
escala menor melódica, 64
escalas pentatônicas, 63
frase de expansão para preencher, 74
melodia em modo maior, 56
melodia em modo menor, 56
modo dório, 60
modo Eólio (natural menor), 62
modo Frígio, 60
modo Iônio, 59
modo Lídio, 61
modo Lócrio, 62
modo Mixolídio, 61
movimento rítmico, 108
notas de passagem, 79
notas estruturais, 78
notas pivô, 96
"Ode a Alegria" de Beethoven, com ritmos
diferentes, 33
"Shave and a Haircut", com o fraseado
adiantado, 36
"Shave and a Haircut", com o fraseado
antecipado, 35
"Shave and a Haircut", sincopada e adiantada,
36
suspensão, 82
teclado do piano com alcances dos
instrumentos, 177
fios condutores, exemplos de, 194
flauta alto, alcance das notas da, 162
flauta de concerto, alcance das notas da, 172
flugelhorn, alcance das notas, 168
flutuar, utilizando os formatos de esforço, 127
forma binária (AB), seções em, 142
formações, escrevendo música para, 248
forma de arco (ABCBA), escrevendo música em,
144
forma de canção (ABA), 143
escrevendo em, 143
uso em sonatas, 145
forma de uma parte (A), repetição de melodias
na, 142
formas

Índice    327

binária (AB), 142
uma parte (A), 142
formas clássicas
composta integralmente, 147
concerto, 146
divertimento, 147
fuga, 147
minimalismo, 261, 283
rondó, 146
sinfonias, 146
sonata, 145
formatos de esforços
chicotear, 128
combinando história e clima aos formatos, 128
deslizar, 127
flutuar, 127
pontuadas, 126
pressionar, 127
sacudir, 126
socar, 127
torcer, 128
francês, nome das notas em, 250
fraseado antecipado, 35

# G

gaita, tocando, 190
G natural, afinando a flauta alto em, 162
"Greensleeves", forma binária AABB de, 142
Gregos, crenças sobre música, 174, 281, 295
guitarra elétrica, tocar, 187

# H

hammer-on, notação para guitarra das notas em, 245
harmônica de vidro, invenção da, 190
harmonizando
usando consonância e dissonância, 90
usando notas pivô, 96
usando o Círculo de Quintas, 57
história e clima, moldando com formatos de esforço, 128
How to Grow as a Musician, consultando, 275

# I

imaginação, importância da, 49
Inglês, nomes de notas em, 250
instrumentos de corda, dicas de transposição para, 178

instrumentos de palhetas livres
acordeão, 190
concertina, 191
gaita, 190
origem dos, 189
instrumentos de sopro, tocando escalas nos, 181
instrumentos eletrônicos versus "reais", 27
instrumentos em F, dicas de transposição para, 178
instrumentos não transpositores
cello, 176
dicas de transposição de, 178
flauta de concerto, 172
violino, 176
instrumentos transpositores
clarinete baixo em B bemol, 165
clarinete em B bemol, 164
clarinete em E bemol, 166
corne inglês, 167
flugelhorn, 168
trompa, 169
trompete em B bemol, 163
trompete piccolo, 171
intervalo do diabo, trítono como o, 91
introspecção, acordes associados com, 56
inversões, relacionamento com voicings de acordes, 107
Italiano, nome das notas em, 250
Ives, Charles, 255

# J

jazz
período de vanguarda, 284
período inicial do, 283
uso do modo Lídio no, 61
jetè, notação para, 180
jingles, compondo, 205, 210
J.S. Bach
relação com os trítonos, 92

# K

Krautrock, origem do, 285

# L

lap steel guitar, tocar, 188
lead sheets, compondo com, 242
ligados, notação nos instrumentos de cordas, 179
línguas estrangeiras, anote nomes em, 250

línguas, nomes de notas nas, 250

livros para compositores

American Mavericks, 277

Analysis of Tonal Music: A Schenkerian Approach, 276

How to Grow as a Musician, 275

RE/Search #14 & #15, 278

Songwriter's Market, 274

The Norton Scores, Vols. 1 e 2, 10a edição, 275

The Rough Guide to Classical Music, 4a edição, 277

The Shaping of Musical Elements, Vol. II, 274

The Virgin Directory of World Music, 276

Logic Pro software de composição, características do, 19

## M

menores relativas

representando no Círculo de Quintas, 57

modo Iônio (escala maior), construção do, 59

Monteverdi, Claudio, 254

movimento rítmico, determinando para os acordes, 108

mudanças de acordes, usando

bibliotecas de sons, 271

software de notação musical (editor de partituras), 24

música industrial e publicidade, 270

bibliotecas de música, 271

fazendo música para videogames, 271

fazendo trilha sonora de filmes, 271

música para televisão, oportunidades de carreira na, 267

músicos de jazz, uso de deslocamento rítmico por, 73

## N

Norton Scores, The, Vols. 1 e 2, 10a edição, consultando, 275

notas

nomes em línguas estrangeiras, 250

notas consonantes, perfeito versus imperfeito, 91

notas estruturais

preenchendo com notas de passagem, 79

notas pivô, utilização nas harmonias, 96

## O

"Ode a Alegria" (Beethoven), ritmo variado em, 33

oportunidades de carreiras

bandas e corais de escola, 266

composição e apresentação de concertos, 269

música para televisão, 267

produtor/arranjador, 269

teatro musical, 267

Orfeu (Monteverdi), 254

orquestrando filmes, 271

orquestras, compondo para, 211

orquestras de concerto, compondo para, 211

## P

pacotes de software

Cubase, 19

Finale, 18

Logic Pro, 19

Pro Tools, 19

Sibelius, 18

usando, 17

Pärt, Arvo (tintinnabuli), 261

pastas, organizando-as no computador, 26

pedal interno, explicação de, 83

pedal invertido, explicação de, 83

pedal steel guitar, tocando, 188

período, definição de

início do século XX, 282

medieval, 280

minimalista, 283

períodos da música clássica, 280

pré-clássico, 281

pontuar, resultado do staccato leve, 126

pressionar, utilização do formato de esforço de, 127

produtor/arranjador, oportunidades profissionais para, 269

programa Finale, uso, 18

progressões de acordes

regras para, 110

propriedade intelectual, registrando direitos autorais, 207

Pro Tools software de composição, características de, 19

publicidade, escrevendo música para, 270

## R

rádio, compondo para, 209

regras da música

como inspiração, 11

**Índice** 329

RE/Search #14 & #15, consultando, 278

ritmos
esculpindo o tempo com, 30
fraseado adiantado, 36
fraseado antecipado, 35
síncope, 36

rock
período Krautrock do, 285
período Math Rock, 285
período pós-rock, 285

Rough Guide to Classical Music, The, 4a edição, consultando, 277

## S

sacudir, utilizando os formatos de esforço, 126

Sagração da Primavera, O (Stravinsky), 257

Scott, Raymond, 259

Shaping of Musical Elements, The, Vol. II, consultando, 274

"Shave and a Haircut"
antecipando o fraseado, 35
frase rítmica, 37
sincopando e adiantando o fraseado, 36

Sibelius, características do software de composição, 18

sites da internet
American Composer's Forum, 215
Audiosparx Music Library, 216
Cubase software de composição, 19
Film Connection, 215
Film Music Network, 216
Finale software de composição, 18
Logic Pro software de composição, 19
pacotes de softwares, 17
Pro Tools software de composição, 19
Sibelius sotware de composição, 18

soco, resultado do staccato pesado, 127

soco, utilização dos formatos de esforço de, 127

software de composição
Cubase, 19
Finale, 18
Logic Pro, 19
Pro Tools, 19
Sibelius, 18
usando, 17

Songwriter's Market, consultando, 274

sons
consonância e dissonância de, 90

steel guitars, 188

Stravinsky, Igor, 257

suspensão, usando, 82

## T

teclado do piano
altura dos instrumentos no, 177
tocando a afinação de concerto no, 160

tensão, construindo por meio da cadência, 92

time code, usando na composição para filme, 207

torcer, usando formatos de esforços, 128

transposição de notas
clarinete baixo em B bemol, 165
clarinete em B Bemol, 164
clarinete em E Bemol, 166
corne inglês, 167
flauta alto, 162
flugelhorn, 168
trompa, 169
trompete em B Bemol, 163
trompete piccolo, 171

transposição, dicas para, 178

trítono, uso do, 91

trompa, altura da afinação da, 169

truncamento, variando frases com o, 74

T (Tom) Semitom (S), padrão de
no modo Dório, 60
no modo Iônio, 59
no modo Lídio, 61
no modo Mixolídio, 61

## U

uníssonos
afinando no violão de 12 cordas, 188

usando formatos de esforço de pontuar, 126

## V

videogames, compondo para, 271

violão de 12 cordas
tocando, 188

violão, tocar, 186

Virgin Directory of World Music, The, consultando, 276

voicing de tônica, explicação de, 107

"Vovó", exemplo, 46

## W

Whitacre, Eric, 262

world music, recurso para, 276